Risikomanagement und Kapitalmarkt

von
Hans-Markus Callsen-Bracker
und Hans Hirth

Zu den Autoren: Dr.-Ing. Hans-Markus Callsen-Bracker ist promovierter Wirtschaftsingenieur und zurzeit Wissenschaftlicher Mitarbeiter am Lehrstuhl für Finanzierung und Investition der TU Berlin. Prof. Dr. Hans Hirth ist Inhaber des Lehrstuhls für Finanzierung und Investition an der TU Berlin.

Für Corinna und Charlotte

Bibliografische Information der Deutschen Nationalbibliothek

Die Deutsche Nationalbibliothek verzeichnet diese Publikation in der Deutschen Nationalbibliografie; detaillierte bibliografische Daten sind im Internet über
<http://dnb.d-nb.de> abrufbar.

Originalausgabe, 1. Auflage 2009
ISBN: 978-3-941797-00-0
Callsen-Bracker Verlag, Berlin
Seelingstr. 9, 14059 Berlin
URL: www.callsen-bracker-verlag.de
Email: info@callsen-bracker-verlag.de

Verlag: Callsen-Bracker Verlag, Berlin
Herstellung: Books on Demand GmbH, Norderstedt
Covergestaltung: Martin Grädler

Inhaltsverzeichnis

1 Entscheidungen unter Risiko

Das erste Kapitel widmet sich den theoretischen Grundlagen riskanter Entscheidungen. Dazu wird zunächst das mit Hilfe der „Axiome vernünftigen Verhaltens" herleitbare Bernoulli-Prinzip erläutert. Nach einem kurzen Abstecher in das Gebiet der Behavioral Finance wenden wir uns dem μ-σ-Prinzip zu, auf dem sowohl die Portfoliotheorie als auch das „Captial Asset Pricing Model" aufbauen, mit denen wir uns im zweiten Kapitel beschäftigen werden.

1.1 Das Bernoulli-Prinzip

Die Frage, wie Individuen Entscheidungen unter Unsicherheit treffen, ist immer noch nicht abschließend geklärt. Daher wird auf diesem Gebiet intensiv und interdisziplinär geforscht. In jüngster Vergangenheit hat hier vor allem die Hirnforschung große Fortschritte gemacht. Denn dank moderner Scanner ist es möglich geworden, menschliche Entscheidungsprozesse direkt im Gehirn zu beobachten.[1]

Interessanterweise wurden dabei Prinzipien neu entdeckt, die schon seit mehreren Jahrhunderten aus der Entscheidungstheorie bekannt sind. Diese Prinzipien lassen sich zudem nicht nur beim Menschen wiederfinden. Denn auch in der Tierwelt werden ständig riskante Entscheidungen getroffen, wie Manfred Spitzer (2003) in seinem Buch „Selbstbestimmen" am Beispiel eines Leoparden verdeutlicht: Der Leopard muss sich zwischen einem sicheren Aas und der Jagd auf ein Zebra mit unsicherem Ausgang entscheiden. Bei einer Entscheidung für die Zebrajagd verliert der Leopard das Aas an andere Leoparden, die sich dieses Fressen nicht entgehen lassen. Dem Leoparden stellt sich daher die Frage, was ihm mehr wert ist: Das sichere, mittlerweile schon etwas trockene Aas oder das unsichere dafür aber saftige Frischfleisch des Zebras?

Für die Entscheidung ist neben der Erfolgswahrscheinlichkeit der Zebrajagd auch die Zielfunktion des Leoparden ausschlaggebend. Hier kommen wir zum Grundproblem der Entscheidung unter Unsicherheit: Wie lautet die Zielfunktion, die ein Leopard beziehungsweise ein Investor bei seiner Entscheidung unter Unsicherheit

1 Die junge Forschungsrichtung der Neuroökonomie hat sich die Untersuchung der neuronalen Grundlagen menschlicher Entscheidungsprozesse zur Aufgabe gemacht.

maximiert? Eine populäre Antwort stammt aus dem Jahr 1738 und lautet: Der Entscheider maximiert seinen erwarteten Nutzen! Sie geht auf den Schweizer Daniel Bernoulli zurück und wird ihm zu Ehren Bernoulli-Prinzip genannt.[2]

Das eigentlich Neue an der Idee Bernoullis war, dass Entscheidungen unter Unsicherheit eben nicht anhand der Erwartungswerte von unsicheren Größen getroffen werden, sondern dass vielmehr eine andere Zielfunktion - nämlich der Erwartungsnutzen - maximiert wird.

Daniel Bernoulli selbst erläuterte das Phänomen anhand des so genannten Sankt-Petersburg-Paradox: In einem Kasino in Sankt-Petersburg wird das folgende Glücksspiel angeboten. Eine Münze wird so oft geworfen, bis zum ersten Mal Kopf fällt. Der Spieler erhält als Lotteriegewinn einen Geldbetrag, der davon abhängt, wie oft die Münze bis zum ersten Mal Kopf geworfen werden musste. Fällt Kopf bereits nach einem Münzwurf, dann erhält der Spieler eine Dukate (oder heute vielleicht einen Rubel). Sollten zwei Münzwürfe notwendig sein, bekommt der Spieler bereits den doppelten Betrag, nämlich zwei Rubel. Allgemein formuliert erhält er 2^{n-1} Rubel. Wenn erst der tausendste Wurf zum Ereignis „Kopf" führt, bekommt der Spieler einen sehr großen Geldbetrag: 2^{999} Rubel.[3] Zwar ist auch die Wahrscheinlichkeit für dieses Ereignis ziemlich klein ($p = 0,5^{1000}$), aber der insgesamt erwartete Gewinn konvergiert gegen unendlich:

$$E = \frac{1}{2} \cdot 1 + \frac{1}{4} \cdot 2 + \cdots = \sum_{n=1}^{\infty} \left(\frac{1}{2}\right)^n 2^{n-1} = \infty$$

Dennoch stellte man bei Studentenbefragungen fest, dass die Zahlungsbereitschaft für dieses Spiel begrenzt ist und in der Regel zwischen 40 und 50 Rubel (bzw. Euro) liegt. Die Zahlungsbereitschaft ist bei realen Entscheidern also erheblich niedriger als der Erwartungswert der Lotterie bzw. allgemein einer unsicheren Zahlung. Das ist durchaus rational, wie wir im nächsten Abschnitt sehen werden.

2 Nicht zu verwechseln mit seinem Onkel dem Mathematiker Jakob Bernoulli, nach dem unter anderem die Bernoulli-Verteilung benannt wurde. Augenscheinlich handelte es sich bei den Bernoullis um eine mathematisch ziemlich talentierte Familie.

3 Wahrscheinlich geht in diesem Fall das Kasino pleite.

1.1.1 Axiome vernünftigen Verhaltens

Es ist möglich, das Bernoulli-Prinzip als logische Konsequenz aus sechs Axiomen vernünftigen Verhaltens herzuleiten. Das zeigten als erste Oskar Morgenstern und John von Neumann in ihrem Buch „Theory of Games and Economic Beliefs" aus dem Jahre 1944.[4]

Die sechs Axiome vernünftigen Verhaltens sind:

1. Vergleichbarkeit
2. Transitivität
3. Stetigkeit
4. Beschränkung
5. Dominanz
6. Substituierbarkeit

Als erstes wird gefordert, dass das betreffende Individuum in der Lage ist, verschiedene Handlungsmöglichkeiten gegeneinander abzuwägen. Damit ist gemeint, dass man in der Lage ist, zu sagen, ob A besser, schlechter oder genauso gut wie B ist. Die Forderung nach Vergleichbarkeit der Alternativen ist unkritisch.

Zweitens benötigen wir Transitivität. Damit ist gemeint, dass wenn A besser als B und B besser als C ist, dass daraus auch folgt, dass C von A dominiert wird. Falls $A \succ B$ und $B \succ C$ dann sollte daraus folgen, dass $A \succ C$ gilt.

Bei monetären Größen ist das unproblematisch. Doch zum Beispiel bei Wahlentscheidungen zwischen verschiedenen Personen muss nicht immer Transitivität vorliegen. Das ist die Aussage des Condorcet-Paradoxons. Bei mangelnder Transitivität der zur Wahl stehenden Alternativen kann die Reihenfolge der Abstimmungen Einfluss auf den Ausgang der Wahl haben.

Die dritte Anforderung an die Nutzenfunktion ist die Stetigkeit. Damit ist gemeint, dass falls A besser als B und B besser als C ist, es eine Indifferenzwahrscheinlichkeit q gibt, so dass eine Lotterie, bei der man mit der Wahrscheinlichkeit q den „Gewinn"

4 Der Originalbeweis ist relativ lang und wird bereits in der Originalquelle nur im Anhang aufgeführt. Wir verzichten daher hier auf die detaillierte Beweisführung. Bei Kruschwitz (2007) findet sich eine gestraffte Version des Beweises.

A und mit der Gegenwahrscheinlichkeit $(1-q)$ den „Gewinn" C erhält $[A, C : q, (1-q)]$, den gleichen Nutzen wie ein sicheres B stiftet:

$$B \sim [A, C : q, (1-q)]$$

Außerdem muss das Individuum in der Lage sein zu entscheiden, welche Ausprägung die beste und welche die schlechteste ist. Hier spricht man von Beschränkung.

Die vorletzte Forderung ist die Forderung nach Dominanz: Falls Sie A besser als B finden, dann sollten Sie eine Lotterie, die mit einer höheren Wahrscheinlichkeit A liefert, gegenüber einer Lotterie, die A mit einer niedrigeren Wahrscheinlichkeit erbringt, bevorzugen:

Lotterie 1: A mit q_1 und B mit $(1-q_1) \rightarrow [A, B : q_1, (1-q_1)]$

Lotterie 2: A mit q_2 und B mit $(1-q_2) \rightarrow [A, B : q_2, (1-q_2)]$

Aus $q_1 > q_2$ und $A \succ B$ folgt Lotterie 1 $\succ$ Lotterie 2.

Die letzte notwendige Voraussetzung für die Gültigkeit des Bernoulli-Prinzips ist das Substitutionsaxiom. Sollte Alternative A besser als Alternative B sein, dann sollte eine Lotterie, bei der es mit einer bestimmten Wahrscheinlichkeit q die Alternative A und mit der Gegenwahrscheinlichkeit C zu gewinnen gibt, besser als eine Lotterie sein, bei der es mit der Wahrscheinlichkeit q Alternative B und mit der Gegenwahrscheinlichkeit $1-q$ Alternative C zu gewinnen gibt.

$$A \succ B \quad \rightarrow \quad [A, C : q, (1-q)] \succ [B, C : q, (1-q)]$$

Dabei wird der „Hauptgewinn" der Lotterie ausgetauscht, während die Eintrittswahrscheinlichkeiten gleich bleiben! Wenn die Axiome bis hier hin gelten, dann kann man zeigen, dass der Nutzen einer unsicheren Lotterie gleich dem Erwartungsnutzen dieser Lotterie ist:

$$U[A, B : q, (1-q)] = q \cdot U(A) + (1-q) \cdot U(B) = E[U(x)]$$

Wir wollen uns hier auf Individuen beschränken, die nach den sechs Axiomen vernünftigen Handelns entscheiden und für die entsprechend das Bernoulli-Prinzip gilt. Die betrachteten Individuen maximieren ihren erwarteten Nutzen, der alternativ auch Erwartungsnutzen oder Neumann-Morgenstern-Nutzen genannt wird! Auf diesem Wege haben wir das Problem der Zielfunktion auf eine plausible und gut rechenbare Art und Weise gelöst und können uns nun der Frage zuwenden, wie Individuen im Allgemeinen und Kapitalmarktakteure im Speziellen bei ihren Entscheidungen mit Risiko umgehen.

1.1.2 Risikoaversion und Risikoprämien

In der Regel sind sichere Zahlungen mehr wert als unsichere Zahlungen mit gleichem Erwartungswert. Anders ausgedrückt ist das so genannte Sicherheitsäquivalent $S(\tilde{X})$ der unsicheren Zahlung kleiner als der Erwartungswert $E[\tilde{X}]$ der unsicheren Zahlung.

$$S(\tilde{X}) < E[\tilde{X}]$$

Unter dem Sicherheitsäquivalent einer unsicheren Zahlung wird die sichere Zahlung verstanden, die einem Investor genauso viel wert ist wie die unsichere Zahlung. Dass das Sicherheitsäquivalent in der Regel kleiner als der Erwartungswert der unsicheren Zahlung ist, liegt an der Risikoeinstellung der Käufer der unsicheren Zahlung. Schließlich gilt generell: Etwas ist nur so viel wert, wie jemand bereit ist, dafür zu zahlen.

Man beobachtet auf realen Kapitalmärkten, dass sichere Zahlungen mehr wert sind und höhere Preise als unsichere Zahlungen mit einem Erwartungswert in gleicher Höhe erzielen. Anders ausgedrückt: Unsichere Zahlungen werden gegenüber sicheren Zahlungen mit einem Abschlag (englisch: „discount“) gehandelt. Um dieses Phänomen analytisch zu erklären, sind Aussagen über die individuellen Präferenzen der Investoren zu treffen. Dies geschieht mit Hilfe der Nutzenfunktion. Die für reale Investoren und Kapitalmärkte typische Risikoaversion kann man durch eine konkave Nutzenfunktion abbilden (Siehe Abbildung 1.1 auf Seite 6).

Auf der X-Achse wird die zukünftige Zahlung und auf der Y-Achse der jeweils dazugehörige Nutzen abgetragen. Als erstes Beispiel betrachten wir eine Wurzelfunktion. Die Nutzenfunktion soll folgendermaßen lauten:

$$U(X) = \sqrt{X}$$

Die erste Ableitung des Nutzens ist positiv. Das bedeutet: Je höher das Vermögen, umso besser. Außerdem ist eine weitere Eigenschaft der konkaven Nutzenfunktion,

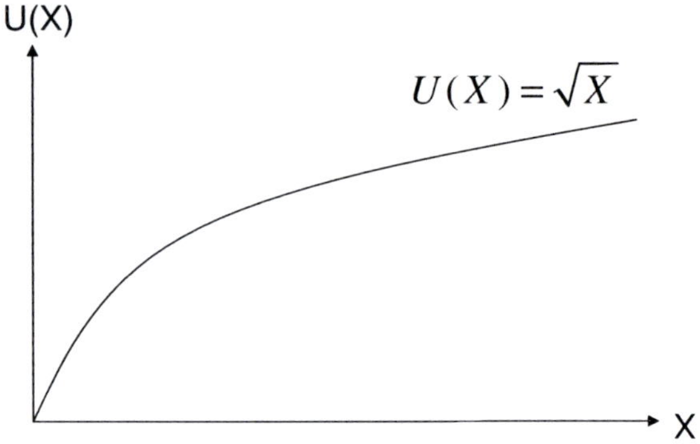

Abbildung 1.1: Beispiel für eine konkave Nutzenfunktion

dass der Schritt von beispielsweise 10 Euro auf 20 Euro Gesamtvermögen eine größere Nutzensteigerung verursacht als der Sprung von 10.000 Euro auf 10.010 Euro. Mathematisch spiegelt sich das in der negativen zweiten Ableitung der konkaven Nutzenfunktion wider. Sie zeichnet sich durch einen abnehmenden Grenznutzen aus:

$$U''(X) = -0,25 \cdot X^{-\frac{3}{2}} < 0$$

Mit steigendem X steigt die Nutzenfunktion immer weniger stark an!

Konkave Nutzenfunktionen führen auf das in der Praxis regelmäßig zu beobachtende Phänomen, dass das Sicherheitsäquivalent unsicherer Zahlungen niedriger als ihr Erwartungswert ist.

Aber schauen wir uns zunächst den Nutzen einer sicheren Zahlung an. Aus einer sicheren Zahlung in Höhe von 9 Euro kann ein Nutzen in Höhe von 3 Wurzel-Euro gezogen werden. Da die Nutzeneinheit „Wurzel-Euro“ nicht besonders anschaulich ist, lassen wir sie im Weiteren einfach weg. Den Nutzen der sicheren Zahlung gilt es nun mit dem Nutzen einer unsicheren Zahlung zu vergleichen, bei der der Rückfluss in einem bestimmten Intervall schwankt (Siehe Abbildung 1.2 auf Seite 7).

Der Nutzen einer Lotterie entspricht gemäß dem Bernoulli-Prinzip seinem Erwartungsnutzen. Bei der sicheren Zahlung ist der erwartete Nutzen einfach gleich dem Nutzen der Zahlung. Schließlich schwankt die sichere Zahlung nicht.

$$E(U(X)) = U(X) = 3$$

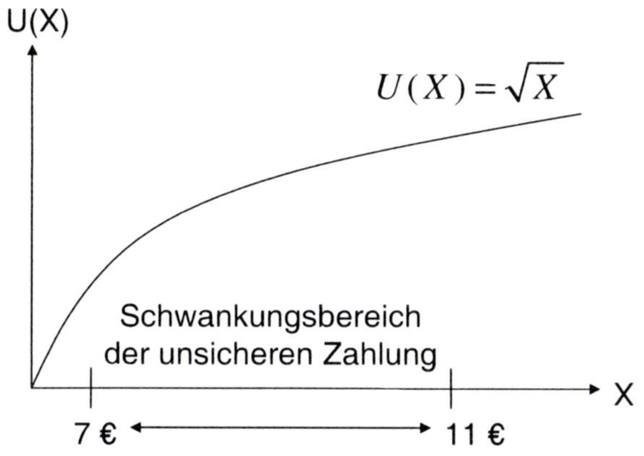

Abbildung 1.2: Das Ergebnis der Lotterie schwankt zwischen 7 € und 11 €.

Um den Nutzen der Lotterie zu bestimmen, muss der erwartete Nutzen berechnet werden. Ganz allgemein lautet die Formel für den Erwartungswert bei kontinuierlichen Verteilungen:

$$E(X) = \int_{-\infty}^{\infty} X f(X) dx$$

Dabei ist X die Zufallszahl, deren Erwartungswert man bestimmen will, und $f(X)$ ist die Wahrscheinlichkeitsdichte dieser Zufallszahl. Um den Erwartungswert des Nutzens $E[U(X)]$ bestimmen zu können, benötigen wir die Verteilung der unsicheren Größe X. Zur Veranschaulichung gehen wir zunächst von einer diskreten Zwei-Punkt-Verteilung mit den beiden gleichwahrscheinlichen Ausprägungen 7 Euro und 11 Euro aus. Der Erwartungswert dieser unsicheren Zahlung beträgt 9 Euro und der Nutzen des Erwartungswertes ist 3 Euro (Siehe Abbildung 1.3 auf Seite 8).

Der erwartete Nutzen der Lotterie ergibt sich zu:

$$\begin{aligned} E(U(X)) &= 0,5 \cdot U[7\text{ €}] + 0,5 \cdot U[11\text{ €}] \\ &= 0,5 \cdot \sqrt{7} + 0,5 \cdot \sqrt{11} = 2,98 \end{aligned}$$

Das Sicherheitsäquivalent einer unsicheren Zahlung ist definiert als die sichere Zahlung, deren Nutzen dem erwarteten Nutzen der unsicheren Zahlung entspricht:

$$U(\mathrm{S}) = 2,98 \quad \Rightarrow \quad \mathrm{S} = 2,98^2\text{ €} = 8,88\text{ €}$$

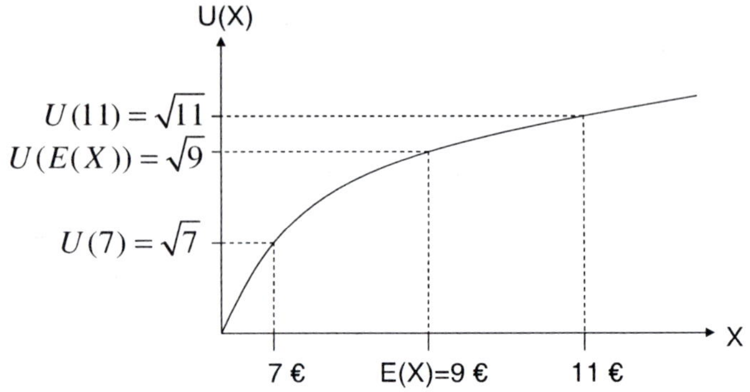

Abbildung 1.3: Nutzen der Lotterie-Ergebnisse und ihres Erwarungswertes

Das Sicherheitsäquivalent ist 12 Cent niedriger als der Erwartungswert der unsicheren Zahlung. Diese Spanne zwischen Erwartungswert und Sicherheitsäquivalent nennt man Risikoprämie (Siehe Abbildung 1.4).

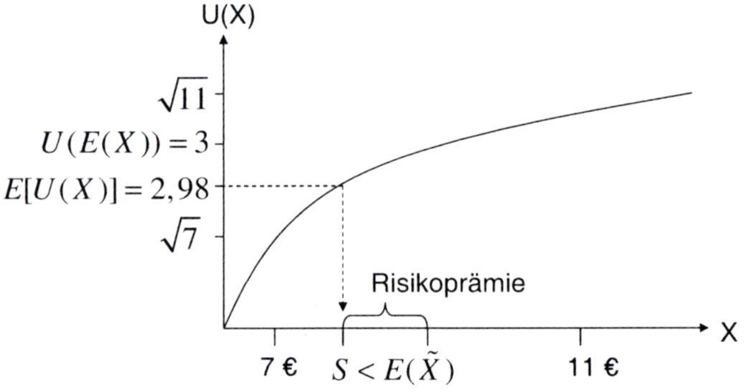

Abbildung 1.4: Risikoprämie bei konkaver Nutzenfunktion

1.1.3 Der Risikobegriff

Beginnen wir zunächst mit der Klarstellung einiger Begriffe: Wir untersuchen hier die Entscheidungssituation eines Investors bei Risiko. Damit ist gemeint, dass unsichere Rückflüsse um einen Erwartungswert nach oben und nach unten streuen können. Unser Risikobegriff umfasst also sowohl eine Chance als auch ein Risiko im umgangssprachlichen Sinne. Wenn normalerweise von Risiko die Rede ist, bezieht man sich meist auf das so genannte „Down Side Risk“ - also das Risiko, dass der Erwartungswert beziehungsweise ein kritischer Wert unterschritten wird.

Wenn wir hier von einer „Situation unter Risiko“ sprechen, dann meinen wir damit, dass zwar die Rückflüsse unsicher sind, ihre Verteilung jedoch bekannt ist! Wenn man großen Staaten mit exzellenter Bonität - wie zum Beispiel Deutschland oder den USA - kurzfristig Geld leiht, dann ist die Rückzahlung dieses Kredites so gut wie sicher. Tatsächlich ist sie nicht wirklich vollkommen sicher, da durchaus Szenarien denkbar sind, die dazu führen würden, dass auch Länder wie Deutschland oder die USA ausfallen.[5] Wenn man jedoch dieses sehr unwahrscheinliche Szenario vernachlässigt, erhalten wir eine Situation, die man als Quasi-Sicherheit bezeichnet: Grundsätzlich sind zwar mehrere Ausprägungen denkbar, wir betrachten jedoch nur eine.

Liegen gar keine Informationen über die Eintrittswahrscheinlichkeiten zukünftiger Zahlungen vor, spricht man von Ungewissheit. Die Bewertung eines solchen Zahlungsstromes ist im besten Fall sehr schwierig, wenn nicht sogar gänzlich unmöglich. Aus diesem Grund wollen wir uns im Weiteren nur mit Entscheidungen beschäftigen, bei denen dem Entscheider die Verteilungsfunktion der unsicheren Ergebnisgröße bekannt ist.

1.1.4 Lineare Transformationen der Nutzenfunktion

Wie viel eine riskante Zahlung einem Investor wert ist, hängt letztlich von seiner subjektiven Risikopräferenz ab. Diese Risikopräferenz wird mithilfe von Nutzenfunktionen modelliert. Nehmen wir zum Beispiel die folgende logarithmische Nutzenfunktion an:

$$U = ln(x)$$

Zudem nehmen wir an, dass zwei sich ausschließende Investitionsobjekte zur Auswahl stehen, deren Anfangsinvestitionen identisch und deren Rückflüsse zustandsabhängig sind. Tabelle 1.1 auf Seite 10 gibt die Höhe der Rückflüsse und die Eintrittswahrscheinlichkeiten der jeweiligen Zustände wieder. Um den erwarteten

5 Bei Argentinien ist dies bereits vorgekommen und im Sommer 2008 stand Island kurz davor.

	50 %	20 %	30 %
A	100 €	20 €	10 €
B	80 €	150 €	200 €

Tabelle 1.1: Rückflüsse der Investitionsobjekte A und B

Nutzen zu bestimmen, errechnet man den Nutzen jeder möglichen Ausprägung, gewichtet ihn mit der Eintrittswahrscheinlichkeit und summiert über alle Zustände auf:

$$E(U(x_A)) = 0,5 \cdot ln(100) + 0,2 \cdot ln(20) + 0,3 \cdot ln(10) = 3,592$$

$$E(U(x_B)) = 0,5 \cdot ln(80) + 0,2 \cdot ln(150) + 0,3 \cdot ln(200) = 4,378$$

Wir entscheiden uns für B. Interessanterweise würden wir uns auch für das Projekt B entscheiden, wenn wir eine Nutzenfunktion in der Form

$$U(x) = 15 + 22 \cdot ln(x)$$

hätten. Das liegt an der linearen Transformierbarkeit von Nutzenfunktionen. Denn linear transformierte Nutzenfunktionen führen weiterhin zu den gleichen Entscheidungen anhand des Bernoulli-Prinzips. Dahingegen könnten nicht lineare Transformationen der Nutzenfunktion dazu führen, dass Entscheidungen nicht mehr äquivalent zu Entscheidungen auf Basis der Ausgangsnutzenfunktion sind.

Im Weiteren folgt der Beweis für die lineare Transformierbarkeit von Nutzenfunktionen. In der Ausgangssituation soll der Erwartungsnutzen der Alternative A höher als der der Alternative B sein:

$$E[U(x_A)] > E[U(x_B)]$$

Die Erwartungsnutzen kann man bei diskreten Verteilungen der Rückflüsse folgendermaßen ausdrücken:

$$\sum_{n=1}^{N} U(x_{A,n}) \cdot q_n > \sum_{n=1}^{N} U(x_{B,n}) \cdot q_n$$

Mit:

N - Anzahl der Zustände

q_n - Wahrscheinlichkeit des Zustandes n

x_n - Ausprägung der Ergebnisgröße im Zustand n von Projekt A bzw. B

Wir multiplizieren auf beiden Seiten mit Beta $\beta > 0$. Da Beta positiv ist, ändert sich an der Ungleichung nichts. Außerdem addieren wir noch den Betrag α hinzu, was für die Ungleichung ebenfalls unkritisch ist.

$$\alpha + \beta \sum_{n=1}^{N} U(x_{A,n}) \cdot q_n > \alpha + \beta \sum_{n=1}^{N} U(x_{B,n}) \cdot q_n$$

Jetzt machen wir uns den Umstand zu Nutze, dass die Summe aller Eintrittswahrscheinlichkeiten gleich eins ist:

$$\alpha \sum_{n=1}^{N} q_n + \sum_{n=1}^{N} \beta U(x_{A,n}) \cdot q_n > \alpha \sum_{n=1}^{N} q_n + \sum_{n=1}^{N} \beta U(x_{B,n}) \cdot q_n$$

$$\sum_{n=1}^{N} \left(\alpha + \beta U(x_{A,n}) \right) \cdot q_n > \sum_{n=1}^{N} \left(\alpha + \beta U(x_{B,n}) \right) \cdot q_n$$

$$\sum_{n=1}^{N} U_{\text{transformiert}}(x_{A,n}) \cdot q_n > \sum_{n=1}^{N} U_{\text{transformiert}}(x_{B,n}) \cdot q_n$$

$$E\left[U_{\text{transformiert}}(x_A) \right] > E\left[U_{\text{transformiert}}(x_B) \right]$$

Die letzte Zeile belegt, dass auch die transformierten Nutzenfunktionen bei Entscheidungen anhand des Bernoulli-Prinzips zum selben Ergebnis führen würden.

1.1.5 Maße der Risikoaversion

Durch welche Risikopräferenz zeichnen sich denn nun Investoren beziehungsweise Kapitalmarktakteure aus? Sind sie risikoscheu oder risikofreudig und wie spiegelt sich das in ihren Nutzenfunktionen wider? Um diesen Fragen nachzugehen, wollen wir als Benchmark zunächst den „fairen“ Preis für eine Lotterie festlegen. Wir definieren diesen Referenzpreis auf die folgende Art und Weise: Der Preis für ein Glücksspiel soll dann fair sein, wenn man bei Zahlung des fairen Preises im Erwartungswert weder gewinnt noch verliert. Jeder von uns weiß, dass - wenn man beispielsweise sechs aus 49 Lotto am Mittwoch spielt - der Lospreis alles andere als fair ist. Man zahlt viel mehr als man im Erwartungswert zurückerhält. Die Entscheidung, ein solches Lotterielos zu kaufen, wird wohl nur von jemandem getroffen, der Spaß am Risiko hat. Wir sprechen in diesem Fall von Risikofreude.

Unter einer Lotterie verstehen wir dabei eine unsichere Auszahlung, deren Wahrscheinlichkeitsverteilung bekannt ist. Ein einfaches Beispiel wäre ein Münzwurfspiel: Bei Zahl erhalten Sie 6 Euro und bei Kopf bekommen Sie 12 Euro.

Sollte ein Investor bereit sein, für die Lotterie den fairen Preis - im Münzwurfbeispiel wären das 9 Euro - zu zahlen, dann ist er risikoneutral. Denn er verlangt für das von ihm zu tragende Risiko weder einen Auf- noch einen Abschlag. In diesem Fall spricht man von Risikoneutralität. Ein risikofreudiger Lotteriespieler ist bereit, einen Preis oberhalb des fairen Preises - also z. B. 10 Euro - zu zahlen.

Der ökonomisch interessanteste - weil relevanteste - Fall ist jedoch der Fall der Risikoaversion. Ein risikoaverser Investor ist nur bereit, den fairen Preis abzüglich einer Risikoprämie zu zahlen. Diesen Preis nennt man auch Sicherheitsäquivalent, da sein Nutzen gerade dem erwarteten Nutzen der unsicheren Zahlung entspricht.

Bei konkaven Nutzenfunktionen ist das Sicherheitsäquivalent stets kleiner als der Erwartungswert der unsicheren Größe. Es entspricht dem Wert der Umkehrfunktion U^{-1} der Nutzenfunktion für den Erwartungsnutzen (s. o.):

$$S = U^{-1}\left[E\left(U(x)\right)\right]$$

Plausible Nutzenfunktionen weisen eine positive Steigung auf. Für die in der Nutzenfunktion verankerte Risikopräferenz ist die Krümmung, also die zweite Ableitung des Nutzens, entscheidend. Ist die zweite Ableitung positiv und die Nutzenfunktion folglich konvex ($U'(x) > 0, U''(x) > 0$), liegt Risikofreude vor. Konkave Nutzenfunktionen ($U'(x) > 0, U''(x) < 0$) mit negativer zweiter Ableitung sind gleichbedeutend mit Risikoaversion. Bei Risikoneutralität entspricht das Sicherheitsäquivalent dem Erwartungswert, da die Nutzenfunktion linear und die zweite Ableitung folglich konstant null ist.

Machen wir uns die Risikoaversion am Beispiel klar. Die Nutzenfunktion

$$U(x) = ln(x)$$

hat eine positive erste Ableitung und eine negative zweite Ableitung (für $x > 0$):

$$U''(x) = -\frac{1}{x^2} < 0$$

Ein Entscheider mit dieser Nutzenfunktion ist risikoavers. Eine Lotterie, die mit gleicher Wahrscheinlichkeit entweder 0,1 Euro oder 20 Euro erbringt, wäre dem risikoaversen Investor genauso viel wert wie ein Sicherheitsäquivalent in Höhe von:

$$S = e^{0,5 \cdot ln(0,1) + 0,5 \cdot ln(20)} = e^{0,5 \cdot (-2,3) + 0,5 \cdot 3} = 1,419 \text{ €}$$

Es ist kleiner als der Erwartungswert der Lotterie in Höhe von 10,05 Euro. Nichts anderes erwarten wir von einem risikoaversen Investor.

Wie kann die Intensität der Risikoaversion gemessen werden? Denkbar wäre ein Zurückgreifen auf die zweite Ableitung der Nutzenfunktion. Schließlich ist die Risikoaversion umso stärker, je stärker die Nutzenfunktion gekrümmt ist. Leider stellt sich dieser Weg, die Intensität der Risikoaversion zu messen, schnell als Sackgasse heraus. Denn zum Beispiel die Nutzenfunktion

$$U(x) = 20 + 13 \ln(x)$$

impliziert, wie weiter oben gezeigt wurde, die gleiche Risikoeinstellung wie die Nutzenfunktion $U(x) = ln(x)$, da die beiden Nutzenfunktionen durch lineare Transformationen ineinander überführbar sind. Sie weisen jedoch eine abweichende zweite Ableitung auf.

Ein gangbarer Weg, um die Risikoaversion zu messen, führt über die verlangte Risikoprämie. Sie ist bei beiden Nutzenfunktionen gleich. Und zwar:

$$RP = E(x) - S = 8,63 \text{ €}$$

Leider ist auch die Verwendung der Risikoprämie mit Schwierigkeiten verbunden. Denn auch sie ändert sich mit dem Vermögen des Investors. Nimmt man beispielsweise an, dass der Investor neben der bisher betrachteten Lotterie zusätzlich noch über einen sicheren Geldbetrag in Höhe von $V_0 = 100$ Euro verfügt, dann ergibt sich das Sicherheitsäquivalent des gesamten Portfolios zu:

$$S_{PF} = U^{-1}\left[E(U(V_0 + x))\right]$$

Die Höhe der Risikoprämie hat sich gegenüber der Ausgangssituation, in der kein Sockelvermögen vorhanden war, verändert:

$$S_{PF} = V_0 + E(x) - RP_{PF}$$

Wir lösen nach der neuen Risikoprämie auf:

$$RP_{PF} = V_0 + E(x) - S_{PF}$$

In unserem Zahlenbeispiel ergibt sich eine Risikoprämie in Höhe von:

$$RP_{PF} = 100\,€ + 10,05\,€ - e^{0,5 \cdot ln(100,1) + 0,5 \cdot ln(120)} = 0,45\,€ < 8,63\,€$$

Die Risikoprämie ist kleiner als im Ausgangsfall. Sie hängt offensichtlich entscheidend vom Vermögen des Investors ab.

Ein weiteres Maß für die Risikoaversion, das wir als absolute Risikoaversion (kurz: ARA) bezeichnen, ist folgendermaßen definiert:

$$ARA = -\frac{U''(x)}{U'(x)}$$

Ein Vorteil dieses Maßes ist, dass linear transformierte Nutzenfunktionen die gleiche absolute Risikoaversion aufweisen. Nehmen wir als Beispiel die Nutzenfunktion $U_1(x) = x^{0,5}$. Sie impliziert die gleiche Risikoeinstellung wie die Nutzenfunktion $U_2(x) = 4 \cdot x^{0,5} + 10$. Der Summand $+10$ fällt schon bei der ersten Ableitung weg, aber der Vorfaktor 4 bleibt sowohl bei der ersten als auch bei der zweiten Ableitung erhalten. Bei der Berechnung des ARA-Maßes kürzt sich dieser Vorfaktor, da er im Nenner und im Zähler vorkommt. Es ergibt sich daher für beide Nutzenfunktionen, die anhand des Bernoulli-Prinzips zu den selben Entscheidungen führen, die gleiche ARA:

$$ARA = 0,5/x$$

Um die Bedeutung der ARA zu verdeutlichen, nehmen wir an, dass ein Investor über 10.000 Euro verfügt, die er anlegen möchte. Ihm stehen dazu nur zwei Anlagemöglichkeiten zur Verfügung: Entweder kauft er sichere Bundesschatzbriefe oder riskante Aktien. Die Übernahme des höheren Risikos beim Aktienkauf soll durch eine höhere erwartete Rendite kompensiert werden. Wenn der Investor sich nun entscheidet, 3000 Euro seines Vermögens in sichere Bundesschatzbriefe und 7.000 Euro in Aktien zu investieren, dann steckt in dieser Aufteilung eine Information, die der absoluten Risikoneigung ähnelt.

Bei konstanter absoluter Risikoaversion würde der Investor auch bei einem gestiegenen Vermögen von 15.000 Euro weiterhin nur für 7.000 Euro Aktien kaufen und die übrigen 8.000 Euro sicher anlegen. Bei zunehmender absoluter Risikoaversion würde er bei steigendem Vermögen sogar noch weniger Aktien kaufen. Denn seine absolute Risikoaversion nimmt mit steigendem Reichtum zu.

Am überzeugendsten ist der Fall der abnehmenden absoluten Risikoaversion: Wenn das Vermögen anwächst, steigt der absolute Betrag, der riskant in Aktien investiert wird. In unserem Beispiel würde der Investor bei einem Anfangsvermögen von 15.000 also mehr als 7.000 Euro in Aktien investieren. Ob der absolute Betrag, der riskant investiert wird mit steigendem Vermögen größer oder kleiner wird, kann man leicht erkennen, wenn man die Ableitung des ARA nach x bestimmt. Die Änderung des absolut investierten riskanten Betrages bei steigendem Vermögen wird also durch die Ableitung der absoluten Risikoaversion gemessen.

Die relative Risikoaversion RRA ist definiert als:

$$RRA = x \cdot ARA(x) = -x \cdot \frac{U''(x)}{U'(x)}$$

Auch hier steckt in der Ableitung des Risikomaßes nach dem Vermögen eine interessante Information. Sollte die Ableitung negativ sein, so bedeutet das, dass der Prozentsatz, der riskant investiert wird, mit steigendem Vermögen steigt. Man spricht in diesem Fall von abnehmender relativer Risikoaversion. In unserem Beispiel würde das bedeuten, dass der Investor bei einem Vermögen, das von 10.000 auf 15.000 Euro steigt, mehr als die anfänglichen 70 %, also zum Beispiel 80 %, in Aktien anlegt. Er würde also 12.000 Euro riskant und 3.000 Euro sicher investieren.

Bleibt die prozentuale Aufteilung des Vermögens konstant, dann spricht man von konstanter relativer Risikoaversion. Die Ableitung des RRA nach dem Vermögen wäre in diesem Fall gleich null. Sollte der Prozentsatz des riskant investierten Vermögens fallen, spricht man von zunehmender relativer Risikoaversion.

Mit dem bisher gewonnenen Wissen können wir Nutzenfunktionen auf ihre Plausibilität hin überprüfen. Beginnen wir mit einer Nutzenfunktion, die gerne bei modelltheoretischen Arbeiten wie zum Beispiel dem CAPM verwendet wird:

$$U(x) = -e^{-ax}$$

Die absolute und relative Risikoaversion und ihre Ableitungen nach dem Vermögen ergeben sich zu:

$$ARA = \frac{a^2 e^{-ax}}{a e^{-ax}} = a$$

$$ARA' = 0$$

$$RRA = x \cdot a$$

$$RRA' = a > 0$$

Die Nutzenfunktion $U(x) = -e^{-ax}$ zeichnet sich durch konstante absolute Risikoaversion und zunehmende relative Risikoaversion aus. Empirisch beobachtet man häufig, dass die absolute Risikoaversion mit dem Vermögen fällt, während die relative Risikoaversion konstant bleibt. Anders formuliert: Häufig investieren Individuen mit zunehmenden Reichtum - absolut gesehen - mehr in riskante Anlageformen, allerdings ändert sich der Prozentsatz des riskant angelegten Vermögens nicht.

In der Tabelle 1.2 sind die absolute und relative Risikoaversion ausgewählter Nutzenfunktionen aufgeführt.

$U(x)$	ARA	RRA
x	konstant $(=0)$	konstant $(=0)$
$ln(x)$	abnehmend	konstant
x^g	abnehmend	konstant
Mit: $(0 < g < 1)$		
$1 - e^{-gx}$	konstant	zunehmend
$x - g \cdot x^2$	zunehmend	zunehmend

Tabelle 1.2: Nutzenfunktionen und die jeweils implizierte absolute sowie relative Risikoaversion (Neus (2007), S. 462)

1.1.6 Ausfallprämien

Stellen Sie sich vor, Sie sind risikoavers und Ihre Nutzenfunktion ist eine Wurzelfunktion des Endvermögens:

$$U(\tilde{x}) = \sqrt{x}$$

Außerdem wollen Sie Geld an jemanden verleihen, der es Ihnen vielleicht nicht zurückzahlt. In einem solchen Fall ist es üblich, dass Sie einen Zinsaufschlag vereinbaren, der Sie für das Ausfallrisiko kompensiert. Diesen Zinsaufschlag nennt man Ausfallprämie. Außerdem werden Sie gegenüber dem sicheren Zins eine Risikoprämie für die Risikoübernahme verlangen, da Sie ja Geld riskant verleihen, statt es sicher anzulegen.

Verdeutlichen wir uns den Unterschied zwischen der Ausfall- und der Risikoprämie am Beispiel: Ihr Kreditnehmer möchte sich 1000 Euro leihen. Der sichere Zins beträgt 2 %. Mit fünfprozentiger Wahrscheinlichkeit bekommen sie nur 800 Euro wieder. Anders ausgedrückt: Mit einer Wahrscheinlichkeit in Höhe von 95 % werden Sie den Kreditbetrag inklusive der vereinbarten Zinsen zurückerhalten.

Es gilt nun, den kritischen Nominalzins r zu berechnen, bei dem Sie genau indifferent zwischen der Kreditvergabe und der sicheren Anlage zum Zins von 2 % sind. Um diesen kritischen Wert zu bestimmen, setzen wir den erwarteten Nutzen der beiden Alternativen gleich:

$$\sqrt{1.020} = 0,05 \cdot \sqrt{800} + 0,95 \cdot \sqrt{1.000 \cdot (1+r)}$$

Sobald die Nominalverzinsung größer als $r = 3,23$ % ist, bevorzugt der Investor die Kreditvergabe über der sicheren Anlage. Das liegt daran, dass es sich bei seiner Investitionsentscheidung - denn nichts anderes ist die Kreditvergabe - um eine „Entweder-oder-Entscheidung“ handelt. Anders wäre der Fall gelagert, wenn der risikoaverse Investor zum Teil riskant und zum Teil sicher anlegen könnte. In diesem Fall teilen risikoaverse Investoren nämlich ihr Vermögen entsprechend ihrer Risikoaversion auf die riskante und die sichere Anlage auf (s. o. und s. u.).

Wenn der Kredit zu 3,23 % vergeben wird, beträgt die vom Gläubiger erwartete Rendite:

$$\mu = 0,05 \cdot (-0,2) + 0,95 \cdot 0,0323 = 2,07 \text{ \%}$$

Die Differenz zwischen der vereinbarten Nominalverzinsung und dem sicheren Zins nennt man Basisprämie BP. Sie beträgt hier:

$$BP = r - i = 1,23\ \%$$

Davon macht die Ausfallprämie AP - also die Differenz zwischen der Nominalverzinsung und der erwarteten Verzinsung - den Löwenanteil aus:

$$AP = r - \mu = 1,16\ \%$$

Man benötigt die Ausfallprämie, um eine bestimmte erwartete Verzinsung zu erreichen. Denn im schlechten Fall ist die Verzinsung negativ. Die Risikoprämie RP ist definiert als die Differenz zwischen der erwarteten Verzinsung und dem sicheren Zins. Sie fällt für die betrachtete Nutzenfunktion ziemlich moderat aus:

$$RP = \mu - i = 0,07\ \%$$

Lediglich sieben Basispunkte beträgt sie in unserem Beispiel! Bei Risikoneutralität wäre die Risikoprämie selbstverständlich null und es würde sich eine Nominalverzinsung von 3,16 % ergeben. Man beachte: Je höher die tatsächliche Nominalverzinsung über der hier ermittelten liegt, desto größer ist der Kapitalwert (engl. Net Present Value NPV) der Kreditvergabe aus Ihrer Sicht. Würden Sie bei unterstellter Risikoaversion tatsächlich einen Zins von 3,23 % vereinbaren, dann würden Sie durch die Kreditvergabe keinen Wert schaffen, da für Sie die Investition einen NPV von null hätte.

1.2 Behavioral Finance und empirische Wertfunktionen

1.2.1 Die Prospekttheorie

Neben den typischen konkaven Nutzenfunktionen im Sinne Bernoullis wurden bei Experimenten mit Studenten etwas abweichende Nutzenfunktionen gefunden, die ein gewisses, dem Menschen eigenes, irrationales Entscheidungsverhalten an den Tag brachten. Im Jahre 1981 erschien dazu ein Artikel im Journal „Science" vom späteren Ökonomie-Nobelpreisträger Daniel Kahneman und Amos Tversky: The framing of decisions and the psychology of choice, in: Science, 211, S. 453-458.

Bereits 2 Jahre zuvor hatten die beiden Wissenschaftler den Begriff „Prospekttheorie“ geprägt: Kahneman, D. und A. Tversky (1979): Prospect theory: An analysis of decision under risk, in: Econometrica, 47, 2, S. 263-291.

Die Kernaussage der Arbeit von Kahneman und Tversky ist im Wesentlichen die, dass menschliche Entscheidungen abhängig von den Aussichten (also z. B. Gewinn oder Verlust, engl. prospect) bzw. von dem Bezugsrahmen (engl. frame) sind, innerhalb dessen sie getroffen werden. Hier hat sich der Begriff „Framing-Effekt“ eingebürgert.

Für die Entscheidungen eines Menschen scheint es wichtig zu sein, in welchem Kontext eine Entscheidungssituation präsentiert wird. So macht es beispielsweise einen Unterschied, ob man über mögliche Gewinne oder potenzielle Verluste nachdenkt. Auch bringt es mehr Spass eine Hose für 150 Euro zu kaufen, wenn man weiß, dass sie vorher 180 Euro gekostet hat, als wenn man die Hose zum gleichen Preis, aber ohne Preisnachlass erwirbt.

Der Nobelpreisträger Maurice Allais publizierte bereits 1953 Ergebnisse eines Experimentes, die sich nicht wirklich mit dem Bernoulli-Prinzip vereinbaren ließen. Allais befragte seine Probanden, ob sie lieber sichere 3000 € erhalten möchten oder alternativ an der Lotterie $[4000\text{ €},\ 0:\ 80\ \%, 20\ \%]$ teilnehmen würden. In dieser Entscheidungssituation entschieden sich 80 % der Probanden für die sicheren 3000 Euro. Es sollte also laut dem Bernoulli-Prinzip gelten:

$$0,8 \cdot U(4000\text{ €}) < U(3.000\text{ €}) \tag{1.1}$$

Bei der Wahl zwischen den beiden Lotterien $A:\ [4000\text{ €},\ 0:\ 20\ \%, 80\ \%]$ und $B:\ [3000\text{ €},\ 0:\ 25\ \%, 75\ \%]$ entschieden sich 65 % der Befragten für Lotterie A. Daraus würde folgen:

$$\begin{aligned} 0,2 \cdot U(4.000\text{ €}) &> 0,25 \cdot U(3.000\text{ €}) \\ \Rightarrow\ 0,8 \cdot U(4.000\text{ €}) &> U(3.000\text{ €}) \end{aligned}$$

Die letzte Zeile steht im Widerspruch zu Gleichung 1.1. Diese Phänomen nennt man zu Ehren seines Entdeckers Allais-Paradoxon. Das Substitutionsaxiom (Siehe Seite 4) wird hier verletzt. Vielleicht sind also die Zielfunktionen realer Entscheider abhängig von der Entscheidungssituation und keine festen Größen, wie bisher vermutet wurde.

Weiter oben hatten wir bereits das Konzept der Risikoaversion und das Konstrukt konkaver Nutzenfunktionen kennen gelernt. Den subjektiven Unterschied zwischen einem Gewinn in Höhe von 10 Euro und einem Gewinn in Höhe von 20 Euro empfinden wir stärker als den Unterschied zwischen beispielsweise 1000 Euro und 1010 Euro. Absolut betrachtet ist der Unterschied jeweils 10 Euro. Das empfindet der Mensch subjektiv jedoch nicht so. Für ihn ist die Nutzensteigerung von 1000 auf 1010 Euro kleiner als von 10 auf 20 Euro.

Betrachtet man die Entscheidung im Verlustfall, dann ergibt sich ein ähnliches Bild: Ein Verlust in Höhe von 20 Euro statt 10 Euro wird stärker negativ wahrgenommen als ein Verlust von 1010 Euro statt 1000 Euro. Streng nach dem Motto: Wenn man schon 1000 Euro verliert, dann kommt es auf 10 Euro mehr oder weniger auch nicht mehr an. Außerdem wird dem sicheren Verlust das riskante Spiel mit gleichem Erwartungswert aber unter Umständen niedrigerem Verlust vorgezogen.[6] Mit anderen Worten: Wenn es um Verluste geht, wird der Mensch zum Zocker. Dieses empirische Ergebnis erklären sich Evolutionspsychologen folgendermaßen: Statt sicher vom Löwen angefallen und schwer verletzt zu werden, springt man lieber über die Schlucht und kommt mit 70 %iger Wahrscheinlichkeit heil und unbeschadet auf der anderen Seite an.[7]

Im Laufe der Jahrmillionen haben sich bestimmte Heuristiken tief in das menschliche Betriebssystem eingegraben, die in grauer Vorzeit vielleicht sinnvoll waren, nun jedoch den Menschen zu unvorteilhaften bzw. irrationalen Entscheidungen, nicht zuletzt im Rahmen seiner Anlageentscheidungen, verleiten.

Die Prospekttheorie von Kahneman und Tversky geht von der in Abbildung 1.5 auf Seite 21 dargestellten, zweiteiligen Funktion des subjektiven Wertes aus. Die Wertfunktion hat rechts vom Null- bzw. Referenzpunkt den bekannten konkaven Verlauf. Links vom Referenzpunkt hingegen verläuft sie konvex: Wenn wir statt 5 Euro 10 Euro verlieren, dann ist der Einschnitt größer, als wenn wir statt 50 Euro 55 Euro Verlust realisieren. Hier zeigt sich der Mensch von seiner irrationalen Seite. Denn es wäre „rational", wenn man als Investor auch im Verlustbereich eine konkave statt einer konvexen Wertfunktion hätte.

Wenn die Zahlungsbereitschaft eines Agenten für eine Lotterie der Form $[x, y : p, 1 - p]$ bestimmt werden soll, dann orientiert sich ein Erwartungsnutzenmaximierer im

6 Das gilt allerdings auch nicht immer (s. u.). Ein Gegenbeispiel wäre eine Entscheidungssituation, in der sehr große aber sehr unwahrscheinliche Verluste durch relativ kleine sichere Verluste ausgeschlossen werden können (Versicherung).

7 Das Beispiel stammt aus dem Buch von Manfred Spitzer „Vom Sinn des Lebens".

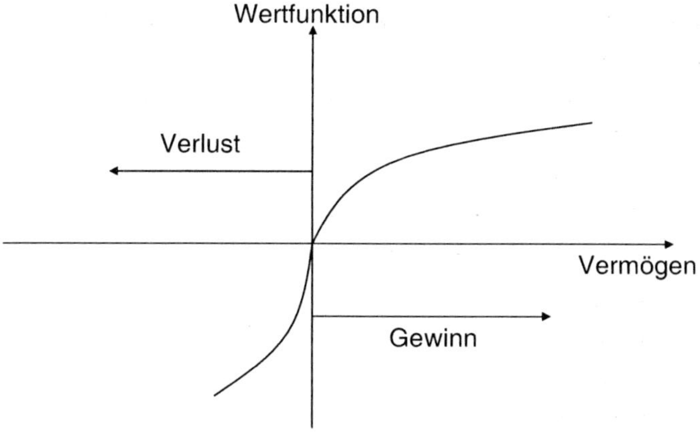

Abbildung 1.5: Experimentell ermittelte Wertfunktion mit konkavem Verlauf rechts vom Referenzpunkt und konvexem Verlauf links vom Referenzpunkt (Kahneman und Tversky (1979), S. 279)

Sinne Bernoullis an der folgenden Zielfunktion.

$$pU(V_0 + x) + (1 - p)U(V_0 + y)$$

Seine Rationalität spiegelt sich unter anderem auch darin wider, dass er stets den Nutzen seiner gesamten Vermögenspositon im Auge hat und folglich auch sein Anfangsvermögen V_0 in das Kalkül mit einbezieht. Ein Entscheider im Rahmen der Prospekttheorie entscheidet hingegen anhand der folgenden Zielfunktion:

$$\pi(p)v(x) + \pi(1 - p)v(y)$$

Der „irrationale" Entscheider im Sinne Kahneman und Tversky evaluiert jede Entscheidung, jede Lotterie, einzeln. Man spricht davon, dass der Entscheider „mentale Konten" bildet und jedes mentale Konto separat vom übrigen Portfolio optimiert. Dabei entscheidet er anhand des folgenden Kalküls: Zunächst wird für die beiden Ergebnisse der Lotterie x und y der subjektive Wert anhand der Wertfunktion $v(x)$ bzw. $v(y)$ bestimmt. Die Wertfunktion ist dabei für Gewinne konkav und für Verluste konvex (Siehe Abbildung 1.5 auf Seite 21). Die subjektiven Werte werden dann in nächsten Schritt nicht etwa mit den objektiven Eintrittswahrscheinlichkeiten p und $1 - p$, sondern mit den modifizierten Wahrscheinlichkeiten $\pi(p)$ und $\pi(1 - p)$ gewichtet (Siehe Abbildung 1.6 auf Seite 22).

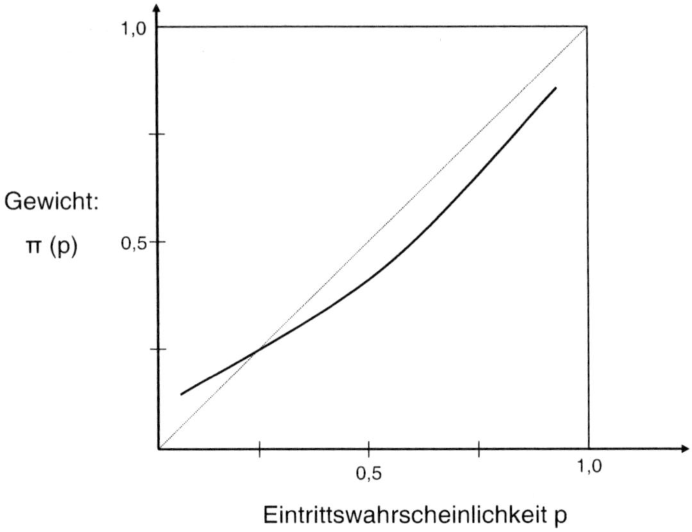

Abbildung 1.6: Modifizierte Wahrscheinlichkeitsgewichte (Kahneman und Tversky (1979), S. 283)

Das empirische Ergebnis, das zu diesen modifizierten Wahrscheinlichkeiten geführt hat, ist, dass sehr kleine Eintrittswahrscheinlichkeiten von realen Entscheidern übergewichtet werden. Denn im Experiment zeigt sich, dass 5.000 Euro mit einer Eintrittswahrscheinlichkeit von 0,1 % gegenüber sicheren 5 Euro bevorzugt werden.

$$[5.000 \text{ €},\ 0:\ 0,1\%,\ 99,9\%] \succ [5 \text{ €}, 1]$$

Die Prospekttheorie geht davon aus, dass die Wertfunktion im Gewinn-Bereich konkav verläuft und somit $1.000 \cdot v(5) > v(5.000)$ gilt. Außerdem nimmt sie an, dass Entscheider sehr wohl erkennen, falls ein Ereignis mit Sicherheit eintritt. Deshalb gilt: $\pi(1) = 1$. Unter diesen Annahmen kann man aus der Bevorzugung der Lotterie $[5.000 \text{ €}, 0 : 0,1\%,\ 99,9\%]$ gegenüber sicheren fünf Euro, zurückschließen auf eine Übergewichtung der sehr kleinen Eintrittswahrscheinlichkeit $0,001$:

$$\begin{aligned}
[5 \text{ €},\ 1] &\prec [5.000 \text{ €},\ 0 \text{ €}:\ 0,1\%,\ 99,9\%] \\
&\Rightarrow \pi(1) \cdot v(5 \text{ €}) < \pi(0,001) \cdot v(5.000 \text{ €}) < \pi(0,001) \cdot 1.000 \cdot v(5) \\
&\Rightarrow \pi(0,001) > 0,001
\end{aligned}$$

Sehr kleine Wahrscheinlichkeiten werden subjektiv durch die modifizierten Wahrscheinlichkeiten höher gewichtet. So wird ein sicherer Verlust in Höhe von 5 Euro gegenüber einem Verlust in Höhe von 5.000 Euro mit der Eintrittswahrscheinlichkeit 0,1 % bevorzugt. Mit anderen Worten: Die modifizierten Wahrscheinlichkeitsgewichte wurden von der gleichzeitigen Nachfrage nach Lotterielosen und Versicherungen abgeleitet.

1.2.2 Der Framing-Effekt in einem anderen Kontext

Den Framing-Effekt konnte im Experiment auch bei Entscheidungen über Leben und Tod beobachtet werden: Stellen Sie sich vor, dass nach Ausbruch einer Krankheit bis zu 600 Menschen sterben könnten. Es gilt, sich zwischen zwei Therapieprogrammen zu entscheiden. Bei Alternative 1 überleben 200 der 600 infizierten Menschen und bei Alternative 2 überleben mit 33 %-iger Wahrscheinlichkeit alle und mit 66 %-iger Wahrscheinlichkeit sterben alle. Für welche der beiden Behandlungsmethoden entscheiden sie sich? Im Experiment entschieden sich 72 % der befragten Studenten für Alternative 1.

Im zweiten Teil des Experiments wurden nun die Alternativen 3 und 4 miteinander verglichen: Bei dem Therapieprogramm 3 sterben 400 Menschen und bei Therapie 4 stirbt mit 33 %-iger Wahrscheinlichkeit keiner und mit 66 %-iger Wahrscheinlichkeit alle. Welche nehmen Sie? Hier entscheidet sich die Mehrheit (im Experiment waren es 78 % der teilnehmenden Studenten) für die Therapie 4, also für die Lotterie. Das ist überraschend, weil sich natürlich Therapie 1 und 3 sowie Therapie 2 und 4 entsprechen. Nur werden die Fakten bei den beiden Entscheidungssituationen unterschiedlich präsentiert.

Im zweiten Teil des Experimentes wurde die Entscheidung in einem „Sterben"-Kontext präsentiert. Der Rahmen, innerhalb dessen die Entscheidung getroffen wird, ist also, wenn man so will, ein Verlust-Szenario. Hier greift die Spiel-Heuristik und die Entscheider wählen die Therapie, bei dem in 1/3 der Fälle alle Patienten überleben. Der Mensch wird zum Zocker. Wird die Entscheidung jedoch in einem „Überleben"-Kontext präsentiert, möchte die Mehrheit der Experimentteilnehmer lieber 200 Menschen sicher vor dem Tod bewahren, als zu riskieren, dass alle sterben. Augenscheinlich macht es einen Unterschied, ob Entscheidungen im Ausblick auf Gewinn (bzw. Überleben) oder auf Verlust (bzw. Tod) getroffen werden. Das ist irrational, da es ja eigentlich keinen Unterschied macht, ob von 600 Personen 200 überleben oder 400 sterben.

Das irrationale Verhalten von Investoren auf Finanz- und Kapitalmärkten gehört zu dem noch relativ „jungen“ Forschungsfeld der „Behavioral Finance“. Wir wenden uns im Weiteren allerdings wieder rationalen Entscheidungen zu.

1.3 Das μ-σ-Prinzip

Das Bernoulli-Prinzip orientiert sich am rationalen Verhalten der Investoren und wirkt nicht zuletzt aus diesem Grund sehr überzeugend. Allerdings wird die analytische Umsetzung bei hoch komplexen Entscheidungssituationen schwierig. Denn schließlich hängt die optimale rationale Entscheidung zum einen von der unterstellten Nutzenfunktion und zum anderen von der Verteilung der Ergebnisgröße ab.

Vor diesem Hintergrund erscheint es wünschenswert, Entscheidungen allein anhand der Funktionalparameter der Ergebnisgrößenverteilung treffen zu können. Das μ-σ-Prinzip ermöglicht Entscheidungen lediglich auf Basis der ersten beiden Momente, Erwartungswert und Standardabweichung, zu treffen.

Um Verwechslungen vorzubeugen, spricht man im Zusammenhang mit dem μ-σ-Prinzip nicht von einer Nutzenfunktion $U(x)$, sondern von einer Präferenzfunktion $\phi(\mu,\sigma)$. Sie gibt für jede Kombination der beiden Momente einen Präferenzwert an.

Bei einem risikoaversen Entscheider sinkt bei konstantem Erwartungswert der Wert der Präferenzfunktion mit steigender Streuung. Anders ausgedrückt: Die Risikoaversion spiegelt sich in einer negativen partiellen Ableitung der Präferenzfunktion nach der Streuung wider. Bei Risikoaversion gilt:

$$\frac{\partial\phi(\mu,\sigma^2)}{\partial\sigma^2} < 0$$

Auch die absolute Risikoaversion (ARA) kann für Präferenzfunktionen definiert werden. Sie entspricht dem Austauschverhältnis von Rendite und Risiko auf einem Präferenzniveau. Oder etwas mathematischer ausgedückt: Die ARA kann durch die Grenzrate der Substitution zwischen μ und σ^2 ausgedrückt werden:

$$\text{ARA} = -\left(\frac{\partial\phi/\partial\sigma^2}{\partial\phi/\partial\mu}\right)$$

Wir bestimmen die Grenzrate der Substitution, indem wir die partielle Ableitung der Präferenzfunktion nach der Varianz durch die partielle Ableitung nach dem Erwartungswert teilen und das Ganze noch mit (-1) multiplizieren.

Kleiner Exkurs: „Grenzrate der Substitution"

Vielleicht haben Sie bereits im VWL-Grundstudium, als Nutzenfunktionen thematisiert wurden, die vom Gegenwarts- und Zukunftskonsum abhängig sind, die Indifferenzkurve kennen gelernt. Die Indifferenzkurve kann man sich als eine Art Höhenline vorstellen. Sie verbindet alle Konsumkonstellationen mit gleichem Nutzen. Wenn man sich auf der Indifferenzkurve bewegt, ändert sich der Nutzen nicht. Ganz ähnlich ist es hier bei der Präferenzfunktion $\phi(\mu,\sigma^2)$. Entlang einer Isopräferenzkurve ändert sich der absolute Präferenzwert nicht. Deshalb setzen wir das totale Differential, also die absolute Änderung des Präferenzwertes, gleich null: $d\phi = 0$. Einsetzen des totalen Differentials $d\phi$ führt zu dem folgenden Ausdruck:

$$d\phi = 0 = \frac{\partial\phi}{\partial\sigma^2}d\sigma^2 + \frac{\partial\phi}{\partial\mu}\cdot d\mu$$

Damit ergibt sich das Austauschverhältnis von μ und σ^2 bei einem konstanten Präferenzwert, das auch als „Grenzrate der Substitution" bezeichnet wird, zu:

$$\left.\frac{d\mu}{d\sigma^2}\right|_{\phi=konstant} = -\left(\frac{\partial\phi/\partial\sigma^2}{\partial\phi/\partial\mu}\right)$$

Ende des Exkurses!

Auch die Risikoprämie RP und das Sicherheitsäquivalent S können für die Präferenzfunktion bestimmt werden. Das Sicherheitsäquivalent S eines unsicheren $\tilde{x}$ (mit μ und σ) entspricht der Ergebnisausprägung, die bei Sicherheit den gleichen Präferenzwert wie die unsichere Zahlung aufweist!

$$\phi(\mu,\sigma^2) = \phi(S,0)$$

Wenn wir auf Basis der Präferenzfunktion für x ein Sicherheitsäquivalent S bestimmen können, dann ist die Risikoprämie RP einfach (Siehe Abbildung 1.7 auf Seite 26):

$$RP = \mu - S$$

Die Risikoaversion ist umso höher, je flacher die Präferenzfunktion verläuft. Bei Risikoindifferenz (Risikoneutralität) gilt:

$$S = \mu$$

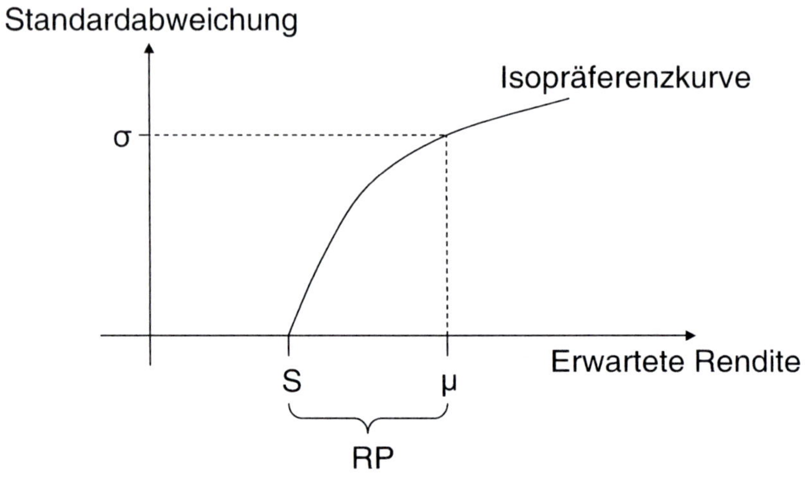

Abbildung 1.7: Präferenzfunktion, Sicherheitsäquivalent und Risikoprämie (Neus (2007), S. 464)

1.4 Vereinbarkeit des μ-σ-Prinzips mit dem Bernoulli-Prinzip

Das μ-σ-Prinzip muss nicht immer mit dem Bernoulli-Prinzip vereinbar sein. Deshalb bedient man sich des folgenden Tricks: Wenn man eine exponentielle Nutzenfunktion und eine normalverteilte Zielgröße unterstellt, dann sind Bernoulli-Prinzip und μ-σ-Prinzip miteinander vereinbar. Der einzige Wermutstropfen bei exponentiellen Nutzenfunktionen besteht darin, dass sie konstante ARA implizieren, wie man im Folgenden erkennt.

$$U(\tilde{x}) = -e^{-\gamma x}$$

$$U'(\tilde{x}) = \gamma \cdot e^{-\gamma x}$$

$$U''(\tilde{x}) = -\gamma^2 e^{-\gamma x}$$

$$ARA = -\left(\frac{-\gamma^2 e^{-\gamma x}}{\gamma e^{-\gamma x}}\right)$$

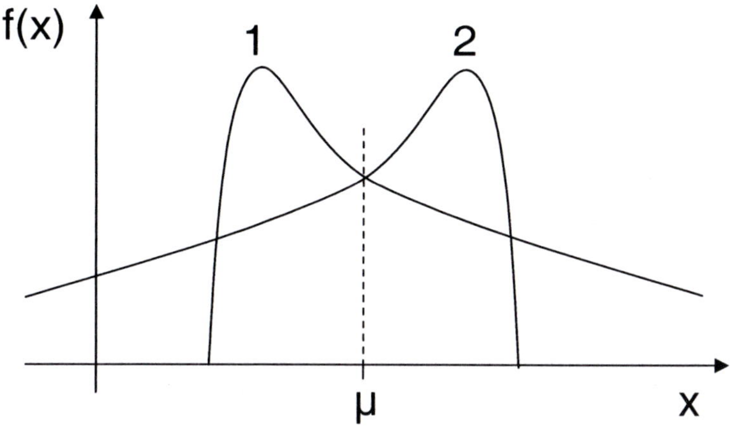

Abbildung 1.8: Zwei nach dem μ-σ-Prinzip als gleichwertig geltende Ergebnisdichten (Neus (2007), S. 465)

$$ARA = \gamma$$

Bei unterstellten exponentielle Nutzenfunktionen und normalverteilten Ergebnisgrößen ergibt sich ein Sicherheitsäquivalent, das nur vom Erwartungswert und der Varianz abhängt:

$$S = \mu - \frac{1}{2}\gamma\sigma^2$$

Diese Funktion können wir als (μ, σ^2)-Präferenzfunktion verwenden:

$$\phi = \mu - \alpha\sigma^2$$

Die absolute Risikoaversion, die mit dieser Präferenzfunktion verbunden ist, ist gleich der Grenzrate der Substitution:

$$ARA = -\left(\frac{\partial\phi/\partial\sigma^2}{\partial\phi/\partial\mu}\right) = \alpha$$

Die Beschränkung auf die ersten beiden Momente ist grundsätzlich problematisch. Denn es gibt weitere Momente, die eine Verteilung beschreiben. Bei symmetrischen Funktionen, wie beispielsweise der Normalverteilung, ist die Beschränkung unkritisch. Denn sie wird durch Erwartungswert und Streuung vollständig beschrieben.

Was passiert aber bei schiefen Verteilungen? Wenn wir z. B. die in Abbildung 1.8 auf Seite 27 dargestellten Dichten betrachten, dann müssen wir konstatieren, dass sie zwar den gleichen Erwartungswert und die gleiche Streuung jedoch unterschiedliche Schiefen aufweisen.

Die Dichte der Alternative 1 ist linkssteil bzw. rechtsschief. Sie führt zu einem beschränkten Verlust mit der Chance auf einen sehr hohen Gewinn. Bei der rechtssteilen Alternative 2 ist der maximale Gewinn beschränkt, während es andererseits zu einem sehr großen Verlust kommen kann. Die meisten rationalen Investoren würden sich lieber bei Alternative 1 engagieren, obwohl das μ-σ-Prinzip uns einreden will, dass 1 und 2 gleichwertig sind. Wir halten fest: Bei schiefen Verteilungen ist das μ-σ-Prinzip kritisch zu sehen.

Der zweite gewichtige Einwand gegen Entscheidungen anhand des μ-σ-Prinzips ist, dass die Anwendung des μ-σ-Prinzips unter Umständen zu einer Verletzung eines der sechs Axiome vernünftigen Verhaltens führen kann! Das wollen wir uns im folgenden Beispiel anschauen.

	50 %	50 %	E[x]	Var(x)	Präferenzfunktion $\phi(\mu,\sigma) = \mu - 0,5 \cdot \sigma^2$
A	8	10	9	1	8,5
B	14	28	21	49	-3,5

Obwohl Alternative B die Alternative A in allen denkbaren Umweltzuständen dominiert, ist der Präferenzwert von A bei der unterstellten Präferenzfunktion höher als der von B.

Zwar liefert Altenative B in jedem Zustand einen höheren Rückfluss, da diese Rückflüsse jedoch erheblich stärker streuen als die Rückflüsse von A, weist Alternative B mit $\phi(\mu,\sigma) = -3,5$ einen niedrigeren Präferenzfunktionswert als Alternative A auf. Offensichtlich verletzt das μ-σ-Prinzip unter Umständen das Dominanzprinzip! Der Entscheider, der die beschriebene Präferenzfunktion verwendet, handelt einem der sechs Axiome vernünftigen Verhaltens zuwider und würde sich für die in allen Zuständen schlechtere Alternative A entscheiden.

2 Grundlagen der Portfoliotheorie

2.1 Rendite und Streuung des Wertpapierportfolios

Aktienrenditen sind aufgrund schwankender Aktienkurse unsicher. Wenn man in Aktien investiert, dann interessiert man sich für die zukünftigen Schwankungen der Aktienrendite.[1] Als Maß für die Schwankungsbreite der Aktienrendite werden die Varianz beziehungsweise die Standardabweichung verwendet. Wir werden uns im Weiteren mit der Frage beschäftigen, wie sich aus der Schwankungsbreite einzelner Aktien das Risiko eines ganzen Aktienkorbes (Portfolio bzw. Portefeuille) ergibt.

Die Varianz ist definiert als erwartete, quadratische Abweichung vom Erwartungswert:

$$Var(\tilde{r}) = \sigma_r^2 = E\left((r-\mu)^2 \right)$$

Durch das Quadrat wird sicher gestellt, dass sich Abweichungen nach oben und nach unten im Schnitt nicht gegenseitig kompensieren. Außerdem werden Abweichungen umso stärker gewichtet, je größer sie sind. Die Varianz der Aktienrendite wird aufgrund des Quadrates jedoch in Quadrat-Prozent gemessen. Deshalb macht es Sinn, ein Streuungs- bzw. Risikomaß zu verwenden, das in Prozent angegeben wird. Dies ist bei der Standardabweichung der Fall. Sie ist definiert als Wurzel der Varianz:

$$\sigma_r = \sqrt{Var(\tilde{r})}$$

Wenn wir die Varianz mit Hilfe einer empirischen Stichprobe mit N Datenpunkten abschätzen wollen, dann wird - anders als sonst beim arithmetischen Mittel üblich - durch $N-1$ geteilt:

$$Var(\tilde{r}) = \frac{1}{N-1}\sum_{i=1}^{N}(r_i - Mittelwert)^2$$

Durch $N-1$ wird geteilt, um den Verlust eines Freiheitsgrades auszugleichen. Denn der Erwartungswert wird durch den Mittelwert der Stichprobe abgeschätzt, wodurch ein Freiheitsgrad verloren geht.

1 Es sei denn, es liegt Risikoneutralität vor.

Ein wichtiger Rat bei der Anlageentscheidung lautet: „Lege nicht alle Eier in einen Korb!“ Denn durch Diversifikation lässt sich unter Umständen einen Risikoreduktion erzielen.

Stratman (1987) hat in seinem Artikel mit dem Titel „How many stocks make a diversified portfolio“ anhand historischer Aktienkursentwicklungen an der New York Stock Exchange (NYSE) untersucht, wie stark das Risiko eines Aktienportfolios mit zunehmender Aktienzahl abnimmt. Die Grafik 2.1, die sich auch bei Brealey und Myers (2002) findet, verdeutlicht den Zusammenhang.

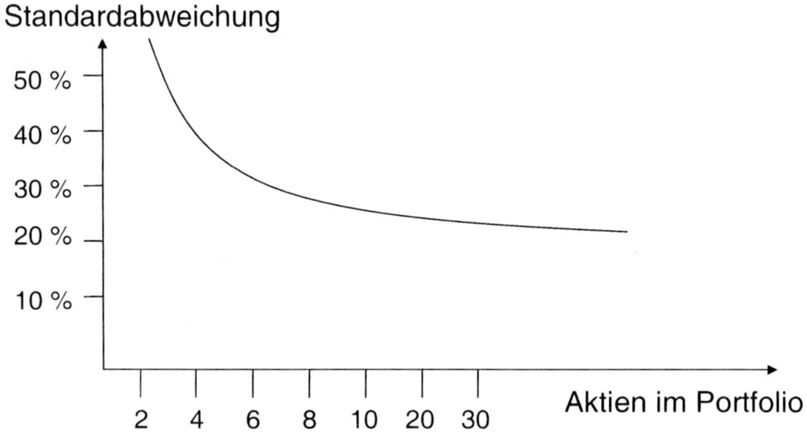

Abbildung 2.1: Streuung der Aktienrendite eines Portfolios in Abhängigkeit vom Diversifikationsgrad (Brealey und Myers (2002), S. 166)

Man erkennt deutlich, dass schon ein klein wenig Diversifikation für eine zunächst starke Reduktion der Schwankungsbreite der Rendite sorgt. Durch Diversifizierung kann die Streuung halbiert werden. Allerdings erreicht man diesen Effekt zum größten Teil bereits mit verhältnismäßig wenigen Aktien. Ob man jetzt 20 oder 40 Aktien hält, macht im Hinblick auf das Risiko eigentlich keinen großen Unterschied mehr.

Im Weiteren wollen wir uns der Frage widmen, wie der Zusammenhang zwischen dem Risiko eines Aktienkorbes und dem Risiko der in ihm enthaltenen Aktien aussieht. Grundsätzlich gilt, dass die Gesamtstreuung des Aktienportfolios niedriger ist, da die Aktienrenditen nicht perfekt korreliert sind. Denn Aktien bewegen sich nicht perfekt im „Gleichschritt“. Die Grafik 2.2 auf Seite 31 verdeutlicht, dass ein

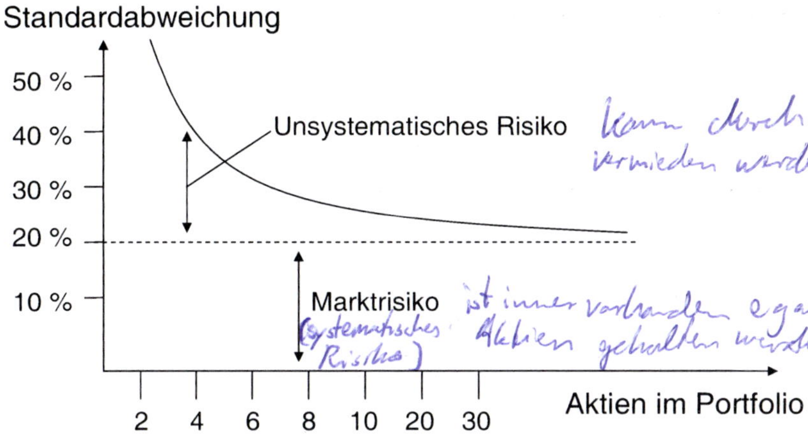

Abbildung 2.2: Systematisches und unsystematisches Risiko (Brealey und Myers (2002), S. 168)

Teil des Risikos auch durch Streuung des Anlagevolumens auf sehr viele (oder sogar alle) Wertpapiere nicht verschwindet. Dieser Teil des Risikos wird „systematisches Risiko“ oder schlicht „Marktrisiko“ genannt. Dem gegenüber steht das unsystematische Risiko, das auf Englisch „Unique risk“ genannt wird und durch Diversifikation eliminiert werden könnte.

Soviel erst einmal zur Anschauung. Wenden wir uns nun der Mathematik zu. Wir beginnen mit dem einfachsten Fall, dass unser Portfolio lediglich aus zwei Aktien besteht.

Die Rendite einer Aktie A bezogen auf eine Periode errechnet sich folgendermaßen:

$$r_A = \frac{P_2 - P_1}{P_1}$$

P_1 ist dabei der Preis am Anfang und P_2 ist der Preis am Ende der Periode. Wir betrachten hier also relative Nettorenditen. Falls in der betrachteten Periode eine Dividende ausgeschüttet werden sollte, ergibt sich die Rendite zu:

$$r_A = \frac{P_2 + Div - P_1}{P_1}$$

Die Kurse der Aktie A (die z. B. Amazon sein könnte) und der Aktie B (die z. B. Bayer sein könnte) sind in der Regel nicht vollständig unabhängig voneinander. Das

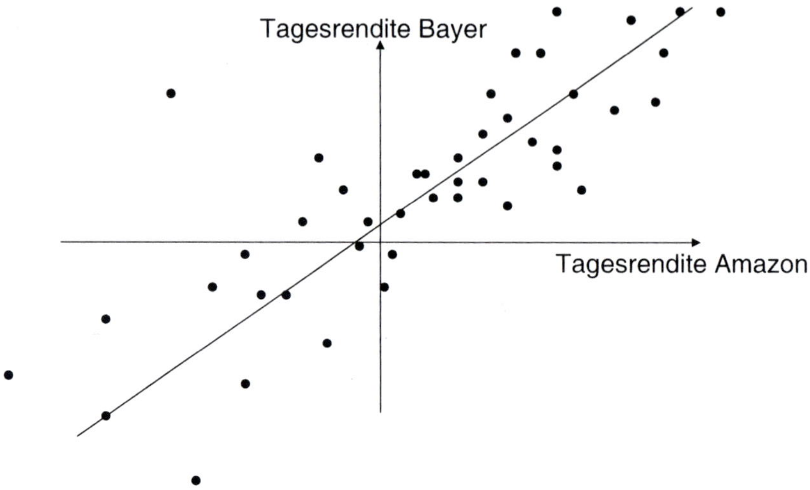

Abbildung 2.3: Stochastischer Zusammenhang der Renditen zweier Aktien

erkennt man an der Grafik 2.3, in der auf den Achsen die Tagesrenditen der beiden Aktien abgetragen sind.

Die Datenpunkte in der Abbildung 2.3 ergeben sich jeweils für einen Handelstag. Aus der groben Richtung der Wolke erkennt man, dass die Aktienrenditen tendenziell gleichlaufen. Es gilt: Je besser Amazon abschneidet, desto höher ist tendenziell auch die Tagesrendite der Bayer Aktie. Wenn wir jetzt eine lineare Schätzgrade, die mit Hilfe der Methode der kleinsten Quadrate geschätzt wird, durch die Punktwolke legen, dann hat die Schätzgerade die Funktion:

$$r_B = \alpha + \beta r_A = \alpha + \frac{Cov(r_A, r_B)}{Var(r_A)} \cdot r_A$$

Die Steigung der Geraden entspricht der Kovarianz der beiden Renditen geteilt durch die Varianz. Dieser Bruch entspricht Beta. Wir werden Beta noch häufiger begegnen. Grundsätzlich ist die Kovarianz definiert als:

$$Cov(r_A, r_B) = \sigma_{AB} = E\left[(r_A - \mu_A) \cdot (r_B - \mu_B)\right]$$

Die Kovarianz einer Aktierendite mit sich selber ist gerade die Varianz dieser Aktienrendite:

$$Cov(r_A, r_A) = \sigma_{AA} = E\left[(r_A - \mu_A)^2\right] = \sigma_A^2$$

Die Kovarianz lässt sich auch mit Hilfe der Standardabweichungen von A (σ_A) und B (σ_B) und dem Korrelationskoeffizienten ρ ausdrücken:

$$Cov(r_A, r_B) = \rho \cdot \sigma_A \cdot \sigma_B$$

Rho (ρ) ist der Korrelationskoeffizient zwischen den beiden Renditen. Er bewegt sich im Intervall zwischen -1 und $+1$. Man kann den Korrelationskoeffizienten bestimmen, indem man die Kovarianz im Verhältnis zu den Standardabweichungen normiert:

$$\rho_{AB} = \frac{Cov(r_A, r_B)}{\sigma_A \cdot \sigma_B}$$

Liegt der Korrelationskoeffizient in der Nähe von +1, dann entwickeln sich die Aktienrenditen überwiegend gleichläufig. Ein Kursanstieg von Amazon geht dann tendenziell mit einem Kursanstieg von Bayer einher. Bei einem negativen Korrelationskoeffizienten würden sich die Aktienrenditen im Regelfall gegenläufig entwickeln.

2.1.1 Streuung der Portfoliorendite

Wir gehen nun davon aus, dass wir unser Vermögen zu einem Anteil x_1 in Aktie A und zu einem Anteil x_2 in Aktie B stecken. Die Summe der Anteile x_1 und x_2 soll 100 % sein:

$$x_1 + x_2 = 1$$

Die folgenden Betrachtungen sind unabhängig von der Höhe des investierten Vermögens. Da die beiden Anteile in Summe stets 100 % ergeben, können wir x_2 durch x_1 ausdrücken:

$$x_2 = 1 - x_1$$

Wie groß ist nun die Streubreite der Rendite eines Portfolios, das zum Anteil x_1 aus A Aktien und zum Anteil x_2 aus B Aktien besteht? Das können wir mit Hilfe der Definitionsgleichung der Varianz relativ einfach ausrechnen:

$$Var(r) = E[(r - E(r))^2]$$

Unsere Gesamtrendite r setzt sich aus den mit x_1 und x_2 gewichteten Aktienrenditen r_A und r_B zusammen:

$$r = x_1 \cdot r_A + x_2 \cdot r_B$$

Der Erwartungswert der Gesamtrendite $E(r)$ ist somit:

$$\mu = E(r) = x_1 \cdot \mu_A + x_2 \cdot \mu_B$$

Wenn wir die Streubreite unseres Portfolios bestimmen wollen, dann müssen wir die „Mischrendite“ und ihren Erwartungswert schlicht und ergreifend in die Definitionsgleichung der Varianz einsetzen:

$$Var(r) = Var\left(x_1 \cdot r_A + x_2 \cdot r_B\right) = E\left[\left(x_1 \cdot r_A + x_2 \cdot r_B - x_1\mu_A - x_2\mu_B\right)^2\right]$$

Wir sortieren die Terme in der Klammer um und erhalten:

$$Var(r) = E\left[\left(\underbrace{x_1 \cdot r_A - x_1\mu_A}_{a} + \underbrace{x_2 \cdot r_B - x_2\mu_B}_{b}\right)^2\right]$$

Der Term in der Klammer enspricht einer Summe der Form $a+b$. Man kann deshalb die erste binomische Formel anwenden, um die Klammer zu quadrieren:

$$(a+b)^2 = a^2 + b^2 + 2ab$$

Mit

$$a = x_1 \cdot (r_A - \mu_A)$$

und:

$$b = x_2 \cdot (r_B - \mu_B)$$

erhalten wir:

$$Var(r) = E\left[x_1^2(r_A - \mu_A)^2 + x_2^2(r_B - \mu_B)^2 + 2x_1x_2(r_A - \mu_A)(r_B - \mu_B)\right]$$

Es gilt die Rechenregel, dass der Erwartungswert einer Summe von Zufallszahlen gleich der Summe der Erwartungswerte der Zufallszahlen ist. Daher kann die Varianz als Summe dreier Erwartungswerte geschrieben werden:

$$Var(r) = E\left[x_1^2 \cdot (r_A - \mu_A)^2\right] + E\left[x_2^2 \cdot (r_B - \mu_B)^2\right] + E\left[2x_1x_2(r_A - \mu_A)(r_B - \mu_B)\right]$$

In den einzelnen Erwartungswerten finden sich die Definitionsgleichungen für die Varianz bzw. die Kovarianz wieder! Wir erhalten für die Varianz der Gesamtrendite:

$$Var(r) = x_1^2 \cdot Var(r_A) + x_2^2 \cdot Var(r_B) + 2x_1x_2 \cdot Cov(r_A, r_B)$$

Die gleiche Formel, ausgedrückt mit den Standardabweichungen σ_A und σ_B, lautet:

$$Var(r) = x_1^2 \cdot \sigma_A^2 + x_2^2 \cdot \sigma_B^2 + 2x_1x_2\rho\,\sigma_A\sigma_B$$

Diese Formel kann man sich gut als Summe der Elemente der folgenden Tabelle 2.1 merken.

	A	B
A	$x_1^2 Var(r_A)$	$x_1x_2Cov(r_A, r_B)$
B	$x_1x_2Cov(r_A, r_B)$	$x_2^2 Var(r_B)$

Tabelle 2.1: Die Varianz der Aktienrendite des 2-Aktien-Portfolios ergibt sich als Summe der Felder dieser Tabelle.

Wir wollen uns nun anschauen, wie sich Rendite und Risiko unseres Mini-Portfolios in Abhängigkeit von der jeweiligen Gewichtung der Aktien A und B entwickeln. Die erwartete Rendite des 2-Aktien-Portfolios ist:

$$E(r) = x_1 \cdot \mu_A + x_2\mu_B$$

Mit $x_2 = 1 - x_1$ kann die erwartete Rendite folgendermaßen geschrieben werden:

$$E(r) = x_1 \cdot \mu_A + (1 - x_1) \cdot \mu_B = \mu_B + x_1(\mu_A - \mu_B)$$

Sie ist eine lineare Funktion und kann je nach der Gewichtung der beiden Aktien im Portfolio Werte zwischen der erwarteten Rendite der Aktien A und der erwarteten Rendite der Aktie B annehmen, solange man keine negativen Gewichte zulässt.

Die allgemeine Formel für die Varianz eines Aktienkorbes, in dem sich N Aktien befinden, lautet:

$$Var(r) = \sum_{i=1}^{N} \sum_{j=1}^{N} x_i x_j \sigma_{ij}$$

Anschaulich kann man sich das gut mit Hilfe der folgenden Tabelle 2.2 merken. Das Gesamtrisiko das Portfolios, in dem sich die Aktien 1, 2, 3... bis N befinden, ist gleich der Summe der Elemente der folgenden Tabelle, in deren N^2 Feldern jeweils die Varianzen bzw. Kovarianzen sowie die zugehörigen Gewichtungsfaktoren aufgelistet sind.

	1	2	...	N
1	$x_1^2 Var(r_1)$	$x_1 x_2 Cov(r_1, r_2)$	...	$x_1 x_N Cov(r_1, r_N)$
2	$x_1 x_2 Cov(r_1, r_2)$	$x_2^2 Var(r_2)$	...	$x_2 x_N Cov(r_2, r_N)$
...	...	...	...	...
N	$x_1 x_N Cov(r_1, r_N)$	$x_2 x_N Cov(r_2, r_N)$	...	$x_N^2 Var(r_N)$

Tabelle 2.2: Tabelle mit Gewichtungsfaktoren und Kovarianzen

2.1.2 Naive Diversifikation

In der Tabelle 2.2 erkennt man bereits, dass bei größerer Aktienzahl in fast allen Feldern der Tabelle Kovarianzterme stehen. Die Varianzen stehen nur in den Diagonalfeldern. Es fließen also N Varianzterme in die Gesamtvarianz ein. In allen übrigen Feldern der Tabelle, und das sind immerhin $N^2 - N$, stehen Kovarianzterme. Wir erkennen, dass je mehr Aktien im Portfolio sind, umso wichtiger wird die Korrelation bzw. die Kovarianz zwischen den Aktienrenditen und umso weniger bedeutsam ist die individuelle Streuung. Das kann anhand der folgenden Überlegung zur „Naiven Diversifikation“ einprägsam verdeutlicht werden.

Nehmen wir an, dass N Aktien in unserem Portfolio enthalten sind und dass die Aktienauswahl vollkommen unbedarft getroffen wurde. Damit ist gemeint, dass in jede Aktie der gleiche prozentuale Anteil des Vermögens investiert wurde. Würde man annehmen, dass in 20 Aktien investiert wurde, dann hätte man in jede Aktie einen Anteil von $1 : N = 1 : 20 = 5\ \%$ des Anlagebetrages investiert. Zudem vereinfachen wir die Betrachtung, indem wir durchschnittliche Varianzen und Kovarianzen annehmen. Die Gesamtvarianz des naiven Portfolios ergibt sich dann zu:

$$Var(r) = N\left(\frac{1}{N}\right)^2 \cdot \varnothing Var(r_N) + (N^2 - N)\left(\frac{1}{N}\right)^2 \cdot \varnothing Cov(r_N, r_M)$$

$$Var(r) = \frac{1}{N} \cdot \varnothing Var(r_N) + \left(1 - \frac{1}{N}\right) \varnothing Cov(r_N, r_M)$$

Für große N, also für gut diversifizierte Portfolios, spielen die Varianzterme keine Rolle mehr und die Varianz der Portfoliorendite nähert sich der durchschnittlichen Kovarianz zweier Aktien an:

$$\lim_{N \to \infty} Var(r) = \varnothing Cov(r_N, r_M)$$

Jetzt sollte langsam klar sein, woher das Marktrisiko, also das nicht diversifizierbare Risiko stammt. Es spiegelt offensichtlich die durchschnittliche Kovarianz der im Portfolio enthaltenen Titel wider. Leider ist sie bei Aktien in der Regel größer als null, so dass ein Restrisiko erhalten bleibt.

2.1.3 Alternative Formel für die Portfoliovarianz

Falls die Formel für die Varianz eines Portfolios als zu kompliziert zum Merken erscheint, kann man auf die folgende, etwas einfacher zu merkende Formel zurückgreifen:

$$\sigma_{PF}^2 = \omega' \cdot \Omega \cdot \omega$$

Das Symbol ω bezeichnet einen einspaltigen Vektor mit den wertmäßigen Gewichtungsfaktoren der im Portfolio enthaltenen Wertpapiere. Wenn im Portfolio N Titel enthalten sind, dann hat der Vektor N Zeilen:

$$\omega = \begin{bmatrix} x_1 \\ \vdots \\ x_N \end{bmatrix}$$

Entsprechend ist ω' der zu einer einzeiligen und N-spaltigen Matrix transponierte Vektor ω der Gewichtungsfaktoren:

$$\omega' = \begin{bmatrix} x_1 & \cdots & x_N \end{bmatrix}$$

Das große Omega Ω steht für die Varianz-Kovarianz-Matrix, die wir schon weiter oben kennen gelernt haben. Sie hat bei N Wertpapieren N Spalten und N Zeilen. Auf der Diagonalen stehen die Varianzen, während alle anderen Felder mit Kovarianzen gefüllt sind.

$$\Omega = \begin{bmatrix} \sigma_1^2 & \cdots & Cov(r_1, r_N) \\ \vdots & \ddots & \vdots \\ Cov(r_1, r_N) & \cdots & \sigma_N^2 \end{bmatrix}$$

Mithilfe der Formel $\sigma_{PF}^2 = \omega'\Omega\omega$ können wir für jede beliebige Zahl von Wertpapieren die Varianz des Portfolios bestimmen. Wir verdeutlichen uns den dafür notwendigen Rechenweg mit Hilfe einer Beispielrechnung für den Fall mit zwei Aktien:

$$\sigma_{PF}^2 = \begin{bmatrix} x_1 & x_2 \end{bmatrix} \begin{bmatrix} Var(r_1) & Cov(r_1, r_2) \\ Cov(r_1, r_2) & Var(r_2) \end{bmatrix} \begin{bmatrix} x_1 \\ x_2 \end{bmatrix}$$

Man beginnt mit der Rechnung rechts und multipliziert den Gewichtungsvektor mit der Kovarianzmatrix, so dass man zur folgenden Gleichung gelangt:

$$\sigma_{PF}^2 = \begin{bmatrix} x_1 & x_2 \end{bmatrix} \begin{bmatrix} x_1 Var(r_1) & x_2 Cov(r_1, r_2) \\ x_1 Cov(r_1, r_2) & x_2 Var(r_2) \end{bmatrix}$$

Es ergibt sich die bekannte Formel:

$$\sigma_{PF}^2 = x_1^2 Var(r_1) + 2x_1x_2 Cov(r_1, r_2) + x_2^2 Var(r_2)$$

2.1.4 Effizienter Rand

Mit Hilfe aller Aktientitel kann man die in der folgenden Abbildung verdeutlichten Risiko-Rendite-Konstellationen realisieren. Nur: Welche Portfoliozusammensetzung ist jetzt die, die wir suchen? An dieser Stelle kommt das weiter oben bereits thematisierte μ-σ-Prinzip ins Spiel. Es besagt bei unterstellter Risikoaversion, dass bei verschiedenen Portfolios mit gleicher Standardabweichung σ dasjenige mit dem höchsten Erwartungswert μ gewählt werden sollte.

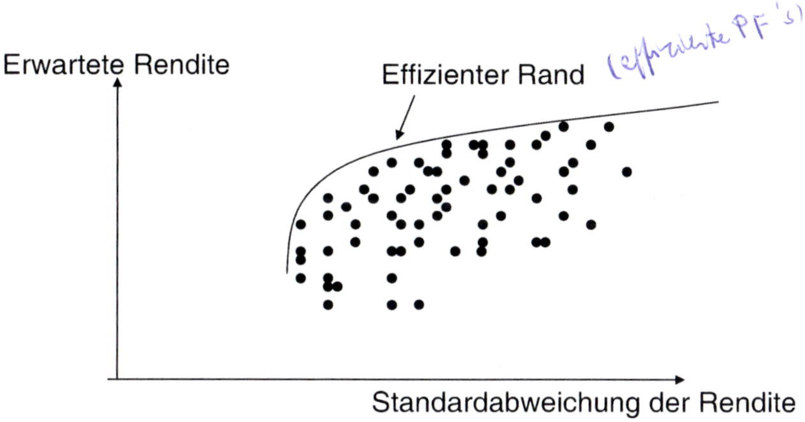

Abbildung 2.4: Der effiziente Rand im Fall ohne sicheres Wertpapier

Portfolios, für die es bei gegebenen σ kein anderes mit höherem μ gibt, heißen „effizient". In Abbildung 2.4 wurden die effizienten Portfolios durch eine gebogene Linie gekennzeichnet. Sie bilden zusammen den „effizienten Rand". Wenn die Präferenzen eines risikoaversen Investors so ausgestaltet sind, dass für ihn das μ-σ-Prinzip gilt, was nicht unbedingt der Fall sein muss, dann kommen für ihn nur Portfolios in Frage, die auf dem effizienten Rand liegen.

2.1.5 Leerverkäufe

Bisher wurde nur der Fall betrachtet, dass das Anlagevermögen auf unterschiedliche Aktien aufgeteilt wird, indem man diese Aktien kauft. Es gibt jedoch noch eine weitere Möglichkeit: Den Leerverkauf. Aktien oder Anleihen kann man, mit gewissen institutionellen Einschränkungen, genauso wie Geld leihen bzw. verleihen. Wenn sich jemand eine Aktie leiht und sie direkt wieder verkauft, spricht man von einem „Leerverkauf". Der Investor verkauft nämlich eine Aktie, die ihm eigentlich gar nicht gehört. Dieser Leerverkauf ist dann besonders interessant, wenn man auf fallende Kurse setzt. In diesem Fall kann man die Aktie nämlich, wenn man sie wieder zurückgeben muss, unterhalb des Verkaufspreises wieder zurückkaufen. Die Rendite beim Leerverkauf ist umso höher, je niedriger der Aktienkurs bei der Zurückgabe des Wertpapiers ist.

Interessanterweise können wir die Formeln für die erwartete Rendite und die Varianz des Portfolios auch anwenden, wenn wir Leerverkäufe als Anlageform mit berücksichtigen. Sie werden durch negative Aktiengewichte ausgedrückt. Man könnte also z. B. -40 % seines Vermögens in Aktie A und +140 % seines Vermögens in Aktie B anlegen. In Summe ergibt das wieder 100 %. Man hat also sein ganzes Vermögen angelegt.

Bei einem Vermögen von 100 Euro, würde das bedeuten, dass man sich Aktien des Unternehmens A im Wert von 40 Euro leiht und sie direkt weiterverkauft und dass man dann sein Vermögen von 100 Euro plus die gerade durch den Leerverkauf eingenommenen 40 Euro, also insgesamt 140 Euro, in Aktie B steckt.

Während es für Privatanleger in der Regel schwieriger ist, Aktien leer zu verkaufen, ist dies bei institutionellen Anlegern eine übliche Geschäftspraktik. Ganz besonders interessant im Kontext der Portfolio-Optimierung ist, dass es möglich ist, mit Hilfe von Leerverkäufen Portfolios zu kreieren, deren erwartete Rendite HÖHER als die erwarteten Renditen der im Portfolio enthaltenen Aktien ist. Leider ist dies natürlich auch mit einem höheren Risiko verbunden.

2.1.6 Sichere Wertpapiere

Kurzfristige Anleihen mit Laufzeiten zwischen einem Monat und einem Jahr wohlhabender und wirtschaftspolitisch als stabil geltender Staaten mit niedriger Inflation und moderater Verschuldung gelten als sicher. In Deutschland werden solche Anleihen „Schatzbriefe" genannt, während die kurzfristigen Staatsanleihen in den USA „Treasury Bills" (kurz: „T-Bills") heißen. Sichere Anlagemöglichkeiten, wenn man denn wirklich glaubt, dass sie 100 % sicher sind, weisen keine Streubreite der Rendite auf. Die Standardabweichung der Rendite ist also null.

Wenn eine sichere Anlage dem Portfolio hinzugefügt wird und Leerverkäufe zugelassen sind, können wir so genannte „supereffiziente" Portfolios konstruieren. Diese Erkenntnis geht auf James Tobin zurück, der zusammen mit Harry Markowitz den

Nobelpreis erhielt. Tobin erkannte, dass der Anleger in seinem Portfolio die sichere Anlage mit demjenigen Portfolio auf dem effizienten Rand kombinieren sollte, welches tangential von der so genannten Kapitalzuteilungsgerade (engl. Capital Allocation Line) berührt wird. Am Besten verdeutlicht man sich die erreichbaren Risiko-Rendite-Kombinationen grafisch:

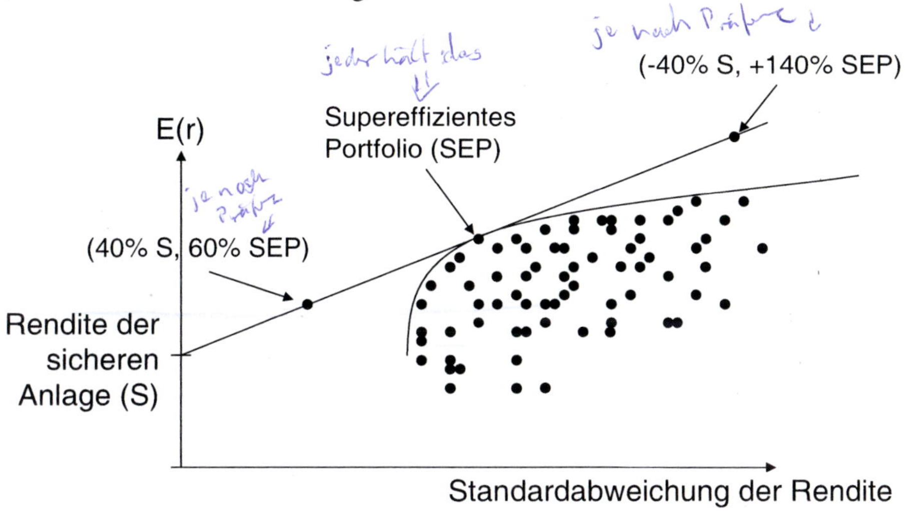

Abbildung 2.5: Der effiziente Rand bei Existenz eines sicheren Wertpapiers und ohne Leerverkaufsbeschränkung

Das überraschend schöne Ergebnis von Tobin besteht darin, dass alle Investoren, wenn sie von den selben möglichen μ-σ-Kombinationen ausgehen, das gleiche supereffiziente Portfolio halten und es dann je nach ihren individuellen Präferenzen, also ihren Risiko-Rendite-Zielen, mit der sicheren Anlage kombinieren.

2.2 Der Fall mit zwei Aktien

Wir nehmen an, dass sich in unserem Portfolio lediglich zwei Aktien befinden, von denen keine die jeweils andere dominiert. Damit ist gemeint, dass keine Aktie bei den beiden hier betrachteten Parametern Risiko und Rendite jeweils besser als die andere Aktie ist. Die erwartete Rendite des Portfolios ergibt sich, falls x_1 der wertmäßige Anteil der ersten Aktie und $(1 - x_1)$ der Anteil der zweiten Aktie ist, zu:

$$\mu_p = \mu_1 x_1 + \mu_2 \cdot (1 - x_1)$$

Die erwartete Portfoliorendite kann man auch etwas eleganter schreiben:

$$\mu_p = \mu_2 + x_1 \cdot (\mu_1 - \mu_2)$$

Wir können die Gleichung nach x umformen und erhalten:

$$x_1 = \frac{\mu_p - \mu_2}{\mu_1 - \mu_2} \tag{2.1}$$

Die Standardabweichung der Rendite des Portfolios ergibt sich als die Wurzel der Varianz:

$$\sigma_p = \sqrt{x_1^2\sigma_1^2 + (1 - x_1)^2\sigma_2^2 + 2x_1(1 - x_1)\rho\sigma_1\sigma_2}$$

Es gilt im Weiteren, die beiden Grenzfälle des Korrelationskoeffizienten zu betrachten: Die perfekte Korrelation mit $\rho = 1$ und die perfekte Gegenläufigkeit mit $\rho = -1$. Beginnen wir mit dem Fall der perfekten Korrelation $\rho = 1$. Für die Standardabweichung des Portfolios ergibt sich:

$$\sigma_p = \sqrt{x_1^2\sigma_1^2 + (1 - x_1)^2\sigma_2^2 + 2x_1(1 - x_1)\sigma_1\sigma_2}$$

Die Wurzel kann mithilfe der ersten binomischen Formel vereinfacht werden zu:

$$\sigma_p = \left| x_1\sigma_1 + \left(1 - x_1\right)\sigma_2 \right|$$

Wir stellen so um, dass alle Terme mit x_1 zusammengefasst werden können:

$$\sigma_p = \left| x_1(\sigma_1 - \sigma_2) + \sigma_2 \right| \tag{2.2}$$

Man erkennt sofort, dass das Risiko des Portfolios auf null gedrückt werden kann, wenn Leerverkäufe zugelassen werden, so dass ein negativer Anteil x_1 beziehungsweise x_2 möglich wäre. Die Standardabweichung des Portfolios wäre null, falls

$$x_1 = -\left(\frac{\sigma_2}{\sigma_1 - \sigma_2}\right)$$

gilt. Falls $\sigma_2 > \sigma_1$ gelten sollte, wäre $x_1 > 1$, so dass die Aktie 2 leerverkauft werden würde ($x_2 < 0$). Es ist möglich, den Anteil x_1 mithilfe der erwarteten Renditen der beiden Aktien und der erwarteten Rendite des Portfolios auszudrücken (s. o. Gleichung 2.1):

$$x_1 = \frac{\mu_p - \mu_2}{\mu_1 - \mu_2}$$

Wenn wir den so umgeformten Anteil x_1 in die Formel für die Standardabweichung des Portfolios (Gleichung 2.2) einsetzen, erhalten wir:

$$\sigma_p = \left| \frac{\mu_p - \mu_2}{\mu_1 - \mu_2}(\sigma_1 - \sigma_2) + \sigma_2 \right|$$

Die letzte Gleichung können wir etwas anschaulicher schreiben:

$$\sigma_p = \left| \frac{\sigma_2 - \sigma_1}{\mu_2 - \mu_1}\mu_p - \underbrace{\frac{\sigma_2 - \sigma_1}{\mu_2 - \mu_1}\mu_2 + \sigma_2}_{Konstante} \right|$$

Man erkennt leicht, dass die Standardabweichung des Portfolios linear von der erwarteten Rendite des Portfolios abhängt. Die Steigung m ergibt sich zu:

$$m = \frac{\sigma_2 - \sigma_1}{\mu_2 - \mu_1}$$

Wir halten fest, dass das Portfoliorisiko dem gewichteten Durchschnitt der einzelnen Risiken entspricht und dass es zudem eine lineare Funktion der erwarteten Portfoliorendite ist. Nachdem wir uns mit dem ersten Extremfall der perfekten Korrelation der Aktienrenditen auseinander gesetzt haben, wollen wir uns nun im Weiteren dem zweiten Extremfall - einem Korrelationskoeffizient von $\rho = -1$ - widmen. Es gilt, den Risiko-Rendite-Zusammenhang bei einem Portfolio aus zwei Aktien zu untersuchen, deren Aktienrenditen sich stets gegenläufig entwickeln.

Für $\rho = -1$ folgt für die Standardabweichung des Portfolios aus zwei Aktien:

$$\sigma_p = \sqrt{x_1^2\sigma_1^2 + (1-x_1)^2\sigma_2^2 - 2x_1(1-x_1)\rho\sigma_1\sigma_2}$$

Die Wurzel können wir mithilfe der zweiten binomischen Formel vereinfachen:

$$(a-b)^2 = a^2 + b^2 - 2ab$$

Wir erhalten:

$$\sigma_p = \left| x_1\sigma_1 - \left(1 - x_1\right)\sigma_2 \right|$$

Umstellen ergibt:

$$\sigma_p = \left| \left(\sigma_1 + \sigma_2\right)x_1 - \sigma_2 \right|$$

Augenscheinlich kann das Portfoliorisiko auf null abgesenkt werden, indem der Anteil x_1 folgendermaßen ausgewählt wird:

$$0 < x_1 = \frac{\sigma_2}{\sigma_1 + \sigma_2} < 1$$

Auch ohne die Möglichkeit des Leerverkaufs ist es also möglich, eine bestimmte Rendite mit Sicherheit zu erreichen. Um den Verlauf der Risiko-Funktion zu bestimmen, setzen wir den durch die erwarteten Renditen ausgedrückten Anteil x_1 wieder ein:

$$\sigma_p = \left| (\sigma_1 + \sigma_2)\frac{\mu_p - \mu_2}{\mu_1 - \mu_2} - \sigma_2 \right|$$

Wir schreiben nun die letzte Gleichung etwas anders:

$$\sigma_p = \left| \frac{(\sigma_1 + \sigma_2)}{\mu_1 - \mu_2}\mu_p - \frac{(\sigma_1 + \sigma_2)}{(\mu_1 - \mu_2)}\mu_2 - \sigma_2 \right|$$

Im Bereich von

$$\frac{\sigma_2}{\sigma_2 + \sigma_1} \leq x_1 \leq 1$$

ist die Steigung der Geraden negativ. Danach wird sie aufgrund der Betragsbetrachtung positiv. Diesen Zusammenhang verdeutlicht Abbildung 2.6 auf Seite 45, in der die drei betrachteten Korrelationsfälle noch einmal verdeutlicht werden.

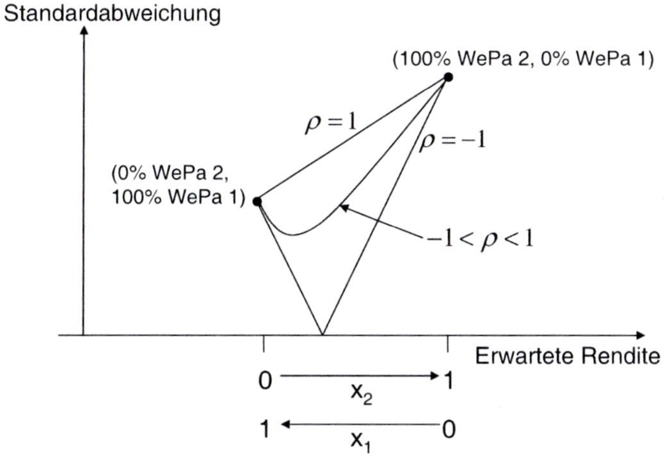

Abbildung 2.6: Zusammenhang zwischen μ und σ im 2-Aktien-Fall bei unterschiedlichen Korrelationskoeffizienten (Ross et al. (2002), S. 256)

Für den Fall eines Korrelationskoeffizienten zwischen -1 und $+1$ verläuft die Kurve zwischen den beiden extremen Fällen. Aber auch dann ist es möglich, dass das Portfoliorisiko kleiner als das kleinste Einzelrisiko einer Aktie ist.

2.2.1 Diversifikation bei unkorrelierten Aktienrenditen

Was passiert im Fall vollkommen unkorrelierter Aktienrenditen? Ist es auch für den Fall $\rho = 0$ möglich, das Risiko des Portfolios aus den beiden Aktien 1 und 2 unter das Risiko des weniger riskanten Wertpapiers zu senken? Mit der Beantwortung dieser Frage wollen wir uns im Folgenden beschäftigen!

Dafür ist es zunächst sinnvoll, ganz allgemein den wertmäßigen Anteil x des Wertpapiers 1 am varianzminimalen Portfolio zu bestimmen. Zu diesem Zweck stellen wir die Formel für die Varianz des Portfolios auf. Den wertmäßigen Anteil des zweiten Wertpapiers drücken wir dabei mit x aus: $x_2 = 1 - x$.

$$\sigma_p^2 = x^2\sigma_1^2 + (1-x)^2\sigma_2^2 + 2x(1-x)\rho\sigma_1\sigma_2$$

Damit die Ableitung nach x leichter von der Hand geht, schreiben wir diesen Ausdruck etwas um und erhalten:

$$\sigma_p^2 = x^2\sigma_1^2 + \sigma_2^2 - 2x\sigma_2^2 + x^2\sigma_2^2 + 2(x - x^2)\rho\sigma_1\sigma_2$$

Diese allgemeine Formel für die Varianz des 2-Aktien-Portfolios leiten wir nach x ab und setzen die Ableitung gleich null, da wir auf der Suche nach dem Minimum-Varianz-Portfolio sind:

$$\frac{\partial \sigma_p^2}{\partial x} = 2x\sigma_1^2 - 2\sigma_2^2 + 2x\sigma_2^2 + 2(1-2x)\rho\sigma_1\sigma_2 \overset{!}{=} 0$$

Auf beiden Seiten wird durch 2 geteilt. Durch Zusammenfassen erhalten wir dann:

$$x(\sigma_1^2 + \sigma_2^2 - 2\rho\sigma_1\sigma_2) - \sigma_2^2 + \rho\sigma_1\sigma_2 = 0$$

Wenn wir diese Gleichung nun nach x umstellen, erhalten wir eine allgemeingültige Formel für den Anteil x der Aktie 1 am varianzminimalen Portfolio:

$$x = \frac{\sigma_2^2 - \rho\sigma_1\sigma_2}{\sigma_1^2 + \sigma_2^2 - 2\rho\sigma_1\sigma_2} = \frac{\sigma_2^2 - Cov(r_1, r_2)}{\sigma_1^2 + \sigma_2^2 - 2Cov(r_1, r_2)}$$

Mit Hilfe dieser Formel lässt sich das Gewicht der Aktie 1 im varianzminimalen Portfolio aus zwei Aktien direkt bestimmen. Das Portfolio könnte übrigens statt aus zwei Aktien ebenso gut aus zwei Portfolios bestehen.

Mit Hilfe der Formel für x können wir jetzt eine Aussage über das varianzminimale Portfolio im Fall $\rho = 0$ treffen! Und zwar liegt in diesem Fall das x zwischen 0 und 1. Wir können also bei vollkommen unkorrelierten Aktien das Risiko des Portfolios unter die kleinste Standardabweichung der im Portfolio enthaltenen Aktien drücken, ohne auf Leerverkäufe einer der beiden Aktien zurückgreifen zu müssen. Wenn man in die Formel für das varianzminimale x den Korrelationskoeffizienten von null einsetzt, ergibt sich das folgende Gewicht x:

$$x = \frac{\sigma_2^2}{(\sigma_1^2 + \sigma_2^2)}$$

2.2.2 Der 2-Aktien-Fall mit sicherer Anlage

Im Rahmen der Tobin-Separation wird angenommen, dass ein sicheres Wertpapier existiert. Seine Rendite ist nicht mit den Aktienrenditen der anderen Wertpapiere korreliert und die Standardabweichung des sicheren Wertpapiers beträgt null. Denn die sichere Verzinsung ist bekannt. Wie sieht nun der Risiko-Rendite-Zusammenhang für ein 2-Wertpapier-Portfolio aus, wenn eines der Wertpapiere sicher ist?

Wir treffen die Annahme, dass das Wertpapier 2 sicher ($\sigma_2^2 = 0$) und das Wertpapier 1 unsicher ($\sigma_1^2 > 0$) ist. Dann ergibt sich die erwartete Rendite eines Portfolios, aus x_1 Wertpapier 1 und $(1 - x_1)$ Wertpapier 2 zu:

$$\mu_p = x_1\mu_1 + (1 - x_1)\mu_2$$

Umformen ergibt:

$$x_1 = \frac{\mu_p - \mu_2}{\mu_1 - \mu_2}$$

Die Streuung des Portfolios ist dann:

$$\sigma_p = \sqrt{x_1^2\sigma_1^2} = x_1\sigma_1$$

Es handelt sich also um eine lineare Funktion des Anteils x_1. Wenn wir den Anteil des unsicheren Wertpapiers mit Hilfe der erwarteten Renditen ausdrücken, erhalten wir:

$$\sigma_p = \frac{\mu_p - \mu_2}{\mu_1 - \mu_2}\sigma_1$$

Die Standardabweichung des Portfolios ist eine lineare Funktion der erwarteten Rendite des Portfolios, wie man an der nächsten Formel vielleicht noch besser erkennt:

$$\sigma_p = \frac{\sigma_1}{\mu_1 - \mu_2}\mu_p - \frac{\mu_2\sigma_1}{\mu_1 - \mu_2}$$

2.3 Das CAPM

Das CAPM (Capital Asset Pricing Model) wurde von den Wirtschaftswissenschaftlern Sharpe, Lintner und Mossin entwickelt. Es handelt sich dabei um eine einperiodige Betrachtung, die auf der Portfoliotheorie von Harry Markowitz basiert. Deshalb werden alle Annahmen der Portfoliotheorie auch für das CAPM übernommen. Zusätzlich werden noch eine Reihe weitergehender Annahmen getroffen, damit man die Portfoliotheorie als Erklärungsansatz für erwartete Renditen riskanter Wertpapiere und damit ihrer Marktpreise im Gleichgewicht uminterpretieren kann.

Sharpe, Lintner und Mossin nehmen an, dass alle Investoren die gleichen oder - vornehmer ausgedrückt - „homogene“ Erwartungen hinsichtlich der erwarteten Renditen der Wertpapiere, ihren Varianzen und Kovarianzen haben. Man geht von der Existenz eines risikolosen Wertpapiers aus, das unbegrenzt leerverkauft werden kann, so dass die Tobin-Separation gilt und alle Investoren in ihrem Portfolio eine Mischung aus dem riskanten supereffizienten Tangentialportfolio, bei dem die Kapitalmarktlinie den effizienten Rand tangiert, und der sicheren Anlage halten.

Alle Investoren investieren dann so, wie die Portfoliotheorie es vorhersagt, und halten gemäß ihrer Risikopräferenzen ein Portfolio aus der risikolosen Anlage und dem Marktportfolio. Im Marktportfolio sind alle Wertpapiere entsprechend ihres Anteils am Gesamtwert aller Wertpapiere enthalten. Im Gleichgewicht, das das CAPM unterstellt, existieren markträumende Preise und alle Wertpapiere sind fair bewertet.

Da das CAPM auf der Portfoliotheorie aufbaut, kann die Kapitalzuteilungsgerade übernommen werden, die im CAPM als Kapitalmarktlinie (engl. Capital Market Line) bezeichnet wird. Sie ist in der folgenden Grafik 2.7 abgebildet:

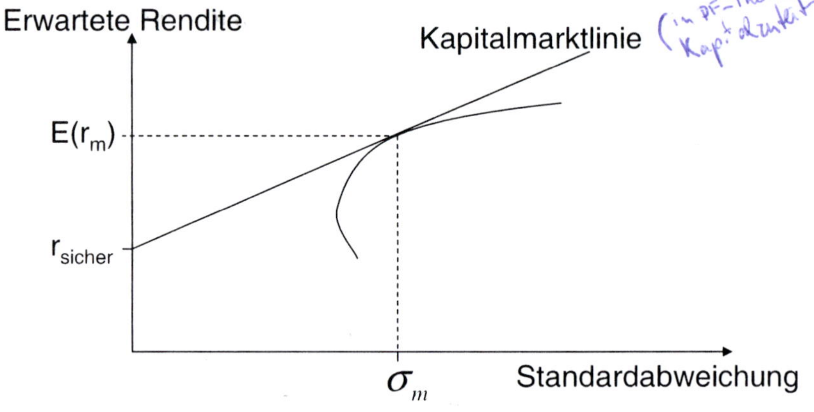

Abbildung 2.7: Kapitalmarktlinie (Capital Market Line)

Einige der Annahmen des CAPMs müssen kritisch betrachtet werden. So haben beispielsweise nicht alle Investoren die gleichen Erwartungen und selbstverständlich halten nicht alle Investoren in ihrem Portfolio nur die sichere Anlage und das

Marktportfolio. Das Marktportfolio zu erwerben ist schließlich schwer vorstellbar, da im Marktportfolio alle Anlageformen enthalten sein sollen! Offensichtlich handelt es sich beim CAPM also nicht um eine Beschreibung der Realität, sondern vielmehr um ein vor dem Hintergrund der restriktiven Annahmen in sich schlüssiges Theoriegebäude, das beschreibt, wie sich die Investoren verhalten, wenn sie nur einperiodig handeln würden, die Renditen normalverteilt wären und alle Investoren die gleiche Sicht der Zukunft hätten.

Die Steigung der Kapitalmarktlinie ist:

$$m = \frac{E(r_m) - r_s}{\sigma_m}$$

Damit ergibt sich für die erwartete Rendite $E(r_g)$ eines Portfolios G auf dem effizienten Rand, das sich aus dem Marktportfolio und der sicheren Anlage zusammensetzt, folgender funktionaler Zusammenhang für die Kapitalmarktlinie:

$$E(r_g) = r_s + \frac{E(r_m) - r_s}{\sigma_m} \cdot \sigma_g$$

Das CAPM versucht nun, den Preis einzelner Wertpapiere im Gleichgewicht zu bestimmen. Das geschieht mit Hilfe der Wertpapiermarktlinie (engl. Security Market Line), die man nicht mit der Kapitalmarktlinie verwechseln sollte.

2.3.1 Herleitung der Wertpapiermarktlinie

Im Gleichgewicht ist jedes unsichere Wertpapier i im Marktportfolio enthalten. Diesen Zusammenhang werden wir im Weiteren bei der analytischen Herleitung der Wertpapiermarktlinie verwenden. Dazu wird ein Portfolio X betrachtet, das zunächst dem Marktportfolio nicht vollständig entspricht, sondern sich aus dem Wertpapier i mit dem wertmäßigen Anteil x_i und aus dem Marktportfolio zu einem Anteil $(1 - x_i)$ zusammensetzt. Wenn der Anteil $x_i = 0$ ist, dann entspricht das Portfolio X dem Marktportfolio. Auch bei $x_i = 0$ ist der wertmäßige Anteil des Wertpapiers i an X nicht null, sondern gleich seinem Anteil im Marktportfolio.

Die erwartete Rendite des Portfolios X ergibt sich dann als Linearkombination der erwarteten Renditen:

$$E(r_x) = x_i \cdot E(r_i) + (1 - x_i) \cdot E(r_m)$$

Wir erinnern uns an die Ausführungen zur Portfoliotheorie von Harry Markowitz. Die Standardabweichung der Rendite des hier betrachteten Portfolios entspricht von der Struktur her der Standardabweichung eines Portfolios aus 2 Wertpapieren. Nur dass hier das eine „Wertpapier“ das Marktportfolio ist:

$$\sigma_x = \sqrt{x_i^2\sigma_i^2 + (1-x_i)^2\sigma_m^2 + 2x_i(1-x_i)\sigma_{i,m}}$$

Der letzte Term unter der Wurzel steht für die Kovarianz zwischen der Marktrendite und der Rendite des Wertpapiers i. Wir werden im Weiteren die partiellen Ableitungen sowohl von $E(r_x)$ als auch von der Standardabweichung des Portfolios X nach dem Anteil x_i bilden. Im Marktportfolio ist der Anteil x_i gleich null, da das Wertpapier i im Marktportfolio enthalten ist und darüber hinaus kein zusätzlicher Anteil x_i im Portfolio vorhanden ist. Diesen Zusammenhang verdeutlicht die folgende Abbildung 2.8:

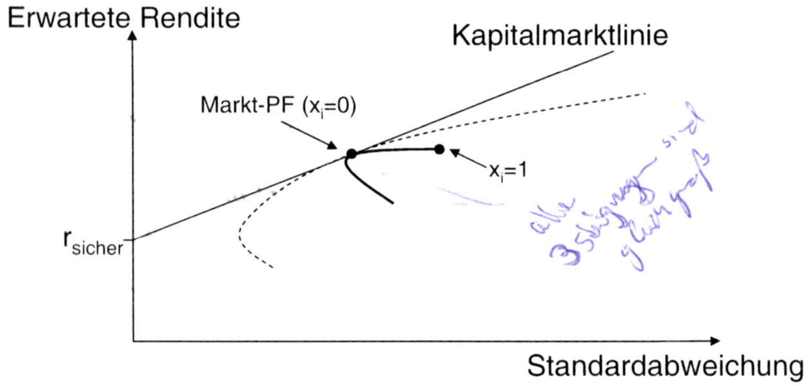

Abbildung 2.8: Ausgangssituation zur Herleitung der Wertpapiermarktlinie (Originalabbildung mit vertauschten Achsen bei Sharpe (1964), S. 437)

Die partiellen Ableitungen der erwarteten Portfoliorendite $E(r_x)$ und der Standardabweichung σ_x sind:

$$\frac{\partial E(r_x)}{\partial x_i} = E(r_i) - E(r_m)$$

$$\frac{\partial \sigma_x}{\partial x_i} = \frac{1}{2}\left(x_i^2\sigma_i^2 + (1-x_i)^2\sigma_m^2 + 2x_i(1-x_i)\sigma_{i,m}\right)^{-\frac{1}{2}}$$

$$\cdot\left(2x_i\sigma_i^2 - 2\sigma_m^2 + 2x_i\sigma_m^2 + 2\sigma_{i,m} - 4x_i\sigma_{i,m}\right)$$

Wir betrachten nun die partielle Ableitung für den Fall, dass das Portfolio X mit dem Marktportfolio identisch ist und somit $x_i = 0$ gilt. Für $x_i = 0$ gilt:

$$\left.\frac{\partial E(r_x)}{\partial x_i}\right|_{x_i=0} = E(r_i) - E(r_m)$$

$$\left.\frac{\partial \sigma_x}{\partial x_i}\right|_{x_i=0} = \frac{1}{2\sqrt{\sigma_m^2}}\left(-2\sigma_m^2 + 2\sigma_{m,i}\right) = \frac{\sigma_{m,i} - \sigma_m^2}{\sigma_m}$$

Wir teilen die partiellen Ableitungen durch einander und erhalten auf diesem Wege das Risiko-Rendite-Austauschverhältnis, also die Grenzrate der Substitution zwischen Risiko und Renditeerwartung. Die Grenzrate der Substitution GRS, also das marginale Austauschverhältnis von Risiko und Rendite, ist dann:

$$GRS\Big|_{x_i=0} = \frac{\frac{\partial E(r_x)}{\partial x_i}}{\frac{\partial \sigma_x}{\partial x_i}} = \frac{E(r_i) - E(r_m)}{\frac{\sigma_{m,i} - \sigma_m^2}{\sigma_m}}$$

Diese GRS ist genauso groß wie die Steigung der Kapitalmarktgerade. Schließlich sind nicht nur das Marktportfolio und das risikoeffiziente Tangentialportfolio identisch, wie man in Abbildung 2.8 auf Seite 50 erkennt, sondern in diesem Punkt entspricht auch die Steigung der Kapitalmarktgerade dem marginalen Risiko-Rendite-Austauschverhältnis auf der fett eingezeichneten Transformationskurve.

Wir können also den „Marktpreis für die Risikoänderung um eine Risikoeinheit" (also die Steigung der Kapitalmarktlinie) mit der Grenzrate der Substitution gleichsetzen:

$$\frac{E(r_m) - r_s}{\sigma_m} = \frac{E(r_i) - E(r_m)}{\frac{\sigma_{m,i} - \sigma_m^2}{\sigma_m}}$$

Das CAPM macht nun eine Aussage über die erwartete bzw. geforderte Rendite $E(r_i)$ des Wertpapiers i im Marktgleichgewicht. Um zu dieser Kernaussage des CAPM zu gelangen, müssen wir die letzte Gleichung einfach nach der erwarteten Rendite $E(r_i)$ des Wertpapiers i umstellen:

$$E(r_i) = \frac{E(r_m) - r_s}{\sigma_m} \cdot \frac{\sigma_{i,m} - \sigma_m^2}{\sigma_m} + E(r_m)$$

$$E(r_i) = \Big[E(r_m) - r_s\Big]\left(\frac{\sigma_{i,m}}{\sigma_m^2} - 1\right) + E(r_m)$$

$$E(r_i) = \left(E(r_m) - r_s\right)\beta - E(r_m) + r_s + E(r_m)$$

Beta steht für:

$$\beta = \frac{\sigma_{i,m}}{\sigma_m^2} = \frac{Cov(r_i, r_m)}{Var(r_m)} = \rho_{i,m} \cdot \frac{\sigma_i}{\sigma_m}$$

Wenn wir weiter vereinfachen, erhalten wir die zentrale Gleichung des CAPM: Die Wertpapierlinie (engl. Security Market Line):

$$E(r_i) = r_s + \left(E(r_m) - r_s\right) \cdot \beta$$

Man erkennt aus der Gleichung, dass der Betafaktor entscheidend für die Renditeforderung der Anleger ist.

Die Wertpapiermarktlinie ist in Abbildung 2.9 aufgeführt.

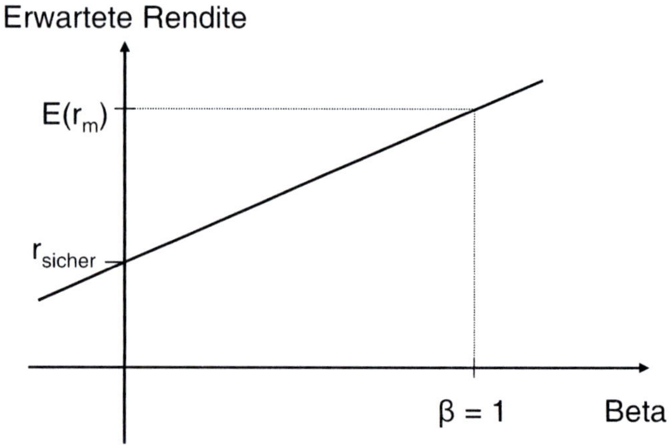

Abbildung 2.9: Wertpapiermarktlinie (Security Market Line)

Für die risikolose Anlage gilt:

$$\beta_s = \frac{Cov(r_s, r_m)}{Var(r_m)} = 0$$

Für das Marktportfolio ist Beta eins:

$$\beta_m = \frac{Cov(r_m, r_m)}{Var(r_m)} = \frac{Var(r_m)}{Var(r_m)} = 1$$

Die Renditeforderungen der Investoren sind laut CAPM eine lineare Funktion von Beta. Der Faktor Beta bezieht sich nur auf das systematische Risiko. Das unsystematische Risiko spielt für den perfekt diversifizierten Investor keine Rolle und entsprechend beeinflusst es seine Renditeforderungen nicht. Das ist eine sehr starke Aussage, die vor dem Hintergrund der im Rahmen des Modells getroffenen Annahmen schlüssig ist.

2.3.2 Beta als Regressionskoeffizient

Bei empirischen Untersuchungen wird häufig eine lineare Regression durchgeführt, bei der die Wertpapier-Rendite durch die Marktrendite erklärt werden soll.

$$r_{i,t} = \underbrace{\alpha}_{\text{Konstante}} + \beta \cdot r_{m,t} + \varepsilon_{i,t}$$

Das Beta dieser Regression könnte als Schätzwert für den Betafaktor eines Unternehmens verwendet werden (Siehe Abbildung 2.10 auf Seite 54).

Grundsätzlich ist es problematisch, mit Hilfe von Datenmaterial aus der Vergangenheit die Gegenwart bzw. die Zukunft beschreiben zu wollen. Außerdem stellt sich bei einer empirischen Regression immer die Frage, was denn nun das Marktportfolio sein soll. Schließlich sind in ihm im Modell alle Anlageformen enthalten. In der Regel wird einfach irgendeine Benchmark genommen, wie z. B. der DAX.

2.3.3 Adjustierung empirischer Betafaktoren

Der durchschnittliche Betafaktor aller am Markt vorhandenen Wertpapiere sollte in etwa dem Betafaktor des Marktes entsprechen. Es erscheint also plausibel, dass man mögliche Schätzfehler minimieren kann, indem man Betafaktoren, die erheblich größer als 1 sind, etwas absenkt und Betafaktoren, die unterhalb von 1 liegen, etwas anhebt. Denn man hat im Rahmen der empirischen Betaermittlung festgestellt, dass historische Betafaktoren im Zeitablauf nicht konstant sind und stark autoregressives

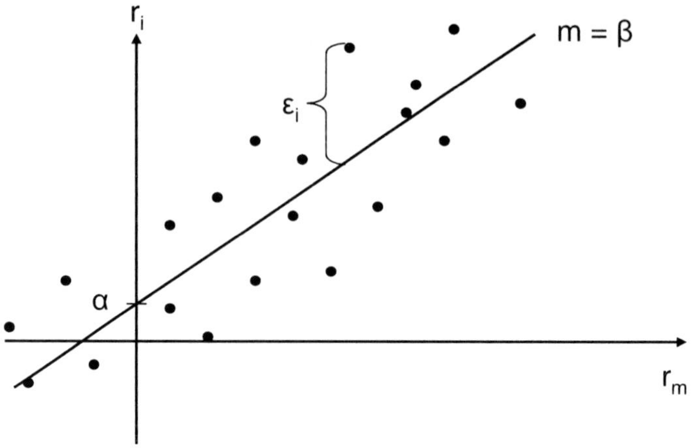

Abbildung 2.10: Die Steigung m der Regressionsgerade liefert einen Schätzwert für den Betafaktor β.

Verhalten zeigen. Betafaktoren, die in einem Jahr über 1 lagen, sind tendenziell in Folgejahren geringer geworden und vice versa. Deshalb schlug Marshall E. Blume bereits 1971 vor, die historischen Betafaktoren mit Hilfe der folgenden Gleichung anzupassen:

$$\beta_{adjustiert} = \frac{1}{3} \cdot 1 + \frac{2}{3} \cdot \beta_{historisch}$$

Diese Anpassung des Betafaktors wirkt zwar relativ willkürlich, liefert allerdings gute Vorhersagen für die Veränderungen des Betafaktors in der Empirie. Mit Hilfe der zusätzlichen Information über den durchschnittlichen Betafaktor (nämlich $\beta_{Markt} = 1$) läßt sich der Prognosefehler reduzieren. Aus diesem Grund werden von großen Datenbanken-Betreibern wie Reuters neben den historischen Betafaktoren auch die nach Blume angepassten Betafaktoren angegeben.

2.3.4 Betafaktor eines Portfolios

Der Betafaktor eines Portfolios lässt sich mithilfe der einzelnen individuellen Betafaktoren der im Portfolio enthaltenen Aktien bestimmen. Dafür werden wir an dieser Stelle nicht den allgemeingültigen Beweis antreten, sondern uns auf den Fall mit lediglich zwei Aktien beschränken. Der wertmäßige Anteil der ersten Aktie am

Portfolio soll x und der Anteil der zweiten Aktie entsprechend $1-x$ sein. Die Rendite des Marktes ist r_m und die des Zwei-Aktien-Portfolios soll r_p sein. Sie ergibt sich zu:

$$r_p = xr_1 + (1-x)r_2$$

Für das Beta des Portfolios gilt:

$$\beta_p = \frac{Cov(r_p, r_m)}{Var(r_m)}$$

Der Rechentrick, den wir im Folgenden verwenden werden, besteht darin, den Zähler durch die $Cov(r_1, r_m)$ und die $Cov(r_2, r_m)$ auszudrücken. Dabei gilt:

$$\beta_1 = \frac{Cov(r_1, r_m)}{Var(r_m)}$$

und

$$\beta_2 = \frac{Cov(r_2, r_m)}{Var(r_m)}$$

Außerdem wird die folgende Rechenregel verwendet:

$$Cov(a+b, c) = Cov(a, c) + Cov(b, c)$$

Diese Rechenregel kann mithife der Definitionsgleichung der Kovarianz hergeleitet werden:

$$\begin{aligned} Cov(a+b, c) &= E\left[\Big((a+b) - (\mu_a + \mu_b)\Big)(c - \mu_c)\right] \\ &= E\left[(a-\mu_a)(c-\mu_c) + (b-\mu_b)(c-\mu_c)\right] \\ &= E\left[(a-\mu_a)(c-\mu_c)\right] + E\left[(b-\mu_b)(c-\mu_c)\right] = Cov(a, c) + Cov(b, c) \end{aligned}$$

Damit ergibt sich für die Kovarianz zwischen der Portfoliorendite und der Marktrendite:

$$\begin{aligned} Cov(r_p, r_m) &= Cov(x \cdot r_1 + (1-x) \cdot r_2, r_m) \\ &= Cov(x \cdot r_1, r_m) + Cov((1-x) \cdot r_2, r_m) \\ &= x \cdot Cov(r_1, r_m) + (1-x) \cdot Cov(r_2, r_m) \end{aligned}$$

Den so umgeformten Zähler setzen wir in die Definitionsgleichung des Betafaktors unseres Portfolios ein und erhalten:

$$\beta_p = x\beta_1 + (1-x)\beta_2$$

Der Betafaktor des Portfolios ergibt sich als Durchschnitt der mit dem wertmäßigen Anteil der im Portfolio enthaltenen Aktien gewichteten Betafaktoren. Es ist also möglich, durch geschickte Aktienauswahl das Beta des Portfolios zu steuern. Allgemein gilt:

$$\beta_p = \sum_{i=1}^{N} x_i\beta_i$$

2.3.5 „Unlevering“ und „Relevering“

Der Unternehmswert V ist definiert als der Wert der Summe aller Finanzierungstitel eines Unternehmens. In Abwesenheit hybrider Finanzierungsinstrumente ist der Unternehmenswert gleich der Summe der Marktwerte des Eigen- und Fremdkapitals. Anders formuliert, entspricht der Unternehmenswert dem Wert des Portfolios aller Eigenkapital- und Fremdkapitaltitel. Aus diesem Grund kann man das Beta des Unternehmenswertes berechnen, indem man die gewichtete Summe aus dem Beta des Eigenkapitals und dem Beta des Fremdkapitals bildet. Als Gewichtungsfaktor verwendet man dabei jeweils den wertmäßigen Anteil am „Portfolio“, also am Unternehmenswert. Mit anderen Worten: Das Eigenkapitalbeta wird mit der Eigenkapitalquote und das Fremkapitalbeta mit der Fremdkapitalquote gewichtet.

$$\beta_{\text{Unternehmenswert}} = \left(\beta_{EK}\frac{EK}{V} + \beta_{FK}\frac{FK}{V}\right)$$

Der Vorgang des „Zurückschließens“ vom Eigenkapitalbeta β_{EK} auf das Beta des eigentlichen Geschäftsbereiches $\beta_{Unternehmenswert}$ nennt man auf Englisch „Unlevering“. Dieser Vorgang ist sinnvoll, wenn man auf der Suche nach Betafaktoren von Vergleichsunternehmen ist, die eine abweichende Kapitalstruktur aufweisen.

Umgekehrt kann mit Hilfe von Vergleichsbetafaktoren $\beta_{Unternehmenswert}$ eine Abschätzung für das Eigenkapitalbeta eines Unternehmens mit vergleichbarem Geschäftsrisiko aber abweichender Kapitalstruktur abgeschätzt werden. Hierzu wird das $\beta_{Unternehmenswert}$ an die Verschuldung angepasst. Dieser Vorgang wird auf Englisch „Relevering“ genannt.

$$\beta_{EK} = \beta_{\text{Unternehmenswert}} + \left(\beta_{Unternehmenswert} - \beta_{FK}\right)\frac{FK}{EK}$$

2.3.6 Performance-Messung von Investmentfonds

Um die Performance von verschiedenen Investmentfonds und ihren jeweiligen Managern ex-post beurteilen zu können, ist es wichtig, nicht nur die erzielte Rendite zu betrachten, sondern auch Risikoaspekte zu berücksichtigen. Dies gilt auch ex-ante im Rahmen der Fondsauswahl. Denn auch hier sollte man neben den erwarteten Fondsreendite auch künftige Risiken berücksichtigt. An dieser Stelle kommen die folgenden drei klassischen Performance-Maße ins Spiel:

- Jensen-Maß
- Treynor-Maß
- Sharpe-Maß

Mit Hilfe der Performance-Maße versucht man u. a. Rückschlüsse auf die Qualität der Fondsmanager hinsichtlich ihrer „Stock-Picking“ und „Market Timing“ Fähigkeiten zu ziehen. Beim Market Timing geht es darum, Gesamtmarktschwankungen richtig zu antizipieren und gewinnbringend auszunutzen, während es beim Stock-Picking darum geht, besonders interessante Aktien zu identifizieren und sie im Vergleich zum Vergleichsindex, der beispielsweise der DAX sein kann, über- und unattraktive Aktien unterzugewichten.

Sowohl Jensen als auch Treynor gehen davon aus, dass sich der Markt zumindest kurzfristig im Ungleichgewicht befinden kann, so dass Investmentfonds Risiko-Rendite-Konstellationen erreichen können, die oberhalb der Wertpapiermarktlinie liegen. Den beiden Performance-Maßen liegt das CAPM zugrunde, das postuliert, dass die erwartete Rendite eine Funktion des systematischen Risikos der Anlageform - ausgedrückt durch den Betafaktor - ist.

Das Jensen-Maß misst in seiner ex-ante Version die Abweichung der erwarteten Rendite des Fonds μ_{Fonds} von der für das Beta des Fonds nach Maßgabe des CAPM

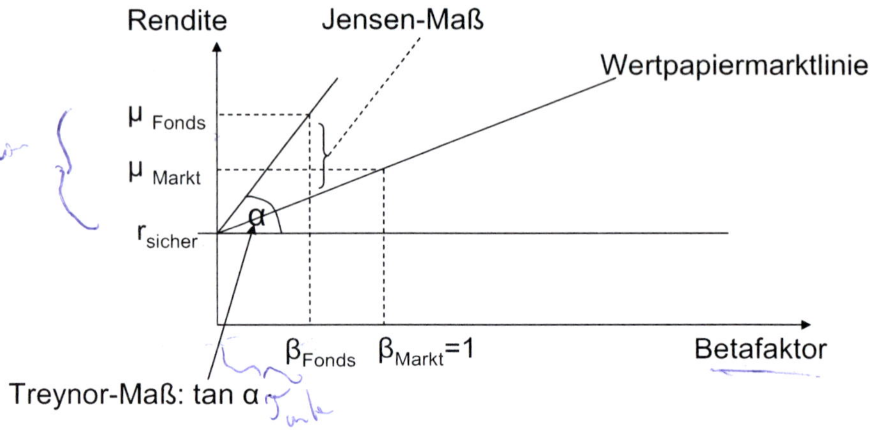

Abbildung 2.11: Treynor-Maß und Jensen-Maß

erwarteten Rendite. Das Jensen-Maß J_{Fonds} ergibt sich dann zu:

$$J_{Fonds} = \mu_{Fonds} - \underbrace{(r_{sicher} + (E(r_{Markt}) - r_{sicher}) \cdot \beta_{Fonds})}_{E(r_{Fonds}) \text{ gemäß CAPM}}$$

Um die erwartete Rendite des Fonds bestimmen zu können, benötigt man also das Beta des Fonds, die erwartete Marktrendite und den risikolosen Zinssatz. Entscheidend bei Jensens Alpha ist das Vorzeichen. Denn das Vorzeichen des Jensen-Maß zeigt an, ob man erwartet, dass die Rendite des Fonds bei gegebenem systematischem Risiko höher liegen wird als die nach dem CAPM erwartete Rendite.

Auch das Treynor-Maß T_{Fonds} basiert auf dem CAPM. Es bezieht in seiner ex-ante Version die für den Fonds erwartete Risikoprämie auf das systematische Risiko des Fonds, ausgedrückt durch Beta (Siehe Abbildung 2.11). Aus diesem Grunde wird es auf Englisch auch „Reward to Volatility Ratio“ genannt. Auch hier ist es notwendig, Beta zu schätzen.

$$T_{Fonds} = \frac{\mu_{Fonds} - r_{sicher}}{\beta_{Fonds}}$$

Eine risikoadjustierte Outperformance des Marktes durch den Fonds liegt vor, wenn das Treynor-Maß größer als die vom CAPM für das Marktportfolio geforderte Marktrisikoprämie $(E(r_{Markt}) - r_{sicher})$ ist. Dies ist der Fall, wenn die Gerade, die durch

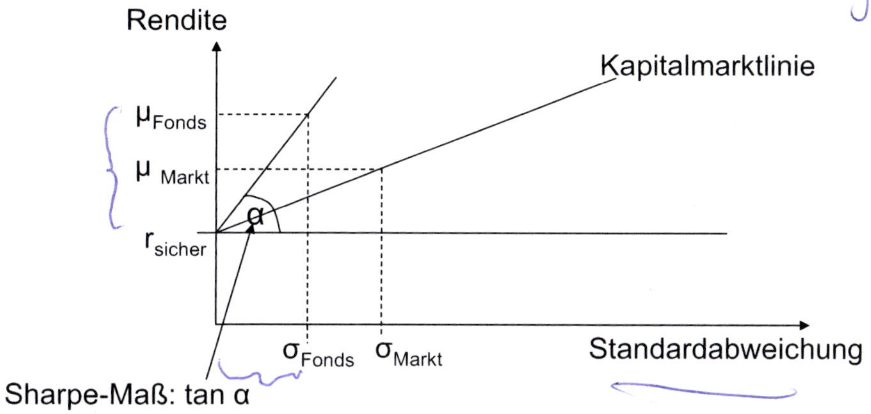

Abbildung 2.12: Das Sharpe-Maß

die Beta-Rendite-Kombination des Fonds geht, eine größere Steigung als die Wertpapierlinie aufweist.

Das dritte wichtige Performance-Maß ist das Sharpe-Maß S_{Fonds}. Im Gegensatz zum Treynor-Maß setzt es die erwartete Rendite abzüglich der sicheren Verzinsung in Relation zum Gesamtrisiko des Fonds - ausgedrückt durch die Standardabweichung. Entsprechend wird das Sharpe-Maß auf Englisch als „Reward to Variability Ratio" bezeichnet. Beim Sharpe-Maß wird also anders als bei Jensen und Treynor kein Bezug zum systematischen, sondern zum Gesamtrisiko des Fonds hergestellt.

$$S_{Fonds} = \frac{\mu_{Fonds} - r_{sicher}}{\sigma_{Fonds}}$$

Das weiter oben vorgestellte supereffiziente Portfolio zeichnet sich durch ein maximales Sharpe-Maß aus. Sollte ein Fonds ein größeres Sharpe-Maß aufweisen, dann bedeutet das, dass das supereffiziente Portfolio augenscheinlich kein supereffizientes Portfolio sein kann. Denn der Fonds liegt über der Kapitalmarktlinie. Mit Hilfe des Sharpe-Maßes kann also die Steigung der Fonds-Geraden mit der Steigung der Kapitalmarktlinie verglichen werden, wie Abbildung 2.12 verdeutlicht.

Ein Hauptproblem bei der Performancemessung liegt in der geeigneten Konstruktion eines Benchmark-Portfolios, das, wenn man dem CAPM folgt, ein allumfassendes Marktportfolio sein müsste. Es stellt sich hier grundsätzlich die Frage, ob ein

Gleichgewichtsmodell wie das CAPM überhaupt geeignet sein kann, Abweichungen vom Gleichgewichtszustand zu beurteilen.

Das Sharpe-Maß zeichnet sich im Vergleich zum Treynor-Maß dadurch aus, dass es bei kaum vorhandener Diversifikation des Investors nicht zu Verzerrungen führt. Denn falls der Investor neben dem zu beurteilenden Fonds weiteren Risikopositionen in seinem Portfolio hält, muss auch der stochastische Zusammenhang zwischen dem Fonds und den übrigen Positionen berücksichtigt werden. Der Diversifikationsgrad des Investors ist also bei der Wahl des Performance-Maßes ausschlaggebend: Bei hoher Diversifikation sind entsprechend eher das Jensens-Maß bzw. das Treynor-Maß das Maß der Wahl.

Scholz und Wilkens (2006) weisen darauf hin, dass der Vergleich unterschiedlicher Fonds in Baisse-Zeiten mit Hilfe des Sharpe-Maßes problematisch ist. Denn in diesen Phasen treten durchschnittlich negative Überschussrenditen auf, so dass das Sharpe-Maß negativ wird. Vergleicht man nun zwei Fonds mit gleicher negativer Überschussrendite, dann ist das Sharpe-Maß des riskanteren Fonds höher. In einer solchen Situation ist das Sharpe-Maß zum Fondsvergleich augenscheinlich ungeeignet.

2.4 Ein- und Mehrfaktorenmodelle

Die Berechnung der Zusammenstellung des supereffizienten Portfolios ist delegierbar. Schließlich sollte im Gleichgewicht die Zusammensetzung für alle Marktteilnehmer die gleiche sein. Sie ist unabhängig vom Anlagevolumen und der individuellen Risikopräferenz. Letztere hat nur Einfluss auf das Mischungsverhältnis von risikoloser Anlage und dem supereffizienten Portfolio. Allerdings bedarf die genaue Zusammenstellung des supereffizienten Portfolios eines sehr großen Schätzaufwandes.

Das kann man sich anhand eines kurzen Zahlenbeispiels verdeutlichen: Bei 100 Wertpapieren ist es bereits nötig, 5150 Parameter für die Zukunft zu schätzen:

100 erwartete Renditen

100 Varianzen und

$0,5 \cdot 100 \cdot (100 - 1) = 4.950$ Kovarianzen

Also insgesamt: $100 + 100 + 4.950 = 5.150$ Schätzgrößen!

Das ist eine sehr umfangreiche Aufgabe, die man besser jemanden überlassen sollte, der über die entsprechende Rechenpower verfügt.

Als mögliche Vereinfachung bietet es sich an, die erwartete Rendite der Wertpapiere mithilfe so genannter Ein- bzw. Mehrfaktorenmodelle, für die auch synonym als Single- bzw. Multifaktormodelle bezeichnet werden, zu schätzen. Ein bekanntes Single-Index-Modell ist beispielsweise das CAPM. Der eine Faktor, auf den die erwartete Rendite zurückgeführt wird, ist die Marktrendite. Leider liefert das CAPM in der Empirie keine besonders guten Schätzwerte für zukünftige Aktienrenditen. Vor diesem Hintergrund erstaunt es sehr, wie verbreitet das Modell ist. So kam eine Umfrage zu dem Ergebnis, dass 70 % der größten amerikanischen Aktiengesellschaften sich des CAPMs bedienen, um ihre Eigenkapitalkosten zu schätzen. Denn die vom Kapitalmarkt erwartete Rendite ist aus Sicht des Unternehmens gleichbedeutend mit seinen Eigenkapitalkosten. Das CAPM und Erweiterungen des CAPMs, wie zum Beispiel das Tax CAPM von Brennan (1970), werden auch in Rechnungslegungsstandards zur Unternehmensbewertung empfohlen.

Mit Hilfe eines Single-Index-Modells kann man auch die Kovarianz-Varianz-Matrix schätzen. Als erstes muss dafür die Annahme getroffen werden, dass man die Rendite eines Wertpapiers i mit Hilfe einer linearen Regression auf die Marktrendite r_m erklären kann.

$$\tilde{r}_i = \alpha_i + \beta_i \tilde{r}_m + \tilde{\varepsilon}_i$$

Dabei ist ε eine Zufallsschwankung der Rendite, die nicht durch die Regressionsgerade beschrieben werden kann. Es soll $E(\varepsilon) = Cov(\varepsilon, r_m) = 0$ gelten. Wenn es möglich ist, die Rendite des Wertpapiers mit Hilfe eines Risikofaktors, nämlich der Marktrendite r_m, zu erklären, dann ergibt sich die erwartete Rendite des Wertpapiers zu:

$$E(r_i) = \mu_i = \alpha_i + \beta_i E(r_m)$$

Hieraus läßt sich nun die Renditevarianz der Aktie *i* berechnen:

$$\begin{aligned}
\sigma_i^2 &= E[(r_i - \mu_i)^2] \\
\sigma_i^2 &= E\left[\left((\alpha_i + \beta_i \tilde{r}_m + \tilde{\varepsilon}_i) - (\alpha_i + \beta_i E(r_m))\right)^2\right] \\
\sigma_i^2 &= \beta_i^2 E\left[(r_i - \mu_i)^2\right] + E(\varepsilon_i^2) + 2\beta_i E\left[(r_i - \mu_i)\varepsilon_i\right] \\
\sigma_i^2 &= \beta_i^2 \sigma_i^2 + \sigma_\varepsilon^2
\end{aligned}$$

Außerdem kann auf vergleichbarem Wege die Kovarianz $\sigma_{i,j}$ zwischen zwei Wertpapieren i und j mit Hilfe der Streuung der Marktrendite und den Betafaktoren der beiden Wertpapiere bestimmt werden. Um das zu zeigen, beginnen wir mit der Definitionsgleichung für die Kovarianz und setzen dann die Gleichungen für die Renditen und für die erwarteten Renditen ein:

$$\begin{aligned}
\sigma_{i,j} &= E\Big((r_i-\mu_i)\cdot(r_j-\mu_j)\Big) \\
&= E\Big((\alpha_i+\beta_i r_m+\varepsilon_i-\mu_i)\cdot(\alpha_j+\beta_j r_m+\varepsilon_j-\mu_j)\Big) \\
&= E\Big[\Big(\alpha_i+\beta_i r_m+\varepsilon_i-\alpha_i-\beta_i E(r_m)\Big)\Big(\alpha_j+\beta_j r_m+\varepsilon_j-\alpha_j-\beta_j E(r_m)\Big)\Big]
\end{aligned}$$

Die Konstanten α_i und α_j heben sich jeweils in den Klammern weg und auch die Rauschterme ε_i und ε_j fallen weg, da angenommen wird, dass $E(\varepsilon_i)=E(\varepsilon_j)=0$ gilt.

$$\sigma_{i,j}=E\Big(\beta_i(r_m-E(r_m))\beta_j(r_m-E(r_m))\Big)=\beta_i\beta_j\sigma_m^2$$

In der letzten Gleichung haben wir die Definitionsgleichung der Varianz verwendet. Die Kovarianz zwischen zwei Wertpapieren ist demnach gleich dem Produkt ihrer Betafaktoren und der Varianz der Marktrendite. Mit Hilfe eines Single-Index-Modells (SIM) läßt sich offensichtlich die Komplexität bei der Berechnung einer Kovarianz-Varianz-Matrix ganz erheblich reduzieren. Dadurch wird auch der Schätzaufwand im Rahmen der klassischen Portfoliooptimierung stark reduziert. Statt wie bisher 5.150 Schätzgrößen benötigen wir beim Fall mit $N=100$ Wertpapieren jetzt nur noch 302 Schätzgrößen (Siehe Tabelle 2.3 auf Seite 63).

2.5 Das Drei-Faktoren-Modell von French und Fama

Die beiden berühmten amerikanischen Wirtschaftswissenschaftler Kenneth French (Tuck School of Business, Dartmouth College) und Eugene F. Fama (University of Chicago) haben sich empirisch intensiv mit der Frage der Erklärbarkeit von Aktienrenditen beschäftigt. Bei ihren Forschungsarbeiten konzentrierten sich die bei-

Schätzgrößen		Anzahl der Schätzgrößen
Erwartete Renditen	μ_i	100
Betafaktoren	β_i	100
Varianzen der Wertpapierrenditen	σ_i^2	100
Varianz der Marktrendite	σ_m^2	1
Erwartete Markt- (bzw. Faktor-) Rendite	μ_m	1
Summe	$\sum$	302

Tabelle 2.3: Zur Portfolioptimierung benötigte Anzahl an Schätzgrößen bei Verwendung eines Single-Index-Modells im Beispiel mit 100 Wertpapieren

den auf den US-amerikanischen Aktienmarkt.[2] Internationales Aufsehen erregte ihr Drei-Faktor-Modell, in dem sie neben der Marktrisikoprämie noch zwei weitere Faktoren identifizierten, mit deren Hilfe sich Aktienrenditen besser als nur bei Verwendung eines Faktors erklären lassen.

Statt mit erwarteten Renditen arbeiten die beiden mit erwarteten Überrenditen (auf englisch: excess return). Also statt der bisher aus dem CAPM bekannten Form für die erwartete Rendite μ_i des Wertpapiers i

$$\mu_i = r_s + (E(r_m) - r_s)\beta_i$$

wird von Fama und French die erwartete Überrendite $E(r_i^{exc})$ über den sicheren Zins r_s betrachtet. Wenn man das CAPM zugrunde legen würde, würde sich für die erwartete Überrendite eines Wertpapiers i folgendes ergeben:

$$E(r_i^{exc}) = \mu_i - r_s = E(r_m^{exc})\beta_i$$

Abweichend von der Welt des CAPMs wird die erwartete Rendite nicht nur durch den „Faktor“ Marktrisikoprämie, sondern zusätzlich durch zwei weitere Faktoren erklärt. Der erste zusätzliche Faktor bezieht sich auf das Buch-Marktwertverhältnis eines Unternehmens. Dazu wird zunächst für jedes Unternehmen der Buchwert des Eigenkapitals pro Aktie durch den Kurs einer Aktie geteilt:

$$\text{Buch-Marktwertverhältnis} = \frac{\text{Buchwert des EK pro Aktie}}{\text{Aktienkurs}}$$

2 Besonders hilfreich zum Nachvollziehen ihrer Ergebnisse ist, dass die Daten von Fama und French im Internet auf der Website von Kenneth French abrufbar sind. (Schlagworte für die Suchmaschine: „French“ und „Data“).

Jedes Jahr Ende Juni werden alle Aktien nach dem Verhältnis ihres Buch- zu ihrem Marktwert sortiert. Die 30 % der Aktien mit dem höchsten Buch-Marktwertverhältnis werden als „Value"-Aktien definiert, während die 30 % der Aktien mit dem niedrigsten Buch-Marktwertverhältnis als „Growth"-Aktien bezeichnet werden. Die Zuordnung einer Aktie zu den beiden Kategorien kann von Jahr zu Jahr schwanken. In der Regel bleiben jedoch Value-Aktien häufig Value-Aktien und Growth-Aktien oft Growth-Aktien.

Das niedrige Buch-Marktwertverhältnis der Growth-Aktien kann unter anderem auf eine hohe Marktkapitalisierung zurück zu führen sein. Zukünftige Wachstumsphantasien sind bereits heute eingepreist, so dass der Marktwert sehr hoch und damit das Buchmarktwertverhältnis sehr klein ist. Ein typisches Wachstumsunternehmen im Dax 30 ist zurzeit (Frühjahr 2009) SAP, deren Börsenkapitalisierung momentan fast das siebenfache des Buchwertes beträgt und die in den letzten 20 Jahren ihren Gewinn um über 20 % pro Jahr steigern konnte. In der Studie von Cohen et al. (2003) wurden empirische Hinweise darauf gefunden, dass Wachstumsunternehmen mit niedrigem Buch-Marktwert-Verhältnis in der Vergangenheit im Schnitt tatsächlich stärker als Value-Aktien wuchsen.

Substanzwerte (Value-Aktien) mit hohem Buch-Marktwertverhältnis sind unter anderem die traditionell wachstumsschwachen Autoaktien, wie beispielsweise BMW. Außerdem kommt es bei Unternehmen in einer finanziell schwierigen Lage zu einer Börsenkapitalisierung des Eigenkapitals unterhalb des Buchwertes, wie z. B. derzeit bei der krisengeschüttelten Hypo Real Estate.

Bei dem ersten zusätzlichen Faktor, der sich auf das Buch-Marktwertverhältnis bezieht, handelt es sich um eine Portfoliorendite. Man könnte sich das so vorstellen: Für einen bestimmten Betrag werden Value-Aktien gekauft und für den gleichen Betrag werden Growth-Aktien gekauft. In beiden Fällen wird jeweils die Rendite ermittelt. Die Renditedifferenz der beiden Portfolios bildet den Faktor *HML*, was für „high minus low" steht.

Der zweite zusätzliche Faktor hat mit der Höhe der Marktkapitalisierung der Unternehmen zu tun. Denn kleine Unternehmen erbrachten in der Vergangenheit im Schnitt eine höhere Rendite als große. Deshalb werden alle Unternehmen gemäß ihrer Börsenkapitalisierung des Eigenkapitals sortiert. Als Grenze für die Einsortierung in eines der beiden Portfolios wird der Median der Marktkapitalisierung verwendet. In das Long-Portfolio (Kauf) werden die kleinen Unternehmen und die großen Unternehmen entsprechend in das Short-Portfolio (Leerverkauf) eingeordnet. Der Faktor SMB, was für „small minus big" steht, ist die Rendite dieses Portfolios, das sich als mittlere Rendite aller kleinen Firmen abzüglich der mittleren Rendite der großen Firmen ergibt. Der Faktor SMB ist gleich der Renditedifferenz. In der Vergangenheit war die mittlere Rendite der kleinen Unternehmen häufig größer als die mittlere Rendite der großen Unternehmen und damit der Faktor SMB positiv.

Die erwartete Überrendite $E(R_i^{exc})$ eines Wertpapiers i über dem sicheren Zins ergibt sich anhand der folgenden Gleichung:

$$E(R_i^{exc}) = \beta_i E(r_{Markt}^{exc}) + \beta_i^{HML} E(r_{HML}) + \beta_i^{SMB} E(r_{SMB})$$

Im Schnitt weisen Value-Aktien eine höhere Rendite als Growth-Aktien auf. Man spricht in diesem Zusammenhang von dem so genannten „Value-Effekt". Wie kann der Value-Effekt erklärt werden? Hier sind verschiedene Interpretationsmöglichkeiten denkbar, die u. a. von Bekaert (2001) diskutiert werden. Grundsätzlich lassen sich dabei drei Richtungen unterscheiden:

- Zufall
- Irrationales Verhalten der Marktteilnehmer
- Die Überrendite des HML-Portfolios stellt eine Kompensation für übernommenes Risiko dar.

Die letzte Interpretationsmöglichkeit wird auch von French und Fama (1996) vertreten. Denn in dem HML-Portfolio kann eine Information über ein zusätzliches Risiko gesehen werden. So werden gerade Aktien von Unternehmen mit hohem Buch-Marktwertverhältnis (Substanzwerte und krisengeschüttelte Unternehmen) von Rezessionen bzw. Finanzkrisen besonders betroffen sein, da sie unter Umständen in eine Kreditklemme geraten oder da ihre Börsenkurse durch Spekulation auf eine drohende Insolvenz unter Druck geraten könnten. Als Kompensation für das zusätzliche übernommene Risiko verlangt der Markt eine Risikoprämie. Wenn man dieser Sichtweise folgen will, dann ist die Überrendite kein Indiz für einen ineffizienten Markt, sondern der HML-Faktor repräsentiert vielmehr ein Risiko, das durch eine gesteigerte Rendite abgegolten werden muss.

Alternativ könnte der Value-Effekt eine Kapitalmarktanomalie sein, die zwar aufgrund irrationalen Verhaltens in den letzten 50 Jahren auftrat, nun jedoch mit verstärkter Ausrichtung großer Fonds auf diesen Effekt verschwinden wird. Ein anderer

Erklärungsansatz besteht darin, dass es sich bei dem Value-Effekt nur um eine durch Zufall in der Vergangenheit zu vereinnahmende Überrendite gehandelt hat, dies jedoch keine Prognosekraft für zukünftige Überrenditen besitzt. Denn es wäre auch denkbar, dass im Casino die Kugel 50 Mal hintereinander auf rot fällt, obwohl die Kugel im Schnitt nur in knapp unterhalb von 50 % der Fälle auf rot fallen sollte.[3]

2.6 Aktives Portfoliomanagement

Da viele Kapitalmarktakteure intensive Anstrengungen darauf verwenden, bestehende Ineffizienzen zu finden und gewinnbringend auszunutzen, muss die Frage erlaubt sein, ob aktives Portfoliomanagement überhaupt in der Lage sein kann, den Markt systematisch zu schlagen und regelmäßig Überrenditen zu erzielen. Im Rahmen der Performance-Messung von aktiv gemanagten Fonds wird daher der Zusammenhang zwischen der Rendite des aktiv gemanagten Fonds P und der Renditeentwicklung eines Vergleichsportfolios, der so genannten Benchmark B, mit Hilfe einer linearen Regression untersucht. Die Formel für die Regressionsgerade lautet:

$$R_P^{exc} = \alpha_P + \beta_P R_B^{exc} + \varepsilon_P \tag{2.3}$$

Wenn wir annehmen, dass die Zielfunktion ganz im Sinne von Harry Markowitz

$$\phi = E(R_P^{exc}) - \lambda Var(R_P^{exc})$$

ist, dann können wir Gleichung 2.3 einsetzen, um zur Zielfunktion des aktiven Portfoliomanagements zu gelangen:

$$\phi = E(\alpha_P + \beta_P R_B^{exc} + \varepsilon_P) - \lambda Var(\alpha_P + \beta_P R_B^{exc} + \varepsilon_P)$$

Nach einigen Umformungen[4] und unter Zuhilfenahme des Verschiebungssatzes kann man die Zielfunktion folgendermaßen schreiben:

$$\phi = \left[E(R_B^{exc}) - \lambda Var(R_B^{exc})\right] + \left[(\beta_P - 1)F_B + \alpha_P - \lambda Var(R_P - R_B)\right]$$

3 Die Wahrscheinlichkeit liegt deshalb knapp unterhalb von 50 %, da die Kugel ja auch auf die Null fallen kann.

4 Der Beweis ist nicht trivial und findet sich z. B. bei Hillebrand (2007).

Der erste Ausdruck in den eckigen Klammern gibt den Beitrag der Benchmark zur Zielfunktion des Investors an. Die zweite eckige Klammer stellt die eigentliche Zielfunktion des aktiven Portfoliomanagements dar. Dabei ist F_B definiert als:

$$F_B := E(R_B^{exc}) - \mu_B^{exc}$$

F_B bezeichnet die außergewöhnliche Renditeerwartung der Benchmark. Dieser Term drückt die vom Portfoliomanager erwartete Abweichung der Benchmarkrendite von der Konsensschätzung μ_B^{exc} aus.

Wenn die Annahmen des CAPMs erfüllt wären, dann wären α_P und F_B gleich null. Um das aktive Portfoliomanagement zu rechtfertigen, muss man zulassen, dass nicht alle Marktteilnehmer homogene Erwartungen haben und dass der Portfoliomanager über einen kleinen Prognosevorteil verfügt. Die zweite eckige Klammer gibt dann die neue Zielfunktion des Portfoliomanagers an. Auf die erste eckige Klammer kann er schließlich keinen Einfluss nehmen, da sie durch die gewählte Benchmark determiniert ist. Vielmehr muss er durch geschickte Über- und Untergewichtung einzelner in der Benchmark enthaltender Wertpapiere versuchen, das α_P zu maximieren und durch Steuerung des Portfoliobetas β (Market Timing) einen Zusatzertrag für den Anleger zu generieren.

Die Zielsetzung des aktiven Portfoliomanagements (ohne Market Timing) besteht also in der Maximierung der folgenden Zielfunktion:

$$\text{Value Added} := \alpha_P - \lambda \cdot Var(R_P - R_B)$$

Grinold und Kahn (2000, S. 135) zeigen, dass die Maximierung des Value Added durch den Portfoliomanager gleichbedeutend mit der Maximierung einer weiteren Kennzahl, dem so genannten Information Ratio des Portfolios ist. Das Information Ratio eines Portfolios ist definiert als Quotient aus der erwarteten unsystematischen Rendite α_P dividiert durch den so genannten „Tracking Error" des Portfolios. Der Tracking Error ist definiert als die Standardabweichung der Differenz zwischen der Portfoliorendite und der Benchmarkrendite. Die Formel für die vom Portfoliomanager zu maximierende Information Ratio lautet:

$$IR_P = \frac{\alpha_P}{Std(R_P - R_B)}$$

Das schöne an dieser Kennzahl ist, dass sie unabhängig von der konkreten Risikoeinstellung des Investors ist. Das ist für die Performance-Messung des Portfoliomanagers ganz wichtig! Andernfalls könnte man nur eine Aussage über die Zielerreichung durch den Portfoliomanager für einen ganz bestimmten Risikoaversionsgrad seiner Kunden treffen.

Damit aktives Portfoliomanagement überhaupt sinnvoll sein kann, muss der Portfoliomanager eine besonders gute Prognosefähigkeit haben. Wenn er die nicht hat, macht das aktive Management keinen Sinn. Um die Prognosefähigkeit des Portfoliomanagers zu messen, wird gerne auf den so genannten „Information Coefficient" (IC) zurückgegriffen. Er gibt die Korrelation zwischen den Renditeprognosen des Portfoliomanagers und den tatsächlichen Renditen an. Ein IC von 1 würde bedeuten, dass der Portfoliomanager die Renditen stets exakt vorhersagt und ein IC von 0 würde bedeuten, dass überhaupt kein Zusammenhang zwischen den Prognosen und den tatsächlichen Renditen besteht. In der Praxis gilt eine Information Coefficient von 10% schon als ausgesprochen gut. Das verdeutlichen Grinold und Kahn in ihrem Buch „Active Portfolio Management" sehr anschaulich. Sie schreiben: „ (...) a good forecaster has an IC of 0.05, a great forecaster has an IC of 0.10, and a world class forecaster has an $IC = 0.15$. An IC higher than 0.20 usually signals a faulty backtest or imminent investigations for insider dealing".

An dieser Stelle sollte sich der geneigte Leser die alles entscheidende Frage stellen: Wie kann man denn nun überhaupt Geld damit verdienen, wenn man realistisch ist und von einem IC von beispielsweise lediglich 6 % ausgeht? Die Antwort auf diese Frage liefert das etwas dramatisch als „Fundamentales Gesetz des aktiven Portfoliomanagements" (FLAM) betitelte folgende Theorem:

$$IR \approx IC \cdot \sqrt{N}$$

wobei N die Anzahl der unabhängigen Prognosen darstellt.

Wir erinnern uns daran, dass die Maximierung der Information Ratio, die nicht von der Risikoaversion des Investors abhängt, das Ziel des aktiven Portfoliomanagements ist. Was steckt nun hinter dem FLAM? Die Idee ist, dass man bei niedriger Prognosegüte möglichst viele kleine unabhängige Wetten eingehen sollte. Der erwartete Ertrag ändert sich dadurch zwar nicht, aber der Tracking Error nimmt ab, so dass man mit vielen kleinen unabhängigen Wetten die Information Ratio maximiert.

Das folgende Zahlenbeispiel stammt von Sauer (2002). Er verdeutlicht das Konzept der Information Ratio anhand eines Münzwurfbeispiels. Beim Münzwurf fällt entweder Kopf (+1) oder Zahl (-1). Wenn man richtig tippt, verdoppelt sich der Spieleinsatz, und wenn man daneben liegt, verliert man das eingesetzte Geld.

Die Aufgabe des Portfoliomanagers besteht darin, in die Kristallkugel zu blicken und den Ausgang des Münzwurfes vorher zu sagen. In der Regel liegt er dabei in 50 % der Fälle richtig und in 50 % der Fälle liegt er daneben. Welchem Information Coefficient (IC) entspricht das? Selbstverständlich einem IC von null, da die Prognose p des Managers nicht mit dem Ausgang des Münzwurfes M, entweder -1 (Zahl) oder +1 (Kopf), korreliert ist. Daher ist in unserem Beispiel der Ertrag, den man erwarten kann, wenn man auf einen Portfoliomanager mit einem $IC = 0$ setzt, auch gleich null:

$$\alpha = 0,5 \cdot (2-1) + 0,5 \cdot (0-1) = 0$$

Die Streubreite des Münzwurfergebnisses beträgt 1:

$$\sigma = \sqrt{0,5 \cdot (1-0)^2 + 0,5 \cdot (-1-0)^2} = 1$$

Normalerweise liegt auch der talentierteste Portfoliomanager bei der Prognose p des Resultats r nur in 50 % der Fälle richtig. Folglich ist die Kovarianz von p und r null:

$$Cov(p,r) = E[(r-\mu_r)(p-\mu_p)]$$

$$= 0,25 \cdot (1-0)(1-0) + 0,25 \cdot (1-0)(-1-0)$$

$$+0,25 \cdot (-1-0)(1-0) + 0,25 \cdot (-1-0)(-1-0) = 0$$

Wenn der Portfoliomanager ein Information Coefficient von z. B. 4 % hat, dann bedeutet das, dass der Korrelationskoeffzient zwischen seiner Prognose p und dem tatsächlichen Ausgang des Münzwurfes r gerade 0,04 beträgt. Um ein Beispiel zu konstruieren, indem es tatsächlich sein kann, dass man über einen Informationsvorteil verfügt, muss die Münze gezinkt sein, so dass der Portfoliomanager in 52 % der Fälle r richtig vorhersagen kann! Es ergibt sich dann die folgende Kovarianz:

$$Cov(p,r) = 0,26 \cdot (1-0)(1-0) + 0,24 \cdot (1-0)(-1-0)$$

$$+0,24 \cdot (-1-0)(1-0) + 0,26 \cdot (-1-0)(-1-0) = 0,04$$

Damit ergibt sich der Information Coefficient zu:

$$IC = \rho_{r,p} = \frac{Cov(r,p)}{\sigma_r \sigma_p} = \frac{0,04}{1 \cdot 1} = 0,04$$

Wenn man annimmt, dass der Portfoliomanager den Ausgang des Spiels nur ein klein wenig besser als gar nicht vorhersagen kann, dann stellt sich die Frage, wie er mit dieser sehr geringen - aber doch vorhandenen Prognosefähigkeit im Rahmen der Anlageentscheidung agieren sollte. Hier kommen wir nun wieder auf die weiter oben eingeführte Information Ratio IR zurück. Denn schließlich maximiert der Portfoliomanager den Nutzen des Anlegers unabhängig von dessen Risikoaversion, wenn er die Information Ratio maximiert. Die Definition der *IR* ist:

$$IR = \frac{\alpha}{TrackingError}$$

Mal angenommen der Portfoliomanager verfügt über 100 Euro, die er für Sie anlegen soll. Dann kann er das auf sehr unterschiedliche Art tun. Er könnte z. B. alles auf einmal setzen. In diesem Falle würde sich ein erwarteter Ertrag (Überrendite über null) von 4 ergeben:

$$E(Ertrag) = 0,52 \cdot 100 + 0,48(-100) = 4$$

Allerdings ist die Volatilität bei nur einer einzigen Wette sehr hoch:

$$\sigma(Ertrag) = \sqrt{0,52 \cdot (100-4)^2 + 0,48 \cdot (-100-4)^2} = 99,92$$

Bei dieser Strategie ist die Information Ratio sehr niedrig:

$$IR = \frac{4}{99,92} \approx 0,04$$

Sie ist in etwa genauso groß wie der IC des Portfoliomanagers. Alternativ könnte der Portfoliomanager auch lediglich einen Euro setzen. Der erwartete Ertrag wäre dann $0,04$ und die Volatilität ausgedrückt durch die Standardabweichung wäre 0,9992:

$$\alpha = \sqrt{0,52 \cdot 1 + 0,48 \cdot (-1)} = 0,04$$

$$\sigma = \sqrt{0,52 \cdot (1-0,04)^2 + 0,48 \cdot (-1-0,04)^2} = 0,9992$$

Wenn der Portfoliomanager das Spiel 100 Mal mit jeweils einem Einsatz von einem Euro spielt, dann bleibt der erwartete Ertrag im Vergleich zum „Alles-auf-eine-Karte-Setzen“ konstant, jedoch der Tracking Error wird kleiner, so dass insgesamt die Information Ratio steigt. Die Volatilität des Ertrages ist nämlich, wenn man 100 Mal einen Euro setzt, kleiner als wenn man einmal 100 Euro setzt! Es gilt, wenn man n Mal einen Euro setzt, für die Standardabweichung des Ertrags:

$$\sigma(n \cdot x) = \sqrt{n} \cdot \sigma(x)$$

Anzahl der Wetten	erwarteter Ertrag	Volatilität	IR	WK. für Erfolg in mehr als 50 % der Spiele
1	4	99,92	0,04	52 %
100	4	9,99	0,40	62 %
1.000	4	3,16	1,27	89 %
10.000	4	1,00	4,00	100 %

Tabelle 2.4: Information Ratio in Abhängigkeit von der Anzahl der Wetten (Sauer (2002), S. 169)

Wenn der Portfoliomanager seinen *IC* von 0,04 ausnutzt, indem er 100 Mal das Ergebnis des Münzwurfspiels prognostiziert und jeweils einen Euro setzt, dann ist der erwartete Ertrag insgesamt 4 Euro, die Standardabweichung ist jedoch:

$$\sigma(Ertrag) = \sqrt{100} \cdot 0,9992 = 9,992 < 99,92$$

Und die Information Ratio beträgt:

$$IR = \frac{100 \cdot 0,04}{0,9992 \cdot \sqrt{100}} = \frac{0,04}{0,9992}\sqrt{100} \approx 0,40 > 0,04$$

Man kann hier übrigens erkennen, dass die Information Ratio mit der Wurzel der unabhängigen Durchführungen dieses „Investments“ steigt. Die Tabelle 2.4 verdeutlicht dieses Phänomen. Bei positivem Information Coefficient gilt: Lieber viele kleine Wetten als wenige große. Denn dadurch wird das Information Ratio gesteigert.

3 Optionen

3.1 Optionstypen

Optionen haben in den letzten Jahrzehnten stark an Bedeutung gewonnen. 1997 erhielten Myron Scholes und Robert Cox Merton für ihre Ausarbeitung einer mathematischen Formel zur Bestimmung von Optionswerten an der Börse den Wirtschafts-Nobelpreis. Ein grundlegendes Verständnis der Optionstheorie ist auch für die zahlreichen auf dieser Theorie aufbauenden Finanzinnovationen wichtig.

Grundsätzlich verbrieft eine Option das Recht des Optionshalters ein Underlying (das kann z. B. eine Aktie sein) zu einem bestimmten Zeitpunkt bzw. innerhalb eines bestimmten Zeitraums zum vorab vereinbarten Preis, dem so genannten Ausübungspreis bzw. Strike, zu kaufen oder zu verkaufen. Verbrieft die Option das Recht das Underlying zu einem bestimmten Preis zu verkaufen, dann handelt es sich um eine Verkaufsoption - einem so genannten Put. Kaufoptionen, die das Recht verbriefen das Underlying zum Strike zu kaufen, sind so genannte Calls.

Kann die Option nur zu einem bestimmten Zeitpunkt ausgeübt werden, dann handelt es sich um eine sogenannte europäische Option. Ist ein Ausübungszeitraum vorgesehen, während dem der Halter jederzeit seine Option ausüben kann, so spricht man von einer amerikanischen Option.

Grundsätzlich handelt es sich bei einer Option um einen Vertrag zwischen zwei Parteien. Eine Möglichkeit der Ausgestaltung von Optionen sind Optionsscheine (so genannte Warrants). Optionsscheine sind verbriefte Optionen, also Wertpapiere, die der Optionshalter einfach weiterverkaufen kann.

Die Bestimmung des Optionswertes während der Laufzeit ist nicht trivial. Was man auch daran erkennt, dass die Bestimmung einer Bepreisungsformel dem Nobelpreiskomitee einen Nobelpreis wert war. Der Wert einer europäischen Option zum Ausübungszeitpunkt lässt sich einfach bestimmen. Für einen Call auf eine Aktie gilt beispielsweise:

$$c_T = Max[0, S_T - E]$$

c - Wert des Calls zum Ausübungszeitpunkt T

S_T - Preis des Underlyings, also z. B. des Aktienkurses (Stock) zur Ausübungszeitpunkt

E - Ausübungspreis, Exercise-Preis, Strike bzw. Basispreis

Falls der Aktienkurs S_T zum Ausübungszeitpunkt unterhalb des Exercise-Preises E liegen sollte, hat die Option keinen Wert. Sollte der Aktienkurs höher als der Strike sein, ist der Wert der Option die Differenz zwischen dem Aktienkurs und dem Strike. Bei einem Kurs von 120 Euro und einem Strike von 90 Euro hätte der Call zum Ausübungszeitpunkt einen Wert von 30 Euro. Die Grafik 3.1 verdeutlicht den Wertverlauf des Calls zum Ausübungszeitpunkt in Abhängigkeit vom Aktienkurs.

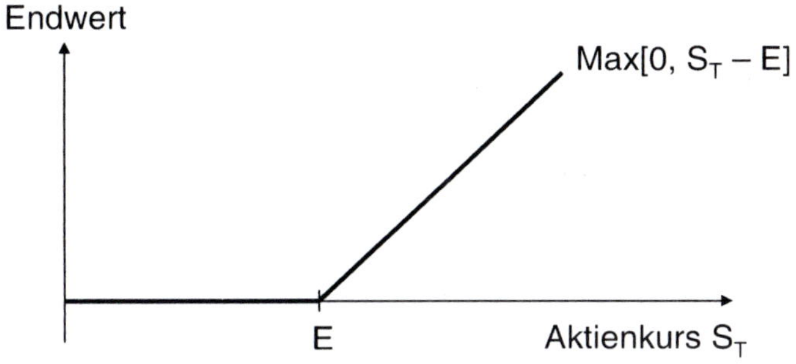

Abbildung 3.1: Endwert des Calls

Bei Termingeschäften ist der Gewinn des Einen immer gleichzeitig der Verlust des Anderen. Dem Halter der Option, der ein Wahlrecht hat, ob er die Option ausübt, steht der Stillhalter, der Emittent der Option, gegenüber. Die Position des Halters ist ein „long call“ und die des Stillhalters nennt man „short call“. Abbildung 3.2 auf Seite 74 stellt die Position des Stillhalters in Abhängigkeit vom Aktienkurs dar.

Mit Hilfe von Verkaufsoptionen, so genannten Puts, kann man von fallenden Kursen profitieren. Der Halter des Puts hat das Recht z. B. eine Aktie zu einem bestimmten Preis zu verkaufen. Angenommen der Put verbrieft das Recht, eine VW-Aktie zum Basispreis von 50 Euro zu verkaufen, der tatsächliche Kurs zum Ausübungszeitpunkt beträgt jedoch 40 Euro, dann macht der Optionshalter ein Plus von 10 Euro. Der Wert eines Puts zum Ausübungszeitpunkt ist also:

$$p_T = Max[E - S_T, 0]$$

Dabei steht p_T für dem Wert des Puts zum Ausübungszeitpunkt T, E für den Basispreis, bzw. Ausübungspreis, bzw. Exercise-Preis, bzw. Strike und S_T für den Akti-

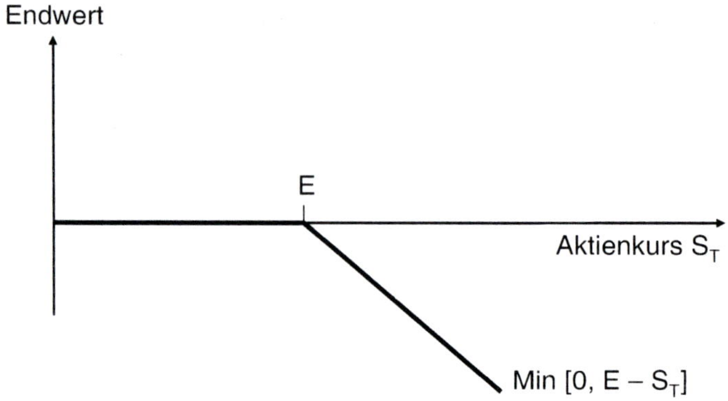

Abbildung 3.2: Endwert des Call-Stillhalters

enkurs zum Ausübungszeitpunkt.

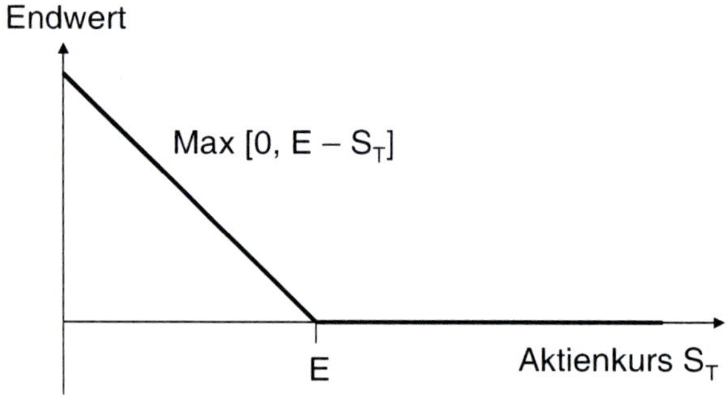

Abbildung 3.3: Endwert des europäischen Puts

Die korrespondierende Short Position („Short Put") hat entsprechend einen Wert zum Ausübungszeitpunkt von:

$$p_T = Min[S_T - E, 0]$$

Wenn man sich die Gesamtposition eines Halters einer Kaufoption zum Ausübungszeitpunkt anschaut, dann muss man natürlich den Preis c, den er für den Erwerb der Option gezahlt hat und die Zinsgewinne, auf die er aufgrund des Kaufes der Option verzichtet hat, mit berücksichtigen. Kauft der Optionshalter beispielsweise eine

Kaufoption zum Preis c und hätte er die Möglichkeit gehabt, eine Verzinsung von i bzw. die Bruttoverzinsung $q = 1 + i$ zu erzielen, dann macht er insgesamt erst einen Gewinn, sobald der Aktienkurs zum Ausübungszeitpunkt höher als $E + c \cdot q$ ist. Sein vollständiges Gewinn- und Verlust-Profil stellt sich also folgendermaßen dar:

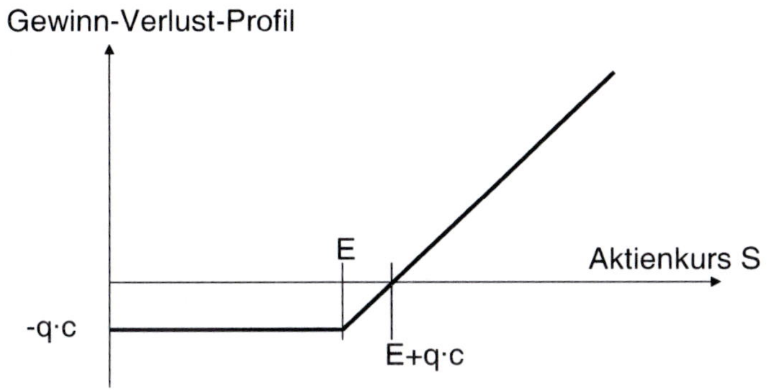

Abbildung 3.4: Gewinn-Verlust-Profil des Long Calls (Halter)

Entsprechend ergibt sich für den Halter einer Verkaufsoption, dass sein maximaler Gewinn bei einem Aktienkurs von $S = 0$ nicht E, sondern lediglich $E - q \cdot p$ ist (Siehe Abbildung 3.5).

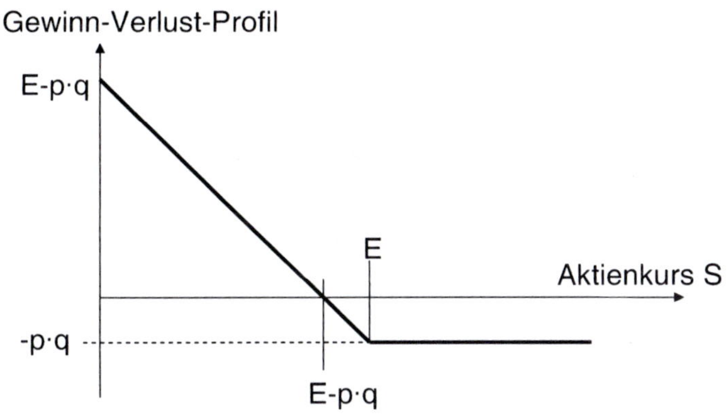

Abbildung 3.5: Gewinn-Verlust-Profil des europäischen Puts

Interessanterweise kann auch das Eigenkapital eines Unternehmens als Kaufoption interpretiert werden. Das volatile Underlying wäre dann das Geschäftsvermögen und der Ausübungspreis entspräche den Schulden. Zum Fälligkeitstermin der Verbindlichkeiten ergibt sich dann der Wert des Eigenkapitals als:

$$EK = Max[0, GK - FK]$$

EK - Wert des Eigenkapitals

GK - Unternehmenswert

FK - Wert des zu bedienenden Fremdkapitals

Bei stark insolvenzgefährdeten Unternehmen tritt der Optionscharakter des Eigenkapitals stärker in den Vordergrund. Also z. B. bei den so genannten „Penny-Stocks", die nur deshalb einen von Null abweichenden Wert besitzen, da mit einer gewissen, kleinen Wahrscheinlichkeit, der Unternehmenswert noch so stark steigt, dass eine Insolvenz abgewendet werden kann.

3.2 Innerer Wert und Zeitwert

Der Wert einer europäischen Option vor dem Ausübungszeitpunkt setzt sich aus zwei Teilkomponenten zusammen: Dem inneren Wert und dem Zeitwert. Der innere Wert ist der Wert, den die Option hätte, wenn sie sofort ausgeübt werden müsste. Für den inneren Wert eines Calls, also einer Kaufoption, gilt beispielsweise:

innerer Wert

$$c = Max[0, S - E]$$

Dabei steht S für den aktuellen Kurs des Underlyings. Vor dem Ausübungszeitpunkt ist der Call mehr wert, da noch die Möglichkeit besteht, dass der Aktienkurs weiter steigt. Die Chance auf eine Aktienkurssteigerung ist dann besonders viel wert, wenn die Option „am Geld" (englisch: at the money) ist. Damit ist gemeint, dass der Ausübungspreis dem Aktienkurs entspricht. In diesem Fall ist der innere Wert der Option null! Die Option ist „aus dem Geld" (englisch: out of the money), wenn der Aktienkurs unterhalb des Ausübungspreises liegt. In diesem Fall müsste der Aktienkurs noch ein ganzes Stück ansteigen, bevor sich die Ausübung lohnen würde. Für Kaufoptionen, die sehr weit „im Geld" (englisch: in the money) sind, ist die Ausübung fast sicher, so dass sich der Wert der Option dem inneren Wert (also beim Call: Aktienkurs minus Ausübungspreis) annähert. In der Abbildung 3.6 ist der Wertverlauf einer Kaufoption vor dem Ausübungszeitpunkt aufgezeichnet.

Der korrespondierende Wertverlauf für Verkaufsoptionen ist in Abbildung 3.7 dargestellt.

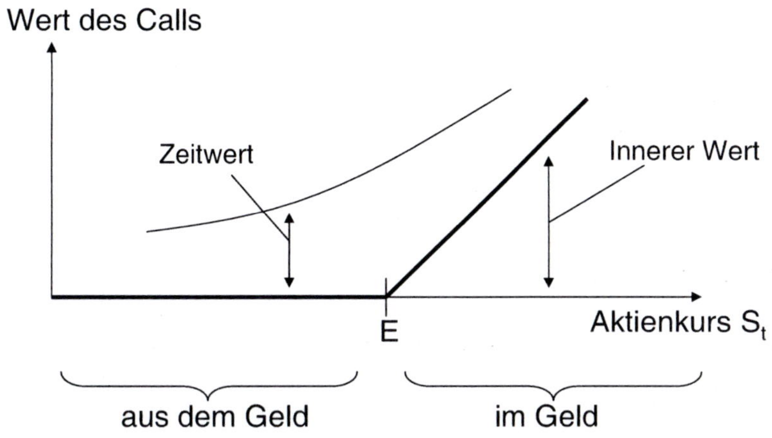

Abbildung 3.6: Fairer Preis einer Kaufoption während der Laufzeit

Die entscheidende Frage, mit der wir uns hier im Weiteren beschäftigen wollen, lautet nun: Was bestimmt die Höhe des Zeitwertes einer Option?

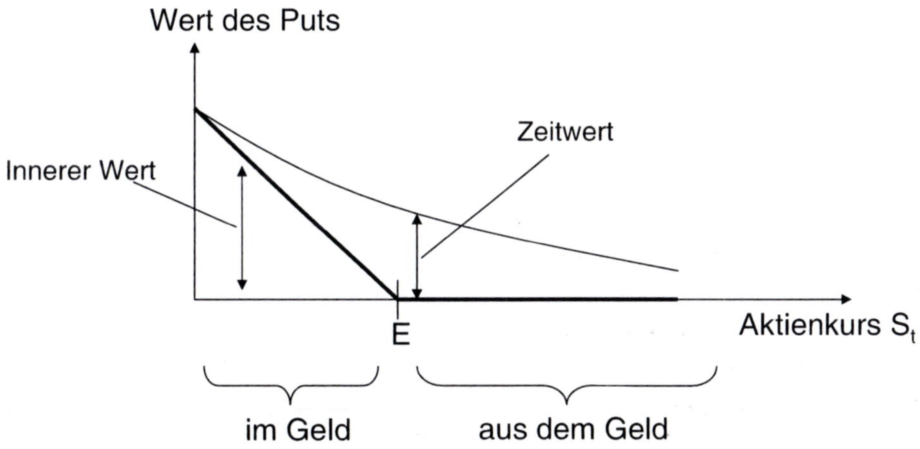

Abbildung 3.7: Fairer Preis eines amerikanischen Puts während der Laufzeit

3.3 Optionspreisschranken

3.3.1 Preisschranken der Kaufoption

Mit Hilfe des weiter oben bereits kennen gelernten „No-Arbitrage-Prinzips“ lassen sich Aussagen über Preisunter- und -obergrenzen von Optionen herleiten. Grundsätzlich unterscheidet man dabei zwischen europäischen und amerikanischen Optionen, die wir im Weiteren durch den Index e bzw. a kennzeichnen werden. Interssanter Weise ist es NIE vorteilhaft, eine amerikanische Kaufoption (Call) vorzeitig auszuüben, wenn während der Laufzeit keine Dividenden gezahlt werden. Um die Überlegungen so einfach wie möglich zu halten, werden wir im Weiteren auf die Berücksichtigung des Preiseinflusses von Dividendenzahlungen während der Laufzeit zunächst verzichten. Grundsätzlich gilt, dass amerikanische Optionen, die, im Gegensatz zu den europäischen Optionen, auch während der Laufzeit ausgeübt werden können, stets mindestens genau so viel wie europäische Optionen wert sind. Das gilt sowohl für Puts als auch für Calls:

$$c^a \geq c^e \quad \text{und} \quad p^a \geq p^e$$

Denn alles, was die europäische Option kann, kann die amerikanische Option schon lange! Wenn wir annehmen, dass $i > 0$ der risikolose Zinssatz ist und $q = 1 + i$ der risikolose Bruttozins pro Zeiteinheit ist, dann gilt während der Laufzeit:

$$S_t > c_t^a \geq c_t^e \geq Max\left(0, S - \frac{E}{q^{(T-t)}}\right)$$

Der minimale Wert einer Kaufoption ergibt sich als Maximum von null und der Differenz zwischen dem Aktienkurs und dem diskontierten Ausübungspreis. Das bedeutet, dass während der Laufzeit der minimale Wert GRÖßER als der innere Wert der Option ist. Da man bei sofortiger Ausübung eines amerikanischen Calls nur den inneren Wert erhält, lohnt es sich während der Laufzeit nie die Option auszuüben. Anders ausgedrückt: Da bei Kaufoptionen der Zeitwert immer positiv ist, lohnt sich die vorzeitige Ausübung nie! Man wird den Optionsschein stattdessen lieber verkaufen, da man dann die volle Optionsprämie - also innerer Wert plus Zeitwert - erhält. Warum ergibt sich nun die Preisunterschranke eines Calls als Maximum von null und der Differenz zwischen dem Aktienkurs und dem diskontierten Ausübungspreis? Die Antwort lautet: Wäre es nicht so, dann wäre das No-Arbitrage-Prinzip verletzt und es ließe sich ein Arbitrageerfolg realisieren! Das wollen wir uns im Folgenden im Detail ansehen. Bei unserem Beweis gehen wir zunächst davon aus, dass gilt:

$$c_t^e < S_t - \frac{E}{q^{(T-t)}}$$

In dieser Situation können Arbitrageure Geld verdienen, wenn wir annehmen, dass die Arbitrage nicht durch Transaktionskosten oder andere Friktionen behindert wird. Der Ablauf der Arbitrage ist der folgende: Als erstes besorgen wir uns Geld, indem wir die Aktie zum aktuellen Kurs S_t leerverkaufen. Damit ist gemeint, dass das Wertpapier geliehen wird, zum aktuellen Kurs verkauft und zu einem späteren Zeitpunkt - und zwar dem Ausübungszeitpunkt der Option - zurückgeben wird. Bei dieser Transaktion wird zunächst durch den Leerverkauf ein Geldbetrag in Höhe des aktuellen Kurses verfügbar gemacht. Allerdings muss zum Zeitpunkt T die Aktie zurückgeben werden. Deshalb kaufen wir zum Preis c_t^e eine europäische Kaufoption, die das Recht verbrieft, zum Zeitpunkt T die Aktie zum Preis E zu beziehen. Summa summarum verbleibt in t ein Betrag in Höhe von $(S_t - c_t^e)$ in der Kasse. Diesen Geldbetrag legen wir sicher zum Zins q für den verbleibenden Zeitraum $(T-t)$ bis zur Ausübung an. Aufgrund der sicheren Geldanlage werden wir zum Ausübungszeitpunkt über einen Geldbetrag in Höhe von $q^{(T-t)} \cdot (S_t - c_t^e)$ verfügen. Was passiert nun zum Ausübungstermin? Das hängt - wie so oft bei bedingten Termingeschäften - vom Kurs des Basiswertes ab! Es ist sinnvoll, den für uns ungünstigsten Fall zu betrachten, dass der Aktienkurs in T über dem Strike das Calls liegt: $S_T > E$. Dann macht es Sinn, den gekauften Call auszuüben. Man zahlt den Ausübungspreis E, erhält die Aktie und gibt sie direkt an den Wertpapierverleiher zurück. Insgesamt ergibt sich als Saldo zum Zeitpunkt T ein Betrag in Höhe von:

$$q^{(T-t)} \cdot (S_t - c_t^e) - E = q^{T-t} \cdot \left[S_t - c_t^e - E/q^{(T-t)} \right]$$

Wenn dieser Saldo positiv ist, bedeutet dass, dass wir einen Arbitrageerfolg realisiert haben und das No-Arbitrage-Prinzip verletzt wäre. Für das Vorzeichen spielt der Vorfaktor vor der eckigen Klammer keine Rolle, da wir von einem positiven risikolosen Zins ausgehen. Mit anderen Worten, das No-Arbitrage-Prinzip ist verletzt, falls gilt:

$$S - c_t^e - \frac{E}{q^{(T-t)}} > 0$$

Das können wir umformen zu:

$$c_t^e < S_t - \frac{E}{q^{(T-t)}}$$

Sobald der Preis einer europäischen Option kleiner als die Differenz zwischen dem Aktienkurs und dem diskontierten Ausübungspreis ist, lässt sich ein sicherer Arbitrageerfolg realisieren! Eine solche Situation hat auf kompetitiven Kapitalmärkten nicht lange Bestand. Damit haben wir eine Preisuntergrenze gefunden. Es muss gelten:

$$c_t^e \geq S_t - \frac{E}{q^{(T-t)}}$$

Es kann natürlich auch passieren, dass es sich nicht lohnt, die europäische Kaufoption auszuüben. In diesem Fall besorgen wir uns die Aktie, indem wir sie auf dem „normalen“ Weg an der Börse zum Börsenkurs S_T kaufen. Der sich in diesem Falle ergebende Saldo ist:

$$q^{(T-t)} \cdot (S_t - c_t^e) - S_T$$

Da der Kaufpreis E größer als S_T ist, gilt, dass dieser Saldo sogar noch GRÖSSER als im ersten Fall ist, so dass sich in diesem Fall erst recht ein Arbitrageerfolg realisieren ließe! Wir fassen noch einmal zusammen: Falls das No-Arbitrage-Prinzip Gültigkeit hat - und darauf beruhen hier alle Überlegungen - dann existiert für europäische (und damit automatisch auch für amerikanische Kaufoptionen) eine untere Preisschranke, die während der Laufzeit noch über ihrem inneren Wert liegen kann:

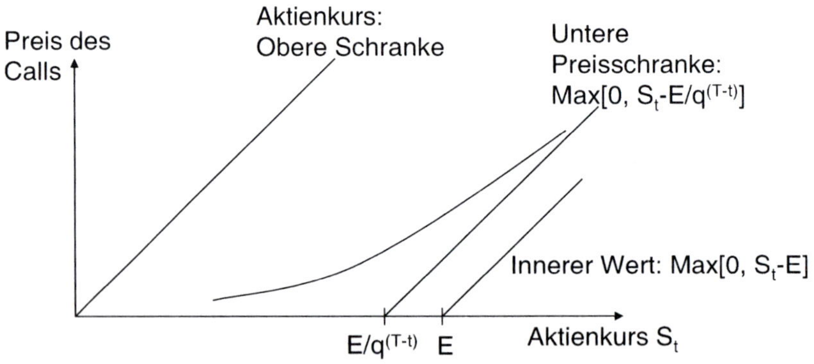

Abbildung 3.8: Preisgrenzen des europäischen Calls

Sobald $t \to T$ geht, nähert sich selbstverständlich die untere Preisschranke dem inneren Wert der Option an.

3.3.2 Preisschranken des europäischen Puts

Ganz analog zur Argumentation beim europäischen Call weiter oben, lässt sich auch eine Preisuntergrenze für den europäischen Put bestimmen. Der Beweis findet sich im letzten Kapitel bei den Rechenaufgaben auf Seite 199. Es gilt:

$$\frac{E}{q^{(T-t)}} \geq p_t^e \geq Max\left[0, \frac{E}{q^{(T-t)}} - S_t\right]$$

Während der Laufzeit ist die Preisunterschranke der europäischen Verkaufsoption KLEINER als ihr innerer Wert. Es kann also bei der europäischen Verkaufsoption durchaus vorkommen, dass der Optionspreis unterhalb des inneren Wertes liegt. Die Preisuntergrenze eines amerikanischen Puts ist hingegen gleich seinem inneren Wert. Andernfalls könnte man durch den Kauf des Puts und sofortiges Ausüben einen sicheren Arbitrageerfolg erzielen!

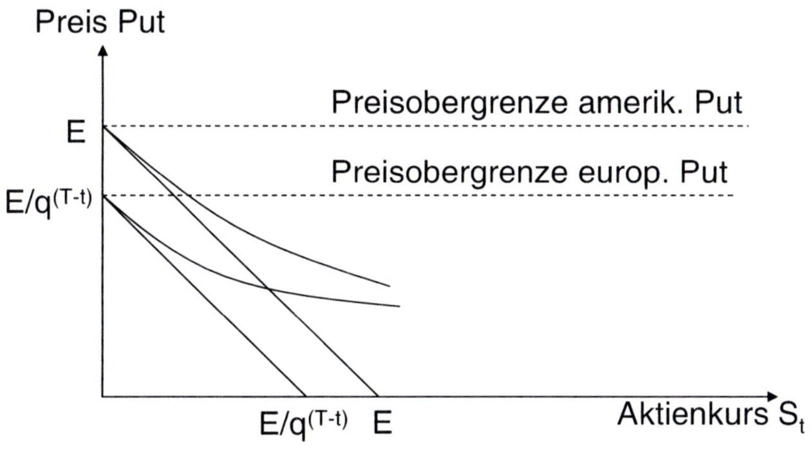

Abbildung 3.9: Preisgrenzen des europäischen und amerikanischen Puts

In Abbildung 3.9 sind die Preisschranken für europäische und amerikanische Puts noch einmal dargestellt. Bei amerikanischen Puts kann die vorzeitige Ausübung lohnend sein. Das macht man sich am Besten an einem Extremfall klar. Gehen wir davon aus, dass das Underlying nichts mehr wert ist: In diesem Fall verdient man durch sofortige Ausübung den maximalen Betrag E. Durch Nichtausübung geht man das Risiko eines Kursanstieges ein. Mit anderen Worten: Man kann sich nur verschlechtern und außerdem verzichtet man auf Zinserträge, die man durch die Anlage von E andernfalls hätte verdienen können! Ein europäischer Put hätte in der gleichen (Extrem-)Situation ($S_t = 0$) einen Wert unterhalb des inneren Wertes. Der Zeitwert wäre negativ. Man kann sich überlegen, dass die vorzeitige Ausübung des amerikanischen Puts nicht nur bei dem beschriebenen Extremfall, sondern auch bei etwas höherem Aktienkurs lohnend sein kann. Es gibt dafür offensichtlich einen kritischen Kurs des Underlyings, bei dem die Kaufoption tief im Geld ist, ab dem die vorzeitige Ausübung lohnend ist.

3.4 Put-Call-Parität

3.4.1 Put-Call-Parität - Grafische Intuition

Die Preise europäischer Calls c_0 und europäischer Puts p_0 stehen bei gleicher Ausgestaltung in einem ganz bestimmten Zusammenhang, der durch die so genannte Put-Call-Parität ausgedrückt wird:

$$p_0 = c_0 + \frac{E}{q^T} - S_0$$

S_0 - Aktienkurs in $t = 0$

E - Strike

q^T - Bruttoverzinsung über die Laufzeit T

Am Besten macht man sich diesen Zusammenhang grafisch klar. Es gilt den Endwert des Puts (Siehe Abbildung 3.3 auf Seite 74) durch ein Portefeuille aus Call, einer leerverkauften Aktie und einer Anlage des Basispreises zum risikolosen Zins nachzubilden. Wir beginnen den Nachbilde-Versuch mit dem Endwert des Calls.

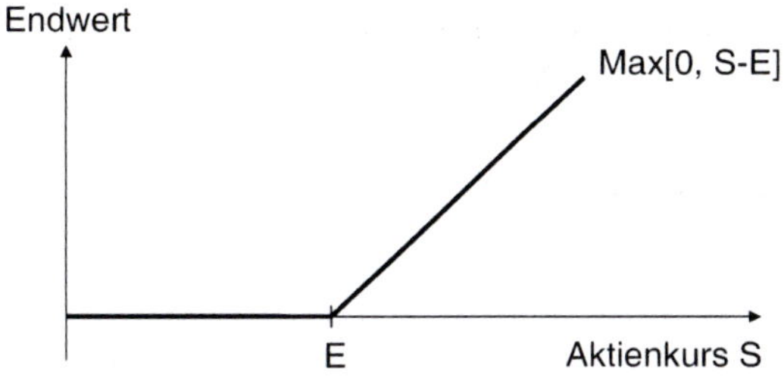

Abbildung 3.10: Endwert des Calls

Davon wird der Endwert des Aktienkurses, also der Aktienkurs S_T zum Ausübungszeitpunkt, subtrahiert, so dass sich der folgende Endwertverlauf der Gesamtposition ergibt:

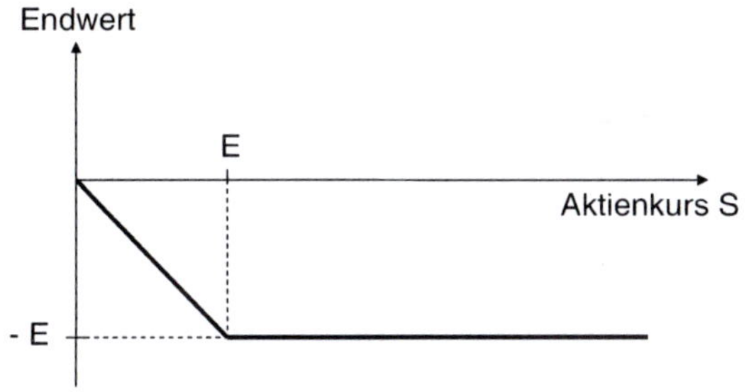

Abbildung 3.11: Endwert der Position Long Call und Aktienleerverkauf

Dazu wird der Endwert einer Kreditvergabe in Höhe von E/q^T addiert. Der Endwert dieser Kreditvergabe ist gerade E, so dass insgesamt der Endwertverlauf um E nach oben verschoben wird:

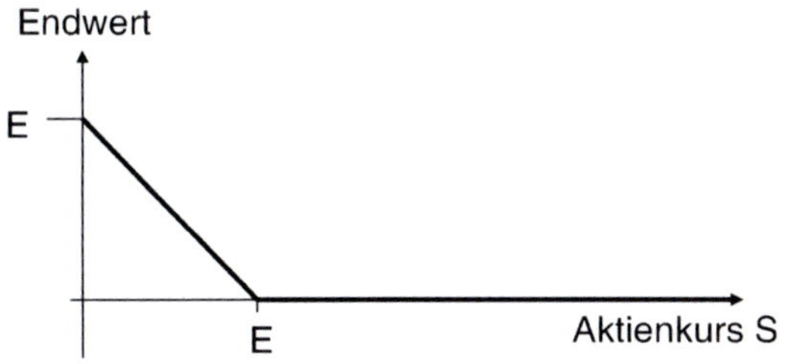

Abbildung 3.12: Endwert der Postion aus Call, Aktienleerverkauf und Kreditrückzahlung

Der sich ergebende Endwertverlauf entspricht dem Endwertverlauf des Puts. Damit haben wir die Put-Call-Parität grafisch gezeigt. Der Preis des Puts entspricht dem eines Calls abzüglich des Aktienkurses plus den abgezinsten Ausübungspreis. Das gilt nicht nur zum Ausübungszeitpunkt, sondern auch während der gesamten Laufzeit $t < T$:

$$p_t = c_t + \frac{E}{q^{T-t}} - S_t$$

3.4.2 Put-Call-Parität - Herleitung bei Arbitragefreiheit

Wenn wir die Put-Call-Parität für europäische Optionen etwas umformulieren, lautet sie:

$$c_t^e + \frac{E}{q^{(T-t)}} = p_t^e + S_t \tag{3.1}$$

Man kann sich die Put-Call-Parität relativ rasch herleiten, indem man 2 Portfolios bildet, die - egal welche Entwicklung das Underlying in T nimmt - stets die selben Payoffs liefern. Diese beiden Portfolios müssen bei Arbitragefreiheit zum Zeitpunkt $t < T$ den gleichen Preis haben!

Im ersten Portfolio befindet sich ein Call und ein Geldbetrag in Höhe des diskontierten Ausübungspreises (linke Seite der Gleichung 3.1). Zum Ende der Laufzeit hat dieses Portfolio, falls $S_T > E$ gilt, einen Wert in Höhe von:

$$S_T + q^{(T-t)} \frac{E}{q^{(T-t)}} - E = S_T$$

Andernfalls $(S_T < E)$ ist der Call wertlos und der Payoff ist einfach E.

In das zweite Portfolio legen wir eine Aktie und eine Verkaufsoption, deren Ausübungspreis ebenfalls E sein soll und die die gleiche Laufzeit wie der Call im ersten Portfolio aufweist (rechte Seite der Gleichung 3.1). Sollte der Aktienkurs zum Ausübungstermin oberhalb des Strikes $(S_T > E)$ liegen, dann ist der Wert des Portfolios gleich dem Aktienkurs S_T, da der Put wertlos ist. Mit anderen Worten: Das zweite Portfolio ist genauso viel wie das erste wert. Das gilt natürlich auch im zweiten Fall, dass der Aktienkurs unterhalb des Ausübungspreises liegt. Auch beim zweiten Portfolio aus Put und Aktie ist der Payoff dann:

$$(E - S_T) + S_T = E$$

Ganz egal, ob der Aktienkurs oberhalb oder unterhalb des für beide Optionen gleichen Ausübungspreises liegt, ergibt sich für beide Portfolios (Call+Geldbetrag) und (Put+Aktie) der gleiche Payoff in T. Es gilt daher, wenn das No-Arbitrage-Prinzip erfüllt ist, in $t < T$ für europäische Optionen:

$$c_t^e + \frac{E}{q^{(T-t)}} = p_t^e + S_t$$

Umformen ergibt:

$$c_t^e - p_t^e = S_t - \frac{E}{q^{T-t}}$$

Zum Fälligkeitstermin gilt sogar:

$$c_T^e - p_T^e = S_T - E$$

3.4.3 Put-Call-Beziehung bei amerikanischen Optionen

Wie sieht die Put-Call-Parität nun für amerikanische Optionen aus? Wir wissen, dass amerikanische und europäische Calls stets den selben Preis haben. Außerdem wissen wir, dass amerikanische Puts mindestens den Wert von europäischen Puts aufweisen. Sie können allerdings auch mehr wert sein. Damit ist klar, dass die Put-Call-Beziehung bei amerikanischen Optionen, nur noch eine Ungleichung ist:

$$c_t^a - p_t^a \leq S_t - \frac{E}{q^{(T-t)}}$$

Denn auf der linken Seite wird von dem im Vergleich zu den europäischen Optionen gleich großen Call-Wert ein möglicherweise höherer Put-Wert subtrahiert. Bei amerikanischen Optionen bleibt folgerichtig von der Put-Call-Parität nur noch eine Put-Call-Beziehung in Form einer Ungleichung übrig.

3.5 Bestimmung des Optionspreises während der Laufzeit

Das weitere Vorgehen ist wie folgt: Als erstes werden wir grundsätzliche Überlegungen zur Optionsbewertung bei diskreten Aktienkursverteilungen anstellen. Auf diesem Wege werden wir das No-Arbitrage-Prinzip, auf dem die präferenzfreie Bewertung von Optionen basiert, kennen und verstehen lernen. Dann werden wir das Binomialmodell behandeln. Auch bei diesem Modell folgt der Aktienkurs einer diskreten Verteilung und auch dieses Modell ist zeitdiskret mit n Perioden. Lässt man die n-Perioden gegen einen kontinuierlichen Zeitverlauf mit unendlich vielen Subperioden konvergieren, dann erhält man als Grenzwert des Binomialmodells das Modell von Black & Scholes, das eine relativ gute Annäherung an die tatsächlichen fairen Preise liefert. So ganz schlecht kann das Modell von Black & Scholes nicht sein, schließlich wurde Myron Scholes für das Modell 1997 mit dem Nobelpreis ausgezeichnet. Fischer Black hat die Ehrung leider nicht mehr erlebt, da er zwei Jahre zuvor starb.

3.5.1 Kaufoptionsbewertung bei Bernoulli-Verteilung

Die folgenden Überlegungen basieren auf den folgenden Annahmen:

- Die Wertpapiere sind beliebig teilbar.
- Keine Transaktionskosten.
- Der sichere Zins ist konstant und für alle Marktteilnehmer einheitlich.
- Es herrscht Arbitragefreiheit.

Der faire Preis einer Option lässt sich unter den getroffenen Annahmen mit Hilfe des „No-Arbitrage-Prinzips" bestimmen. Dazu konstruiert man ein Portfolio, das die gleichen Payoffs (Rückflüsse) wie die zu bewertende Option liefert, indem man das Underlying der Option kauft und einen Kredit aufnimmt. Auf arbitragefreien Märkten entspricht der Preis der Option dem Preis des Äquivalenzportfolios, da es sich bei den beiden Positionen, Option und Duplikationsportfolio, um gleichwertige also äquivalente Positionen handelt.

Das Duplikationsportfolio liefert zum Ausübungszeitpunkt $t = 1$ die gleichen Payoffs wie die zu bewertenden Kaufoption und sollte deshalb in $t = 0$ den gleichen Preis haben.

Der einfachste Fall einer Aktienkursentwicklung ist eine Zwei-Punkt-Verteilung in $t = 1$. Wir nehmen an, dass der Aktienkurs in $t = 1$ lediglich zwei Werte annehmen kann.

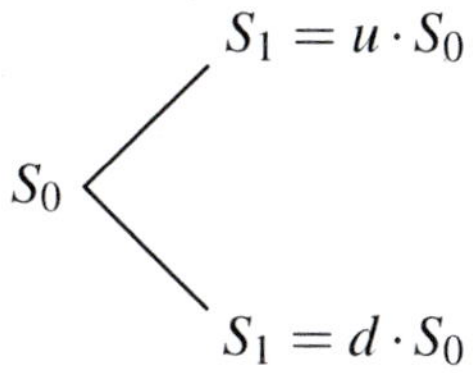

Für den Kreditzinssatz r, den wir hier als Bruttozinssatz angeben, gilt: $d < r < u$. Andernfalls wäre entweder die sichere Anlage oder der Aktienkauf eine dominante Position.

Unser Ziel besteht zunächst in der Konstruktion eines Duplikationsportfolios für einen europäischen Call. Er soll einen Exercise-Preis von E haben. Zur Veranschaulichung betrachten wir das folgende Zahlenbeispiel:

- $S_0 = 100$ Euro
- $E = 120$ Euro
- $u = 1,4$
- $d = 1,05$
- $r = 1,10$

Der Aktienkurs S_1 zum Ausübungszeitpunkt der Kaufoption kann also die Werte $uS_0 = 140$ Euro und $dS_0 = 105$ Euro annehmen. Der Optionshalter wird im Falle des hohen Aktienkurses seine Option ausüben und eine Zahlung in Höhe von

$$c_u = 140\ € - 120\ € = 20\ €$$

erhalten. Im Falle des niedrigen Aktienkurses wird er seine Option verfallen lassen und folglich lediglich eine Zahlung von $c_d = 0$ erhalten. Diese beiden Optionsendwerte sollen jetzt mit Hilfe eines Duplikationsportfolios aus a Aktien und einer Kreditaufnahme in Höhe von b Euro repliziert werden:

(1) $a \cdot u \cdot S_0 + r \cdot b = c_u$

(2) $a \cdot d \cdot S_0 + r \cdot b = c_d$

Wir subtrahieren von der ersten die zweite Gleichung:

$$a(u \cdot S_0 - d \cdot S_0) = c_u - c_d$$

Die Gleichung wird nach der Aktienanzahl a im Duplikationsportfolio aufgelöst:

$$a = \frac{c_u - c_d}{(u-d)S_0}$$

Den Term für a setzen wir jetzt in die obige Gleichung (1) ein:

$$\left(\frac{c_u - c_d}{(u-d)S_0}\right)uS_0 + rb = c_u$$

Wir multiplizieren auf beiden Seiten mit $(u-d)$. Der Aktienkurs S_0 kürzt sich raus.

$$(c_u - c_d)u + (u-d)rb = c_u(u-d)$$

$$(u-d)rb = c_u(u-d) - (c_u - c_d)u$$

$$b = \frac{uc_d - dc_u}{(u-d)\cdot r}$$

In unserem Zahlenbeispiel setzt sich das Äquivalenzportfolio folgendermaßen zusammen:

$$a = \frac{20}{(1,4-1,05)\cdot 100} = 0,571428$$

$$b = \frac{0 - 20\cdot 1,05}{(1,4-1,05)\cdot 1,1} = -54,545454$$

Hier erkennt man, wofür wir die Annahme benötigen, dass Wertpapiere beliebig teilbar sind. In unserem Äquivalenzportfolio befindet sich nämlich mit $a = 0,57$ etwas mehr als eine halbe Aktie. Der Geldbetrag b in unserem Duplikationsportfolio ist IMMER negativ, da sich im Duplikationsportfolio neben Aktien auch ein KREDIT befindet.

Im Fall des hohen Aktienkurses von 140 Euro erhalten wir durch Verkauf unserer 0,57 Aktien : $0,57\cdot 140$ € = 80 €. Ausserdem müssen wir den Kredit in Höhe von $54,54$ € mit $r = 10$ % verzinst zurückzahlen: $1,1\cdot 54,54$ Euro = 60 Euro. Bei einem hohen Aktienkurs ist unser Duplikationsportfolio 80 € – 60 € = 20 € wert. Das ist ja genauso viel, wie wir bekommen, wenn wir die Kaufoption mit einem Strike von 120 Euro ausüben: 140 € – 120 € = 20 €.

Sollte der Aktienkurs jedoch nur bei 105 Euro landen, dann können wir durch den Verkauf der 0,57 Aktien nur die Schulden in Höhe von 60 Euro begleichen:

$$0,57 \cdot 105 \text{ €} - 1,1 \cdot 54,54 \text{ €} = 0$$

Es ist also tatsächlich so, dass das Duplikationsportfolio die gleichen Rückflüsse wie die Kaufoption liefert. Folglich sollte es bei Arbitragefreiheit auch den gleichen Preis haben! Aus diesem Grund ist der faire Preis c_0 für die Option mit $b < 0$ in $t = 0$:

$$c_0 = a \cdot S_0 + b$$

Der Preis der Option ist quasi das, was wir beim Zusammenstellen des Duplikationsportfolios aus eigener Tasche berappen müssen. Schließlich können wir einen Teil der a Aktien, die wir kaufen müssen, mit Hilfe des Kredits in Höhe von b bezahlen. Das, was darüber hinausgeht, ist der faire Preis für die Option.

Einsetzen ergibt:

$$c_0 = \frac{c_u - c_d}{(u-d)S_0} \cdot S_0 + \frac{uc_d - dc_u}{(u-d)r}$$

Wir kürzen beim ersten Term S_0, erweitern den Bruch mit r auf den Hauptnenner $(u-d)r$ und erhalten:

$$c_0 = \frac{r(c_u - c_d) + uc_d - dc_u}{(u-d)r}$$

Durch Umstellen im Zähler erhält man die Formel für den Preis des Calls zum Zeitpunkt $t = 0$, also vor der Fälligkeit!

$$c_0 = \frac{(r-d)c_u + (u-r)c_d}{(u-d)r}$$

Die Formel ist in dieser Form noch nicht besonders anschaulich. Eines sollte aber auffallen: Der Wert des Calls ist zwar von den Rückflüssen des Calls im guten und schlechten Zustand abhängig, allerdings nicht von den Eintrittswahrscheinlichkeiten der beiden Zustände.

Wie viel ist also unser Call im Zeitpunkt $t = 0$ wert? Einsetzen ergibt:

$$c_0 = \frac{(1,1 - 1,05) \cdot 20 + 0}{(1,4 - 1,05) \cdot 1,1} = 2,6 \text{ Euro}$$

Das hätten wir natürlich auch schneller mit den bereits bestimmten Wert von $a = 0,5714$ Aktien und $b = -54,54$ Euro bestimmen können:

$$c_0 = 100\,€ \cdot 0,5714 - 54,54\,€ = 2,6\,€$$

Wir können die Formel für den Optionspreis auch so umschreiben, dass es den Anschein hat, als ob sich der Optionswert als ein mit r abgezinster Erwartungswert ergibt:

$$c_0 = \frac{1}{r}\left(\underbrace{\frac{r-d}{u-d}}_{p^*} c_u + \underbrace{\frac{u-r}{u-d}}_{1-p^*} c_d\right)$$

Der gute Zustand mit dem hohen Optionsrückfluss c_u wird mit der folgenden „Wahrscheinlichkeit“ gewichtet:

$$p^* = \frac{r-d}{u-d}$$

Der schlechte Zustand mit niedrigem Aktien- und Callwert hat die Gegenwahrscheinlichkeit:

$$1 - p^* = 1 - \frac{r-d}{u-d} = \frac{u-d-r+d}{u-d} = \frac{u-r}{u-d}$$

Was sind das aber nun für Wahrscheinlichkeiten, die nicht gleich den Eintrittswahrscheinlichkeiten des guten bzw. des schlechten Zustandes sind?

Diese Wahrscheinlichkeiten werden risikoneutrale oder risikolose Wahrscheinlichkeiten genannt. Warum das so ist, erkennt man, wenn man den Erwartungswert des Aktienkurses $E(S_T)$ unter der Annahme berechnet, dass der gute Zustand mit der Wahrscheinlichkeit p^* und der schlechte Zustand mit der Wahrscheinlichkeit $1 - p^*$ eintritt:

$$E(S_T) = p^* \cdot uS_0 + (1 - p^*) \cdot dS_0$$

$$E(S_T) = \frac{r-d}{u-d} \cdot uS_0 + \frac{u-r}{u-d} \cdot dS_0$$

$$E(S_T) = S_0\left(\frac{ur - ud + ud - rd}{u-d}\right) = S_0\left(\frac{r(u-d)}{u-d}\right)$$

$$E(S_T) = r \cdot S_0$$

Unter Verwendung der risikolosen bzw. risikoneutralen Wahrscheinlichkeiten erbringt die Aktie also gerade eine erwartete Rendite, die so hoch ist wie der risikolose Zins. Das gleiche gilt selbstverständlich auch für die Kaufoption: Wenn man den erwarteten Callwert in $t = 1$ bestimmt und dazu nicht die tatsächlichen Eintrittswahrscheinlichkeiten, sondern die risikoneutralen Wahrscheinlichkeiten verwendet, dann erkennt man, dass der Call bezogen auf die risikoneutralen Wahrscheinlichkeiten eine erwartete Rendite in Höhe des risikolosen Zinses erbringt:

$$E(c_1) = p^* c_u + (1 - p^*) c_d = r_0 \cdot c_0$$

3.5.2 Das Binomialmodell

Bisher haben wir den Optionspreis bei nur zwei denkbaren Aktienkursen am Laufzeitende betrachtet. Der Aktienkurs folgte einer Bernoulli-Verteilung. Auf den ersten Blick erscheinen zwei mögliche Aktienkursen am Laufzeitende natürlich ein wenig dürftig, um damit die Realität angemessen zu approximieren. Erfreulicherweise kann das 2-Zustandsmodell sinnvoll auf mehrere Perioden erweitert werden, so dass man zum Binomialmodell gelangt.

Das nachfolgende Binomialmodell wurde von den Wirtschaftswissenschaftlern Cox, Ross und Rubinstein entwickelt und im Jahre 1979 im Journal of Financial Economics (Band 7, Seite 229-263) unter dem Titel: „Options pricing: a simplified approach“ publiziert. Die Idee von Cox, Ross und Rubinstein ist eigentlich ziemlich simpel: Sie modellieren die reale Aktienkursentwicklung, indem sie viele kleine Bernoulli-Verteilungen hintereinander schalten. Das machen sie n mal, so dass sich die Laufzeit T in n Zeitintervalle der Länge T/n aufteilt.

Im Zeitpunkt $t = 0$ ist der Aktienkurs S_0. Wir setzen zunächst zur Veranschaulichung $T = 3$ und $n = 3$. Zu jedem Zeitpunkt kann der Aktienkurs entweder um den Faktor u (für up) steigen oder mit dem Faktor d (für down) fallen. Um sicher zu gehen, dass kein „Free Lunch“ erzielbar ist und auf den Kapitalmärkten Arbitragefreiheit herrscht, muss $d < r < u$ gelten!

In Abbildung 3.13 auf Seite 92 ist der vollständige Binomialbaum mit allen möglichen Aktienkursen zu den Zeitpunkten $t = 0, 1, 2$ und 3 dargestellt.

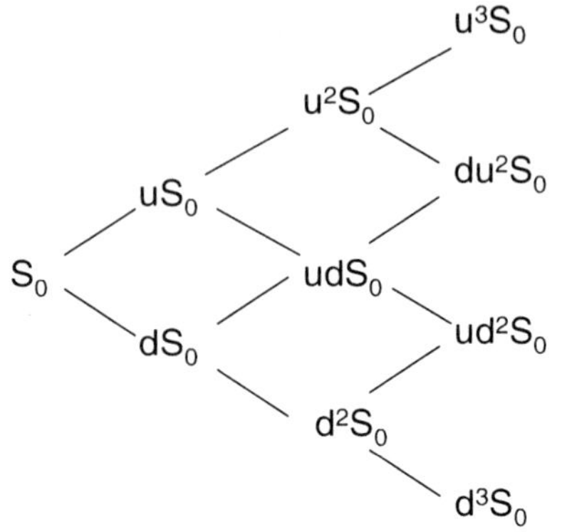

Abbildung 3.13: Baum möglicher Aktienkursentwicklungen

Wenn wir annehmen, dass der Up-Zustand mit einer Wahrscheinlichkeit p und der Down-Zustand jeweils mit $(1-p)$ eintreten kann, dann ergibt sich die in Abbildung 3.14 dargestellte Wahrscheinlichkeitsverteilung für den Aktienkurs in T.

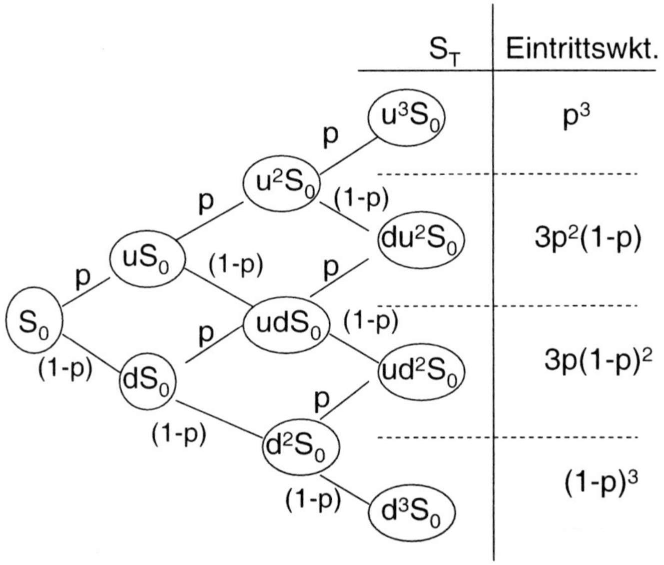

Abbildung 3.14: Aktienkursverteilung zum Ausübungszeitpunkt

In der Tabelle rechts in Abbildung 3.14 auf Seite 92 sieht man die möglichen Aktienkurse in T und ihre jeweiligen Eintrittswahrscheinlichkeiten. Die Eintrittswahrscheinlichkeiten müssen in Summe eins ergeben. Denn einer der vier Kurse wird sich in T einstellen.

Da es bei jeder „Ziehung“ immer nur zwei mögliche Ausgänge gibt, die - wie wir annehmen - auch noch unabhängig voneinander sein sollen, ähnelt das Ganze ein wenig dem wiederholten Münzwurf! Der Aktienkurs S_T folgt einer Binomialverteilung. Es gilt:

$$P\left(S_T = u^k d^{n-k} S_0\right) = \binom{n}{k} p^k (1-p)^{n-k}$$

k soll dabei die Anzahl der Aufwärtsbewegungen sein. Als kleiner Tipp sei noch angemerkt, dass man die große Klammer mit n und k als „n über k“ liest und auf die folgende Weise rechnet:

$$\binom{n}{k} = \frac{n!}{(n-k)! \cdot k!}$$

Wir betrachten den Fall, dass der Aktienkurs drei Mal in Folge gefallen ist. Dann stellt sich in T ein Kurs von $S_T = d^3 S_0$ ein. Die Eintrittswahrscheinlichkeit für diesen Kurs bestimmen wir mit Hilfe der folgenden Rechnung:

$$P\left(S_T = d^3 S_0\right) = \binom{3}{0} p^0 (1-p)^{3-0} = (1-p)^3$$

Das ist genau die Wahrscheinlichkeit, die wir weiter oben im Binomialbaum „per Hand“ ausgerechnet hatten!

Jetzt verfügen wir über das nötige Rüstzeug, um uns die Optionspreisentwicklung entlang des Binomialbaumes anzuschauen. Am Besten machen wir das anhand eines Zahlenbeispiels! Betrachtet werden soll ein Call mit einem Strike von 102 Euro. Der aktuelle Aktienkurs beträgt 100 Euro, folglich ist die Option in $t = 0$ aus dem Geld. Es werden $n = 3$ Subperioden betrachtet und es gilt: $u = 1,10$, $r = 1,01$ und $d = 0,95$. Zum Ausübungszeitpunkt entspricht der Optionswert seinem inneren Wert!

Um den Wert des Calls während der Laufzeit zu bestimmen, müssen wir den Binomialbaum rückwärts abarbeiten. Die grundsätzliche Vorgehensweise verdeutlichen wir uns, indem wir rechts oben beginnen.

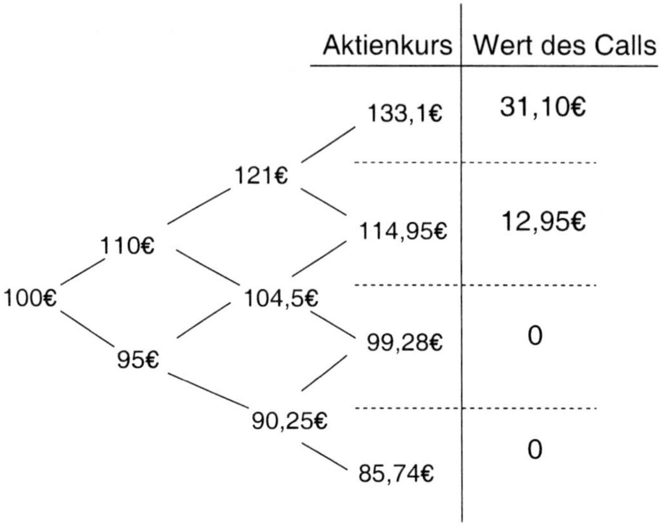

Abbildung 3.15: Wert des Calls in Abhängigkeit vom eintretenden Zustand

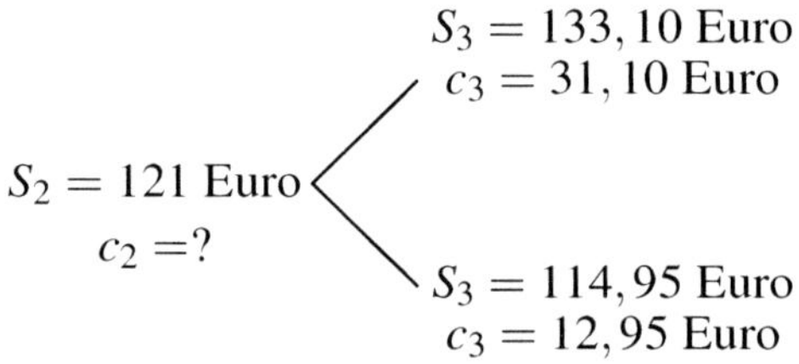

Der Ausschnitt des Binomialbaumes ist nichts anderes als ein kleines 2-Zeitpunkts-2-Zustands-Modell. Mit dem weiter oben erarbeiteten Wissen können wir nun den Optionswert in diesem Knoten bestimmen. Falls das No-Arbitrage-Prinzip erfüllt ist, kann man die Rückflüsse der Option mit Hilfe von

$$\frac{c_u - c_d}{(u-d)S_2}$$

Aktien und einer Kreditaufnahme in Höhe von:

$$\frac{u \cdot c_d - d \cdot c_u}{(u-d)r}$$

replizieren. Der Call im Knoten muss den gleichen Preis wie dieses Äquivalenzportfolio haben. Alternativ hatten wir den Wert des Calls weiter oben mithilfe der

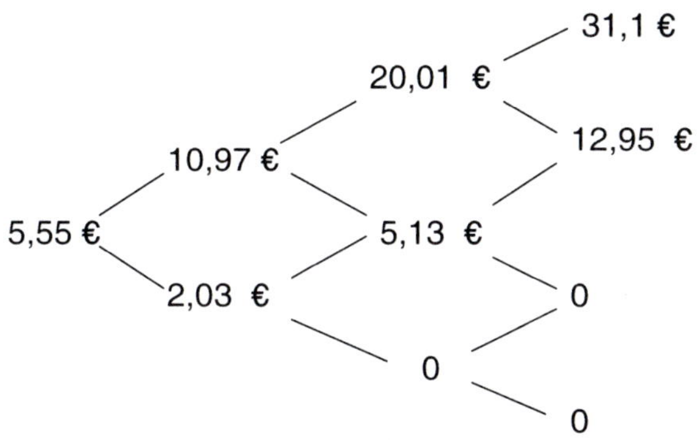

Abbildung 3.16: Ausgefüllter Callpreis-Baum

risikolosen Wahrscheinlichkeiten ausgedrückt:

$$c_2 = \frac{1}{r}\left(p^* c_u + (1-p^*)c_d\right)$$

Wenn wir die risikolosen Wahrscheinlichkeiten einsetzen, sieht der Term folgendermaßen aus:

$$c_2 = \frac{1}{r}\left(\frac{r-d}{u-d}c_u + \frac{u-r}{u-d}c_d\right)$$

Die risikolose Wahrscheinlichkeit für den Up-Zustand beträgt:

$$p^* = \frac{r-d}{u-d} = \frac{1,01-0,95}{1,10-0,95} = 0,4$$

und für den Down-Zustand folglich:

$$q^* = 1-p^* = \frac{u-r}{u-d} = \frac{1,10-1,01}{1,10-0,95} = 0,6$$

Mit den risikolosen Wahrscheinlichkeiten können wir c_2 elegant berechnen:

$$c_2 = \frac{1}{1,01}\left(0,4 \cdot 31,1 + 0,6 \cdot 12,95\right) = 20,0099\ €$$

Jetzt haben wir alle benötigten Informationen, um den Binomialbaum komplett auszufüllen (Siehe Abbildung 3.16 auf Seite 95). Es ergibt sich in $t = 0$ ein Callpreis von 5,55 Euro! Da der innere Wert null ist, besteht der Optionswert nur aus dem Zeitwert! Außerdem liegt der Wert der Option in $t = 0$ noch ca. $4,55$ € über der unteren Preisschranke für europäische und amerikanische Calls:

$$Max[0; 100 - 102/1,01^3] = 0,9998 \text{ €}$$

Nachdem wir uns das grundsätzliche Bewertungsprinzip verdeutlicht haben, können wir nun im nächsten Schritt die allgemeine Bewertungsformel aufstellen! Stellen wir zunächst den Binomialbaum für $n = 2$ auf:

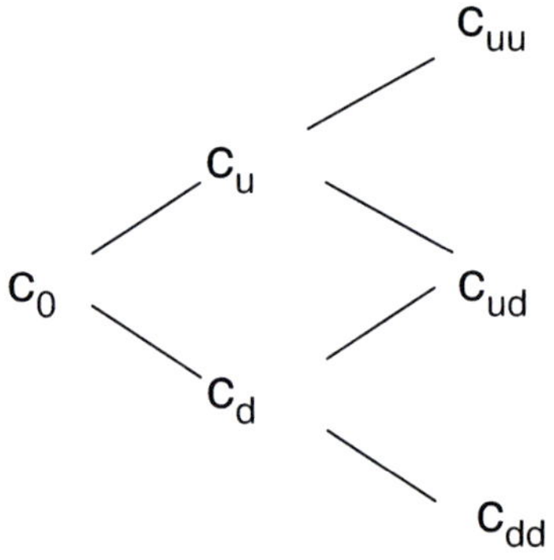

Abbildung 3.17: Callpreis-Baum

Sie haben sich bestimmt schon gefragt, warum wir weiter oben bei dem Binomialbaum mit Eintrittswahrscheinlichkeiten gearbeitet haben. Schließlich erfolgt die Bewertung des Calls doch unabhängig von den Eintrittswahrscheinlichkeiten des Up- und des Down-Zustandes! Das liegt daran, dass wir für die Bestimmung des Optionswertes auf die risikolosen bzw. risikoneutralen Wahrscheinlichkeiten zurückgreifen können.

Wir beginnen bei der rekursiven Bestimmung von c_0 rechts oben im Binomial-Baum in Abbildung 3.17 auf der vorangegangenen Seite und bestimmen c_u:

$$c_u = \frac{1}{r}\left(p^* c_{uu} + q^* c_{ud}\right)$$

und arbeiten uns dann weiter vor:

$$c_d = \frac{1}{r}\left(p^* c_{ud} + q^* c_{dd}\right)$$

Jetzt können wir c_0 bestimmen:

$$c_0 = \frac{1}{r}\left(p^* c_u + q^* c_d\right)$$

Wir setzen c_u und c_d ein und erhalten:

$$c_0 = \frac{1}{r}\left(p^* \frac{1}{r}(p^* c_{uu} + q^* c_{ud}) + q^* \frac{1}{r}(p^* c_{ud} + q^* c_{dd})\right)$$

Um das Ganze zu vereinfachen, klammern wir den Bruch mit dem risikolosen Zins aus und fassen die übrigen Terme zusammen:

$$c_0 = \frac{1}{r^2}\left(p^{*2} \cdot c_{uu} + 2p^* q^* c_{ud} + q^{*2} \cdot c_{dd}\right)$$

Jeder mögliche Endwert der Option (im Beispiel sind es: c_{uu}, c_{ud} und c_{dd}) wird mit der durch die Binomialverteilung für diesen Optionswert bestimmten Wahrscheinlichkeit gewichtet! Dazu werden statt den tatsächlichen Eintrittswahrscheinlichkeiten die risikolosen Wahrscheinlichkeiten verwendet! Die mit ihrer Wahrscheinlichkeit gewichteten Endwerte werden summiert, so dass man eine auf den risikolosen Wahrscheinlichkeiten basierenden Erwartungswert erhält. Der auf diesem Wege bestimmte Erwartungswert wird mit dem sicheren Bruttozins über die n Perioden diskontiert! Die Binomialverteilung liefert beispielsweise für eine Aufwärts- und eine Abwärtsbewegung (Reihenfolge egal) die risikolose Wahrscheinlichkeit von $2q^* \cdot p^*$. Mit dieser Wahrscheinlichkeit wird der Callpreis c_{ud} gewichtet. Für zwei Abwärtsbewegung liefert die Binomialverteilung $q^{*2} = (1 - p^*)^2$. Damit wird bei der „Erwartungswertbildung" c_{dd} gewichtet, etc.

Wenn wir die Formel für den Optionswert allgemein formulieren, erhalten wir:

$$c_0 = \frac{1}{r^n} \sum_{k=0}^{n} \binom{n}{k} (p^*)^k \cdot (q^*)^{n-k} \cdot c_{u^k d^{n-k}}$$

k ist dabei die Zahl der Aufwärtsbewegungen. Um das Ganze zu einem Ende zu bringen, stellt sich die Frage, wie viel der jeweilige Optionsendwert schlussendlich beträgt. Die Antwort lautet:

$$c_{u^k d^{n-k}} = \begin{cases} u^k d^{n-k} S_0 - E & \text{wenn } u^k d^{n-k} S_0 > E \\ 0 & \text{wenn } u^k d^{n-k} S_0 < E \end{cases}$$

Wir suchen nun den kritischen Wert a für die benötigte Anzahl von Aufwärtsbewegungen, ab dem der Endwert des Underlying zum Ausübungszeitpunkt T tatsächlich größer als der Ausübungspreis E ist:

$$a = Min\left[k : u^k d^{n-k} S_0 > E\right]$$

Der gesuchte Wert a entspricht der minimalen Anzahl an Aufwärtsbewegungen k, für die gerade noch gilt:

$$\left(\frac{u}{d}\right)^k d^n S_0 \geq E$$

Um den kritischen Wert $k = a$ zu bestimmen, logarithmieren wir die (Un-)Gleichung und erhalten:

$$a \cdot ln\left(\frac{u}{d}\right) + ln(d^n S_0) \geq ln(E)$$

Auflösen nach a ergibt:

$$a \geq \frac{ln\left(\frac{E}{d^n S_0}\right)}{ln\left(\frac{u}{d}\right)} > a - 1$$

Bei a muss es sich um eine ganze Zahl handeln. Sollte a keine ganze Zahl sein, dann nimmt man die nächst größere ganze Zahl! Da alle Optionsendwerte, für die $k < a$ gilt, in T nichts wert sind, müssen wir sie bei der Erwartungswertbildung nicht berücksichtigen. Wir summieren daher nur noch von $k = a$ bis zur Anzahl der Subperioden n auf:

$$c_0 = \frac{1}{r^n} \sum_{k=a}^{n} \binom{n}{k} \left(p^*\right)^k \cdot \left(q^*\right)^{n-k} \cdot \left(u^k d^{n-k} S_0 - E\right)$$

Was nun folgt, sind ein paar kleinere Umformungen, um die Bewertungsgleichung in die normalerweise verwendete Form umzuschreiben. Das machen wir u. a. deshalb, damit Sie später besser erkennen können, dass die Bewertungsformel des Binomialmodels in ihrer Struktur der Formel von Black und Scholes entspricht. Tatsächlich kann man sogar zeigen, dass für $n \to \infty$ die beiden Formeln ineinander übergehen!

Wir multiplizieren in die letzte Klammer und spalten das Ganze so auf, dass sich die folgende Differenz bildet:

$$c_0 = \frac{1}{r^n} \sum_{k=a}^{n} \binom{n}{k} \left(p^*\right)^k \cdot \left(q^*\right)^{n-k} \cdot u^k d^{n-k} \cdot S_0 - \frac{1}{r^n} \sum_{k=a}^{n} \binom{n}{k} \left(p^*\right)^k \cdot \left(q^*\right)^{n-k} \cdot E$$

Bei dem linken Term ziehen wir den Diskontierungsfaktor in die Summe! Dabei bedienen wir uns eines kleinen „Rechentricks", weil folgender Zusammenhang gilt:

$$\frac{1}{r^n} = \frac{1}{r^{n-k} r^k}$$

Außerdem fassen wir alle Terme hoch n und hoch $n-k$ zusammen und S_0 wird aus der Summe herausgezogen. Bei dem rechten Term ziehen wir den Ausübungspreis aus der Summe:

$$c_0 = \left[\sum_{k=a}^{n} \binom{n}{k} \left(\frac{p^* u}{r}\right)^k \cdot \left(\frac{q^* d}{r}\right)^{n-k}\right] S_0 - \left[\sum_{k=a}^{n} \binom{n}{k} \left(p^*\right)^k \cdot \left(q^*\right)^{n-k}\right] \frac{E}{r^n}$$

Die neugewonnenen Klammerterme in der Klammer vor S_0 nennt man Pseudowahrscheinlichkeiten. Wir schreiben für sie:

$$p' = \left(\frac{p^* u}{r}\right)$$

und

$$q' = \left(\frac{q^* d}{r}\right)$$

Ihre Summe ist 1. Aus Arbitragefreiheitsgründen muss gelten $d < r < u$. Die Formel für den Callpreis in $t = 0$ ergibt sich ausgedrückt mithilfe der Pseudowahrscheinlichkeiten zu:

$$c_0 = \left[\sum_{k=a}^{n} \binom{n}{k} \left(p'\right)^k \cdot \left(q'\right)^{n-k}\right] S_0 - \left[\sum_{k=a}^{n} \binom{n}{k} \left(p^*\right)^k \cdot \left(q^*\right)^{n-k}\right] \frac{E}{r^n}$$

E - Ausübungspreis

n - Anzahl der Perioden

c_0 - Wert des Calls in $t = 0$

S_0 - Aktienkurs in $t = 0$

a - Anzahl der Aufwärtsbewegungen, die mindestens notwendig sind, damit der Call in T im Geld ist.

Insgesamt ergibt sich der Optionswert als Differenz zwischen dem irgendwie gewichteten aktuellen Aktienkurs und dem auch irgendwie gewichteten sowie mit dem risikolosen Zins diskontierten Ausübungspreis. Der aktuelle Aktienkurs wird mit der Wahrscheinlichkeit dafür gewichtet, dass zum Ausübungszeitpunkt der Aktienkurs größer als der Ausübungspreis ist, wenn die Pseudowahrscheinlichkeit der Wahrscheinlichkeit für eine Aufwärtsbewegung um den Faktor u entspricht!

Beim zweiten Term wiederholt sich dieses Spiel. Nur mit den risikolosen Wahrscheinlichkeiten statt mit den Pseudowahrscheinlichkeiten. Der Barwert des Ausübungspreises wird mit der risikolosen Wahrscheinlichkeit dafür gewichtet, dass der Aktienkurs im Ausübungszeitpunkt über dem Strike liegt. Nur unter der Voraussetzung, dass in jeder Subperiode die Aufwärtsbewegung u mit p^* und die Abwärtsbewegung d mit der entsprechenden Gegenwahrscheinlichkeit auftritt.

Mit unserer Allzweckwaffe, der Put-Call-Parität, können wir relativ schnell anhand der Bewertungsformeln für den Call auch eine Formel für den Wert des europäischen Puts aufstellen. Mit

$$c_0 + \frac{E}{r^n} = p_0 + S_0$$

ergibt sich:

$$p_0 = \left[\sum_{k=0}^{a-1} \binom{n}{k} \left(p^*\right)^k \cdot \left(q^*\right)^{n-k}\right] \frac{E}{r^n} - \left[\sum_{k=0}^{a-1} \binom{n}{k} \left(p'\right)^k \left(q'\right)^{n-k}\right] S_0$$

Man beachte, dass die Summen jetzt nicht von a bis n, sondern von 0 bis $(a-1)$ laufen! Schließlich ist der Put zum Ausübungszeitpunkt nur dann etwas wert, wenn der Kurs des Underlying unterhalb des Ausübungspreises liegt!

3.5.3 Vom Binomialmodell zur Black-und-Scholes-Formel

Durch geschickte Wahl der Faktoren d und u und unter der Annahme, dass Auf- und Abwärtsbewegungen gleichwahrscheinlich sind, kann man zeigen, dass die Optionspreisformel des Binomialmodells beim Grenzübergang zu unendlich vielen Subperioden $n \to \infty$ gegen die Bewertungsformel des im folgenden Abschnitt thematisierten Black-und-Scholes-Modells konvergiert.[1] Im Rahmen des Black-und-Scholes-Modells wird unterstellt, dass die logarithmierte Aktienrendite einer Normalverteilung folgt. Aufgrund der Symmetrie der Normalverteilung muss man deshalb für den Beweis annehmen, dass Auf- und Abwärtsbewegungen gleichwahrscheinlich sind. Die Faktoren d und u wählt man folgendermaßen:

$$u_n = e^{\mu \frac{T}{n} + \sigma \sqrt{\frac{T}{n}}} \quad \text{und} \quad d_n = e^{\mu \frac{T}{n} - \sigma \sqrt{\frac{T}{n}}}$$

3.6 Das Black-und-Scholes-Modell

Das Black-und-Scholes-Modell basiert, wie bereits erwähnt, auf der Annahme, dass die logarithmischen Aktienrenditen normalverteilt sind. Deshalb werden wir uns in diesem Kapitel zunächst mit der Normalverteilung beschäftigen. Auf ihr basiert der Wiener-Prozess, der wiederum laut Black und Scholes die zufällige Komponente der Aktienrendite beschreibt.

Sobald man weiß, welchem Zufallsprozess die Aktienrenditen folgen, ist es möglich Aktienkursverläufe zu simulieren und Aussagen über die Verteilung zukünftiger Kurse zu treffen. Außerdem ist man in der Lage, den Wert von Optionen zu bestimmen.

3.6.1 Die Normalverteilung

Eine Normalverteilung mit $E(x) = \mu$ und $Var(x) = \sigma^2$ hat die folgende Dichte:

$$f(x) = \frac{1}{\sqrt{2\pi\sigma}} \cdot e^{-\frac{1}{2}\frac{(x-\mu)^2}{\sigma^2}}$$

1 Der ausführliche Beweis ist u. a. bei Adelmeyer und Warmuth (2003) aufgeführt.

Wenn man ausdrücken möchte, dass eine Zufallszahl normalverteilt ist, dann schreibt man:

$$x \sim N(\mu, \sigma^2)$$

Die Wahrscheinlichkeit, dass x innerhalb eines bestimmten Intervalls [a,b] liegt, ergibt sich als Fläche unter der Dichte in diesem Intervall. Wenn man zwei normalverteilte Zufallsgrößen addiert, dann ist die sich daraus ergebende neue Zufallsgröße ebenfalls normalverteilt. Außerdem kann man normalverteilte Zufallsvariablen - ähnlich wie den Nutzen (s. o.) - linear transformieren. Denn die transformierte Zufallsgröße ist ebenfalls normalverteilt. Wir transformieren die Zufallsvariable x mithilfe der folgenden Transformation:

$$y = \alpha \cdot x + \beta$$

Die beiden Parameter α und β sind Konstanten. Für die transformierte Zufallsvariable Y ergibt sich die folgende Normalverteilung:

$$y \sim N\left(\alpha\mu + \beta, (\alpha\sigma)^2\right)$$

Eine ganz besonders wichtige Normalverteilung ist die Standardnormalverteilung. Sie hat einen Erwartungswert von 0 und eine Standardabweichung sowie Varianz von 1. Mithilfe einer linearen Transformation kann man aus jeder normalverteilten Zufallsvariablen x eine standardnormalverteilte Größe z machen. Diesen Vorgang nennt man standardisieren. Mit unserem bisher erworbenen Wissen können wir uns nun die für die Standardisierung notwendigen Parameter selbst erschließen! Denn wir kennen ja den Erwartungswert und die Varianz, die sich nach der Transformation ergeben sollen. Die Standardisierung erfolgt mit den folgenden Werten:

$$\alpha = \frac{1}{\sigma} \quad \text{und} \quad \beta = -\frac{\mu}{\sigma}$$

Daraus folgt für die transformierte Größe z:

$$z \sim N\left(\frac{1}{\sigma}\mu - \frac{\mu}{\sigma}, \left(\frac{\sigma}{\sigma}\right)^2\right) = N(0,1)$$

Falls eine Zufallsgröße normalverteilt ist, dann erhält man durch Standardisieren die Zufallsvariable z. Sie ist standardnormalverteilt. In der Vor-Computer-Ära war die Standardnormalverteilung deshalb so bedeutsam, weil die Verteilungsfunktion $F(z)$ in jeder gut sortierten Formelsammlung als Tabelle vorlag. Wenn man also für einen bestimmten z-Wert die Wahrscheinlichkeit bestimmen wollte, dass dieser Wert unterschritten wird, musste man nur einen Blick in die Tabelle werfen. (Auf Seite 203 ist eine solche Tabelle aufgeführt.) Heutzutage liefert Excel mit dem Befehl NORMVERT$(x;\mu;\sigma;1)$ den Wert der Verteilungsfunktion an der Stelle x für jede beliebige Normalverteilung! Mithilfe des Excel-Befehls werden wir nun die Wahrscheinlichkeiten dafür bestimmen, dass eine normalverteilte Größe innerhalb bestimmter Intervalle, den so genannten K-Intervallen, liegt. Als K-Intervalle werden die folgenden Intervalle bezeichnet:

$$[\mu - k\sigma, \mu + k\sigma]$$

Die Wahrscheinlichkeit, mit der eine normalverteilte Größe innerhalb eines K-Intervalls liegt, ist unabhängig vom Erwartungswert und der Standardabweichung der jeweiligen Normalverteilung. Als erstes berechnen wir die Wahrscheinlichkeit dafür, dass eine normalverteilte Größe x innerhalb des $K = 1$ Intervalls liegt:

$$P(\mu - \sigma < x < \mu + \sigma) = NORMVERT(4;2;2;1) - NORMVERT(0;2;2;1) = 0,683$$

Die gesuchte Wahrscheinlichkeit beträgt $68,26\ \%$! Das bedeutet, dass bei jeder normalverteilten Größe die Wahrscheinlichkeit dafür, dass die tatsächliche Ausprägung der Zufallsgröße innerhalb eines Intervalls von der Länge der zweifachen Standardabweichung um den Erwartungswert liegt, stets $68,26\ \%$ ist. Für $K = 2$ beträgt die Wahrscheinlichkeit $95,44\ \%$ und bei $K = 3$ sind es bereits $99,74\ \%$! Das ist ein sehr hoher Wert! Deshalb könnte man sich fast dazu hinreißen lassen zu sagen, dass es so gut wie sicher ist, dass sich eine normalverteilte Größe innerhalb des $K = 3$ Intervalls befindet!

3.6.2 Der Wiener-Prozess

Der aus Schottland stammende Botaniker Robert Brown (1773 - 1858) stellte im Jahre 1827 fest, dass Pollen in einem Wassertropfen merkwürdig zuckende Bewegungen machen. Ihm zu Ehren wurde diese zufällige Eigenbewegung von Teilchen Brownsche Bewegung genannt. Sie ist auf die zufällige Kollisionen der Pollen mit den thermisch bewegten Wassermolekülen zurückzuführen. Erst im Jahr 1923 konnte der Amerikaner Norbert Wiener die zufällige Irrfahrt der Teilchen im Wassertropfen mathematisch modellieren. Ihre Bewegung folgt - bezogen sowohl auf die X- als auch auf die Y-Achse - einem nach Norbert Wiener benannten Zufallsprozess: Dem Wiener-Prozess.

Um sich die Eigenschaften des Wiener-Prozesses zu verdeutlichen, genügt es, nur eine Koordinatenachse zu betrachten. Der Wiener Prozess beschreibt die Position des Teilchens auf der betrachteten Achse in Abhängigkeit von der Zeit t. Als Startpunkt legen wir die Koordinate $w_0 = 0$ auf der X-Achse fest. Die Differenz $w_t - w_s$ ist eine normalverteilte Zufallsgröße mit einem Erwartungswert von null und einer Varianz von $\sigma^2 = t - s$:

$$(w_t - w_s) \sim N(0, t - s)$$

Das bedeutet, dass, wenn $s = 0$ und $t = 1$ ist, die Position des Teilchens bezogen auf die X-Achse einer Standardnormalverteilung folgt. Die Änderung der Position nennt man „Zuwachs“. Der Zuwachs kann sowohl positiv als auch negativ sein. Für jedes Zeitintervall der Länge t ist er eine normalverteilte Größe mit einem Erwartungswert von null und einer Varianz von t. Die Änderung der Position des Teilchens ist unabhängig davon, wo sich das Teilchen befindet. Man kann nur sagen, dass es sich Δt später mit einer Wahrscheinlichkeit von 95,5 % im Intervall

$$\left[x - 2\sqrt{\Delta t}; x + 2\sqrt{\Delta t}\right]$$

befindet.

3.6.3 Das Modell von Black und Scholes für den Aktienkurs

Für die Bewertung von Optionen muss man stets eine Annahme über den dem Underlying - hier ist es der Aktienkurs - zu Grunde liegenden Zufallsprozess treffen. Deshalb wird zunächst das Modell von Black und Scholes für den Aktienkursprozess vorgestellt. Black und Scholes verwenden dabei logarithmierte Renditen.

Wenn man den Betrag K_0 risikolos zu einem festen Bruttozinssatz anlegt, dann gilt für den Endwert:

$$K_t = K_0 \cdot r^t$$

Für die logarithmierte erwartete Rendite bedeutet das:

$$ln\left(\frac{E(K_t)}{K_0}\right) = E\left(ln(r)\right)t = \mu t$$

Für kleine Kursänderungen entsprechen die logarithmierten Renditen in etwa den einfachen Renditen. Für die logarithmierte Rendite einer Aktie gilt:

$$R_t = ln\left(\frac{S_t}{S_0}\right)$$

S_t - Aktienkurs in t

Ein nicht zu unterschätzender Vorteil bei der Verwendung logarithmierter Renditen besteht darin, dass man sie addieren kann:

$$R_{t+\Delta t} = R_t + R_{\Delta t}$$

Da der Kurs der Aktie zufällig ist, folgt auch die Aktienrendite einem Zufallsprozess. Black und Scholes treffen die Annahme, dass sich die Aktienrendite aus einer deterministischen Komponente und einem zufälligen Anteil zusammensetzt. Die zufällige Renditekomponente modellieren sie als einen Wiener-Prozess, der mit der Standardabweichung skaliert wird. Für den Renditeprozess R_t gilt:

$$R_t = \mu \cdot t + \sigma \cdot W_t$$

zufälliger Anteil (mithilfe d. Wiener Prozess)

Der Erwartungswert μ gibt die erwartete logarithmierte Rendite für die Zeiteinheit $t = 1$ ein. Für sie wird in der Finanzmathematik gerne 1 Jahr genommen. Aus der Gleichung für die Aktienrendite erkennt man, dass es sich dabei um eine lineare Funktion von W_t handelt. Das bedeutet, dass die logarithmierte Aktienrendite selbst eine lineare Transformation von W_t ist. Folglich ist auch sie normalverteilt:

$$R_t \sim N(\mu t, \sigma^2 t)$$

Den Parameter μ nennt man Drift und σ heißt Volatilität. Für den Zeitraum t beträgt die Standardabweichung der logarithmierten Rendite $\sigma\sqrt{t}$. Über die Rendite ergibt sich der Aktienkurs zum Zeitpunkt t zu:

$$S_t = S_0 \cdot e^{ln(\frac{S_t}{S_0})} = S_0 \cdot e^{R_t}$$

Aktienkurs

Da R_t normalverteilt ist, folgt für den Aktienkurs, dass er einer Log-Normalverteilung folgt. Die Dichten von R_t und die daraus resultierende Dichte S_t sind in der folgenden Abbildung dargestellt:

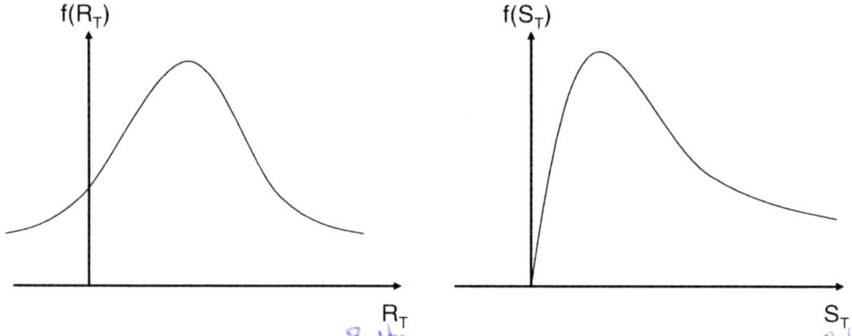

Abbildung 3.18: Dichte der Rendite R_T und des Aktienkurses S_T in T (Adelmeyer und Warmuth (2003), S. 75)

Bei den Abbildungen wurde von einer positiven erwarteten logarithmierten Aktienrendite ausgegangen. Da der Aktienkurs einer Log-Normalverteilung folgt, ergibt sich der in t erwartete Aktienkurs zu:

$$E(S_t) = S_0 \cdot e^{(\mu + \frac{\sigma^2}{2})t}$$

3.6.4 Aktienkurssimulation

Mit dem bisher erworbenen Wissen sind wir in der Lage, Aktienkursverläufe mit Excel zu simulieren. Das wollen wir jetzt für die Bayer Inhaberaktie zu Übungszwecken einmal durchspielen. Am 4.9.2007 betrug der Aktienkurs der Bayer-Aktie 51,61 Euro. Die Analysten der WestLB gaben ein 1-Jahres Kursziel von 63,50 Euro an. Mit Hilfe dieser fachkundigen Einschätzung gelingt es uns, die erwartete logarithmierte Rendite - also den Drift - bezogen auf ein Jahr zu schätzen:

$$\mu_{Jahr} = ln\left(\frac{63,50}{57,61}\right) = 0,0973437$$

In der Praxis sollte man tunlichst die Finger davon lassen, erwartete Renditen mit Hilfe von Kurszielen zu schätzen. Denn die Vorhersagen der Analysten haben in der Regel eine sehr niedrige Güte. Häufig stellen sich lediglich Korrelationen zwischen dem Kursziel und dem tatsächlichen Kurs von 5 % – 10 % ein! Man sollte also andere Mittel und Wege finden, um die erwartete Rendite zu schätzen. Davon lassen wir uns an dieser Stelle allerdings nicht abhalten und tun es dennoch.

Da man in der Regel von 250 Börsentagen im Jahr ausgeht, ergibt sich eine erwartete logarithmierte Tagesrendite von:

$$\mu_{Tag} = \frac{0,0973437}{250} = 0,00039$$

Die Volatilität schätzen wir mit der historischen 250-Tage-Volatilität $\sigma = 0,2272$. Damit ergibt sich für einen Tag:

$$\sigma = \frac{0,2272}{\sqrt{250}} = 0,01437$$

Jetzt haben wir fast alles zusammen, was wir benötigen, um zukünftige logarithmierte Tagesrenditen R^K zu simulieren:

$$R^K = 0,00039 + 0,01437 \cdot z$$

Der zufällige Anteil der Rendite wird durch die standardnormalverteilte Größe z bestimmt. Sie wird in Excel mithilfe eines Zufallsgenerators für jeden Tag neu „ausgewürfelt". Wir werden eine Aktienkurssimulation für 10 Börsentage durchführen. Um in Excel standardnormalverteilte Zufallszahlen zu generieren, ruft man die folgende Befehlskette auf:

Extras/Analyse-Funktion/Zufallszahlengenerierung/Standard

Der Aktienkurs am K-ten Tag ergibt sich als Produkt aus dem Kurs des Vortages und der simulierten Tagesrendite:

$$S_K = S_{K-1} \cdot e^{R^K}$$

Unsere Simulation eines möglichen Aktienkursverlaufes der nächsten 10 Tage erbrachte das in Tabelle 3.1 auf Seite 108 dargestellte Ergebnis.

Nach 10 Tagen ergibt sich ein Aktienkurs von 50,94 Euro. Trotz des positiven Drifts ist der Aktienkurs gefallen. Um zu erkennen, dass der Aktienkurs S_{10} einer Log-Normalverteilung folgt, müsste man statt lediglich einen vielleicht 10.000 Simulationsläufe durchführen und würde dann an der Häufigkeitsverteilung der Simulationsergebnisse erkennen, dass sie einer Log-Normalverteilung sehr stark ähnelt!

Tag	S_t	z
0	51,61 €	
1	49,94 €	-2,4
2	51,04 €	1,49
3	51,49 €	0,59
4	52,63 €	1,49
5	52,05 €	-0,79
6	51,43 €	-0,87
7	51,77 €	0,43
8	52,72 €	1,24
9	51,44 €	-1,74
10	50,94 €	-0,70

Tabelle 3.1: Ergebnis einer Aktienkurssimmulation mit Excel

3.6.5 Die Black-und-Scholes-Formel

Jetzt wenden wir uns der Black-und-Scholes-Formel zu. Wie unterscheidet sie sich von dem bereits weiter oben eingeführten Binomialmodell? Eigentlich nur durch die Annahme über die Aktienkursverteilung. Und natürlich besteht ein entscheidender Unterschied darin, dass es sich bei dem Black-und-Scholes-Modell um ein zeitstetiges Modell handelt. Black und Scholes gehen davon aus, dass der Aktienkurs einem Random Walk folgt und die logarithmierten Aktienrenditen normalverteilt sind. Auch sie betrachten einen europäischen Call auf eine Aktie, auf die keine Dividende gezahlt wird. Die Black-und-Scholes-Formel lautet:

$$c_0 = S_0 \cdot N(d_1) - \left(\frac{1}{(1+i)^T}\right) E \cdot N(d_2)$$

bzw. mit dem logarithmiserten sicheren Zins $r = ln(1+i)$ ausgedrückt:

$$c_0 = S_0 \cdot N(d_1) - e^{-rT} E \cdot N(d_2)$$

$N(d_1)$ ist die Verteilungsfunktion der Standardnormalverteilung. Außerdem gilt für d_1:

$$d_1 = \frac{ln\left(\frac{S_0(1+i)^T}{E}\right) + \frac{\sigma^2}{2} T}{\sigma\sqrt{T}} = \frac{ln\left(\frac{S_0}{E}\right) + \left(r + \frac{\sigma^2}{2}\right) T}{\sigma\sqrt{T}}$$

und für d_2 gilt:

$$d_2 = d_1 - \sigma\sqrt{T}$$

Das können wir auch kompliziert schreiben:

$$d_2 = \frac{ln\left(\frac{S_0(1+i)^T}{E}\right) - \frac{\sigma^2}{2}T}{\sigma\sqrt{T}}$$

Der einzige Unterschied zum Ausdruck für d_1 besteht in dem Minus oben im Zähler! Die Parameter der Normalverteilung der logarithmierten Aktienrendite sind zum einen der Drift μ (der Erwartungswert) und die Streuung σ (die so genannte Volatilität). Der Drift μ erscheint nicht in der Formel für den Optionspreis. Dieses Fehlen der erwarteten logarithmierten Rendite μ ist vergleichbar mit dem Wegfallen der Eintrittswahrscheinlichkeiten für die Aufwärts- und für die Abwärtsbewegungen im Binomialmodell. Stattdessen wird im Binomialmodell mit risikolosen Wahrscheinlichkeiten gearbeitet. In Hinblick auf diese Wahrscheinlichkeitsverteilung hatte die Aktie dieselbe Rendite wie eine risikolose Anlage zum Zinssatz i. Der Effekt beim Black und Scholes Modell ist ähnlich: Die erwartete Rendite wird hier ersetzt durch den risikolosen Zinssatz i. Nur er geht in die Formel ein! Anhand der Formel für einen europäischen Call auf eine dividendenlose Aktie können wir mithilfe der Put-Call-Parität auch die Formel für den Preis eines europäischen Puts bestimmen. Die Put-Call-Parität lautet:

$$p_0 = c_0 - S_0 + \frac{E}{q^T}$$

Wir setzen die Formel für einen europäischen Call ein und erhalten:

$$p_0 = \left(S_0 \cdot N(d_1) - \frac{E}{q^T} \cdot N(d_2)\right) - S_0 + \frac{E}{q^T}$$

Das fassen wir noch ein wenig zusammen:

$$p_0 = -S_0(1 - N(d_1)) + \frac{E}{q^T}(1 - N(d_2))$$

Für die Verteilungsfunktion der Standardnormalverteilung gilt:

$$N(-x) = 1 - N(x)$$

Das setzen wir ein und erhalten:

$$p_0 = -S_0 N(-d_1) + \frac{1}{q^T} E \cdot N(-d_2)$$

Das ist die Formel für einen europäischen Put auf eine dividendenlose Aktie. Alternativ mit dem logarithmierten Zins r ausgedrückt, lautet sie:

$$p_0 = -S_0 N(-d_1) + e^{-rT} E \cdot N(-d_2)$$

3.6.6 Anmerkungen zum Black-und-Scholes-Modell

Das Black-und-Scholes-Modell ist sehr erfolgreich und wird von vielen Händlern zur Ermittlung des Optionspreises verwendet. Dieser Erfolg beruht wahrscheinlich auch darauf, dass der Optionspreis nur mit Hilfe eines zu schätzenden Parameters, nämlich der Volatilität der Aktienrendite, zu bestimmen ist. Alle anderen Einflussgrößen wie Aktienkurs, Ausübungspreis, Restlaufzeit etc. sind schließlich allgemein bekannt.

Für die Ermittlung des Optionspreises ist nicht die vergangene Streuung der Aktienrendite, sondern die zukünftige zu verwenden. Sie muss geschätzt werden. Andersherum kann mit Hilfe der Optionspreise auf die Streuungserwartungen der Marktteilnehmer zurückgeschlossen werden. Die so bestimmte Volatilität nennt man „implizite Volatilität“. Damit ist die auf Basis des aktuellen Optionspreises ermittelte Volatilitätserwartung des Marktes gemeint.

Ein Hauptproblem der Formel liegt in der Annahme des Aktienkursprozesses. Empirisch ist häufig zu beobachten, dass logarithmierte Aktienrenditen nicht normalverteilt sind, sondern einer anderen etwas spitzeren Dichtefunktion folgen. Diese Verteilung wird leptokurtisch genannt: Extreme Ausreißer - die bei Aktien häufiger auftreten - werden bei dieser Dichtefunktion durch so genannte „fat tails“ abgebildet. Sie ist an den Enden dicker und dafür in der Mitte spitzer, wie man in der Abbildung 3.19 auf Seite 111 erkennen kann.

Mittlerweile hat die Finanzmathematik große Fortschritte bei der Optionsbewertung gemacht. So gibt es neuere Ansätze, die nicht mehr wie noch Black und Scholes von einer konstanten Volatilität während der gesamten Laufzeit ausgehen. Vielmehr ist dort die Streuung selbst einem Zufallsprozess unterworfen und kann schwanken. Darauf werden wir weiter unten noch näher eingehen.

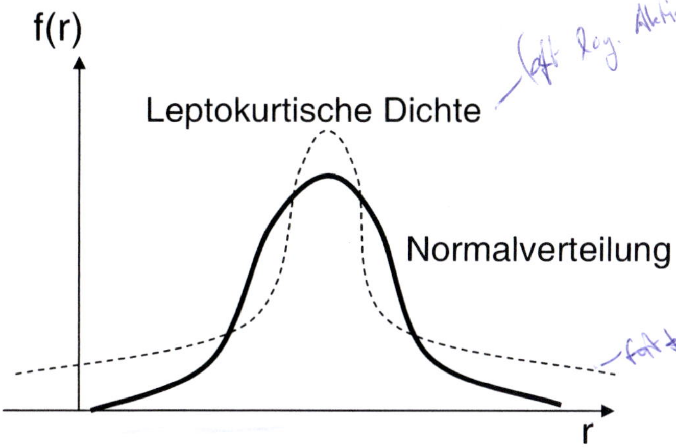

Abbildung 3.19: Leptokurtische Verteilung

Ein weiterer wichtiger Punkt sind mögliche Dividendenzahlungen während der Laufzeit. Denn die Formel, wie wir sie hier kennen gelernt haben, gilt nur für Aktien, auf die während der Restlaufzeit der Option keine Dividenden gezahlt werden! Modelle, die Dividendenzahlungen berücksichtigen, tun dies auf unterschiedliche Art und Weise. Denn auch die Dividende ist letztlich dem Zufall unterworfen und auch hier sind wieder Annahmen über den zu Grunde liegenden Zufallsprozess notwendig. Zudem kann die Bewertungsformel von Black und Scholes nicht unbedingt auf andere Basistitel wie Indizes, Zinsen oder Devisen übertragen werden, da dort unter Umständen andere Verteilungsannahmen sinnvoll sind.

3.7 Die Greeks

3.7.1 Das Delta der Kaufoption

Nachdem wir die Black-und-Scholes-Formel kennen gelernt haben, stellt sich die Frage, wie die einzelnen Bestimmungsfaktoren den Optionspreis beeinflussen. Hier kommen die so genannten Griechen ins Spiel. Dabei handelt es sich um partielle Ableitung der Black-und-Scholes-Formel für den Optionspreis. Sie zeigen, wie sich der Optionswert ändert, wenn nur ein einziger Einflussfaktoren - wie zum Beispiel der Aktienkurs - marginal schwankt, während alle anderen Bestimmungsfaktoren als konstant angenommen werden. Es handelt sich also um eine Ceteris-Paribus-Betrachtung. Die partielle Ableitung der Optionsprämie nach dem Aktienkurs nennt man Delta Δ. Beim Binomialmodell mit nur einer Periode entspricht Delta Δ der Aktienanzahl, die man im Äquivalenzportfolio zusammen mit der Kreditaufnahme halten musste, um die Option perfekt zu replizieren. Beim Binomialmodell müsste man in jedem Knoten eine andere Anzahl an Aktien halten, um die Option stets perfekt nachzubilden. Diese Replikation gelingt in der Realität nicht kostenneutral. Denn jeder Aktienkauf beziehungsweise Verkauf ist mit Transaktionskosten verbunden. Da Delta die Anzahl der Aktien im Äquivalenzportfolio widerspiegelt, nennt man Delta auch Hedgeratio.

Wenn wir einen Blick auf die Formel für den Preis eines Calls werfen:

$$c_0 = N(d_1)S_0 - Ee^{-rT}N(d_2) \tag{3.2}$$

drängt sich die Vermutung, dass für Delta gelten könnte:

$$\frac{\partial c_0}{\partial S_0} = \Delta = N(d_1)$$

Allerdings sind in Gleichung 3.2 auch d_1 und d_2 von S_0 abhänggig, so dass man sich dessen nicht sicher sein kann. Falls Sie die nun folgende mathematische Beweisführung nicht interessiert, lesen Sie bitte auf Seite 114 weiter.

Die Black-und-Scholes-Formel lautet:

$$c_0 = \underbrace{S_0 \cdot N(d_1)}_{A} - \underbrace{e^{-rT} \cdot E \cdot N(d_2)}_{B}$$

Das leiten wir nach dem aktuellen Kurs der Aktie ab. Bei Teil A müssen wir sowohl die Produktregel als auch die Kettenregel verwenden, da auch d_1 von dem Aktienkurs S_0 abhängt. Bei Teil B benötigen wir für die partielle Ableitung lediglich die Kettenregel.

$$c_0'(S_0) = S_0 N'(d_1) \cdot d_1'(S_0) + N(d_1) - e^{-rT} \cdot E \cdot N'(d_2) \cdot d_2'$$

Wir erinnern uns daran, dass d_1 durch den folgenden Ausdruck beschrieben wird:

$$d_1 = \frac{ln\left(\frac{S_0}{E}\right) + (r + \frac{\sigma^2}{2})T}{\sigma\sqrt{T}}$$

Das spalten wir auf in:

$$d_1 = \frac{ln\left(\frac{S}{E}\right)}{\sigma\sqrt{T}} + \frac{(r+0,5\sigma^2)}{\sigma\sqrt{T}}$$

Bei der partiellen Ableitung nach dem Aktienkurs fällt der zweite Bruch weg und wir erhalten unter Zuhilfenahme der Kettenregel:

$$d_1'(S_0) = \frac{1}{\sigma\sqrt{T}} \cdot \frac{1}{E} \cdot \frac{E}{S}$$

Da $d_2 = d_1 - \sigma\sqrt{T}$ gilt, ist uns sofort klar, dass

$$d_2'(S_0) = d_1'(S_0)$$

gilt. Jetzt benötigen wir nur noch die Dichtefunktion der Standardnormalverteilung:

$$f(x) = \frac{1}{\sqrt{2\pi}} \cdot e^{-\left(\frac{x^2}{2}\right)} = N'(x)$$

Es gilt mit $d_2 = d_1 - \sigma\sqrt{T}$:

$$N'(d_2) = \frac{1}{\sqrt{2\pi}} \cdot e^{-\frac{(d_1-\sigma\sqrt{T})^2}{2}}$$

Den Exponenten können wir umschreiben zu:

$$-\frac{(d_1-\sigma\sqrt{T})^2}{2} = -\frac{d_1^2}{2} + d_1\sigma\sqrt{T} - \frac{\sigma^2 T}{2}$$

Der erste Summand entspricht dem Exponenten in der Formel für $N'(d_1)$, so dass wir schreiben können:

$$N'(d_2) = N'(d_1) \cdot e^{\left(d_1\sigma\sqrt{T} - \frac{\sigma^2 T}{2}\right)}$$

Das ist immer noch ein wenig unhandlich, so dass wir den verbleibenden Exponenten noch einmal umformen zu:

$$d_1\sigma\sqrt{T} - \frac{\sigma^2 T}{2} = ln\left(\frac{S}{E}\right) + rT + \frac{\sigma^2 T}{2} - \frac{\sigma^2 T}{2}$$

Die letzten beiden Terme fallen weg und wir erhalten:

$$N'(d_2) = N'(d_1) \cdot e^{ln(\frac{S}{E})+rT} = N'(d_1) \cdot \frac{S}{E} \cdot e^{rT}$$

Jetzt gilt es, d_1', d_2' und $N'(d_2)$ in die Formel für $c'(S)$ einzusetzen.

$$c'(S_0) = \frac{1}{\sigma\sqrt{T}} N'(d_1) + N(d_1) - e^{-rT} E \cdot N'(d_1) \frac{S}{E} e^{rT} \frac{1}{\sigma\sqrt{T}S}$$

Es kürzen sich viele Terme weg und wir erhalten:

$$c'(S) = N(d_1) = \Delta$$

Das wollten wir beweisen. Delta entspricht der Ableitung des Optionspreises nach dem Aktienkurs und ist gleich $N(d_1)$, also stets positiv. An dem Vorzeichen von Delta erkennt man, ob der Optionspreis mit steigendem Aktienkurs steigt oder fällt, und am konkreten Wert für Delta erkennt man das Ausmaß der Reaktion.

3.7.2 Zusammenhang zwischen dem Delta der Verkaufsoption und dem Delta des Calls

Während Kaufoptionen ein Delta zwischen null und eins aufweisen, haben Verkaufsoptionen ein Delta im im Intervall [-1, 0]. Das Delta der Verkaufsoption ist[2]:

$$\Delta_{Put} = -N(-d_1)$$

Mit $N(-x) = 1 - N(x)$ ergibt sich für ausstattungsgleiche Kauf- und Verkaufsoptionen der folgende Zusammenhang zwischen dem Delta des Puts und dem Delta des Calls:

$$\begin{aligned} \Delta_{Put} &= -N(-d_1) \\ &= -(1 - N(d_1)) \\ &= N(d_1) - 1 \\ &= \Delta_{Call} - 1 \end{aligned}$$

2 Das Delta des Puts läßt sich mit der Put-Call-Parität herleiten.

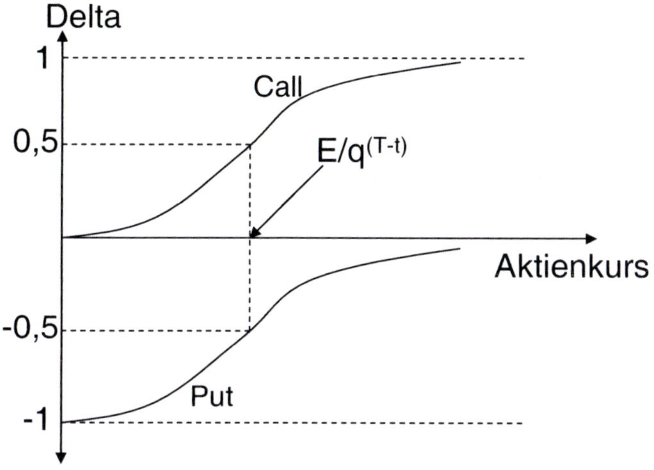

Abbildung 3.20: Beispielhafter Verlauf von Delta (HSBC (2007), S. 46)

Interessant ist natürlich auch noch die Höhe von Delta in Abhängigkeit des Verhältnisses von Strike und Aktienkurs (Siehe Abbildung 3.20). Denn das Delta der Verkaufsoptionen verhält sich entgegengesetzt zu dem der Kaufoptionen: Je weiter die Verkaufsoption im Geld liegt, desto niedriger ist bei ihr das ohnehin schon negative Delta. Bei Kaufoptionen gilt: Je weiter die Option im Geld notiert, desto höher ist das positive Delta. Wenn der Call sehr tief im Geld ist, dann ist Δ nahe 1. Beim Put nahe -1. Sollte der Call sehr tief aus dem Geld sein, dann ist das Hedge-Ratio ca. 0. Das gleiche gilt für einen Put, der sehr tief aus dem Geld ist.

3.7.3 Weitere Griechen

Neben Delta Δ gibt es noch Gamma Γ, Rho ρ, Theta Θ und Vega. Vega ist dabei die einzige Sensitivitätskennzahl, die KEIN griechischer Buchstabe ist. Beginnen wir mit Gamma. Gamma ist die zweite partielle Ableitung des Optionswertes nach dem Aktienkurs. Anders formuliert, gibt Gamma die Änderung des Hedgeratios bei einer marginalen Kursänderung an. Man nennt Gamma daher auch das Hedge-Risiko.

$$\Gamma = \Delta'(S_0)$$

Omega gibt die Kurs-Elastizität des Optionswertes an:

$$\Omega = \frac{\frac{\partial c}{c}}{\frac{\partial S}{S}} = c'(S) \cdot \frac{S}{c}$$

Omega ist also nichts anderes als:

$$\Omega = \Delta \cdot \frac{S_0}{c}$$

beziehungsweise:

$$\Omega \cdot c = \Delta \cdot S_0$$

Um eine Kaufoption mit dem Wert c nachzubilden, benötigt man im Äquivalenzportfolio Δ Aktien mit einem aktuellen Wert von S_0. Der zur Replikation des Calls in Aktien investierte Betrag entspricht gerade dem Omega-fachen des aktuellen Preises der Kaufoption!

Ein weiterer wichtiger Grieche ist Rho ρ. Er gibt die Wertänderung einer Option bei einer Zinssatzerhöhung an. Eine Erhöhung des Zinssatzes erhöht c. p. den Wert einer Kaufoption, jedoch senkt sie den Wert einer Verkaufsoption. Das sieht man an der Formel für ρ bei der Kaufoption:

$$\rho = c'(r) = T \cdot E \cdot e^{-rT} N(d_2) \geq 0$$

Für die Verkaufsoption gilt demgegenüber:

$$\rho = -T \cdot E \cdot e^{-rT} N(-d_2) \leq 0$$

Denn während man bei der Kaufoptionen bei einem höheren Zins höhere Zinserträge während der Laufzeit mit dem noch nicht gezahlten Ausübungspreis erzielen kann, verzichtet man bei der Verkaufsoption auf höhere Zinserträge auf den noch nicht erhaltenen Betrag $S - E$.

Theta θ gibt den Wertverlust bei einer marginalen Fristverkürzung an:

$$\Theta = -c'(T)$$

Man beachte das Minus! Grundsätzlich ist der Wert einer Kaufoptionen c. p. bei längerer Laufzeit höher. Andersherum fällt der Wert der Kaufoptionen bei einer

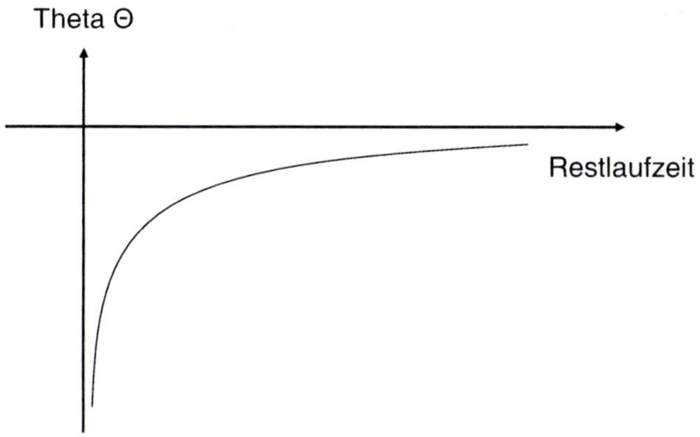

Abbildung 3.21: Der Grieche „Theta“ in Abhängigkeit von der Restlaufzeit

Fristverkürzung und die ist für uns selbstverständlich interessant, da die Zeit nun mal nicht rückwärts läuft!

Je kleiner die Restlaufzeit ist, umso größer ist der marginale Wertverlust der Kaufoption im Zeitverlauf ($\Theta'(T) > 0$). Es sei hier noch angemerkt, dass beim europäischen Put, dessen Preisobergrenze bekanntlich dem diskontierten Ausübungspreis entspricht, eine Fristverkürzung in einer Situation mit einem sehr niedrigen Aktienkurs zu einer Steigerung des Optionspreises führen kann. In einem solchen Fall wäre Θ_{Put} positiv.

Wir hatten bereits gelernt, dass die Streuung der einzige zu schätzende Parameter bei der Bestimmung des Optionspreises ist. Aus diesem Grund ist es ganz besonders interessant, sich anzuschauen, wie teuer es wird, wenn man sich verschätzt. Der Grieche Vega gibt die Werterhöhung der Kaufoptionen bei einer marginal höheren Streuung an. Tendenziell gilt: Je höher die Streuung der Aktienrendite, desto größer das Gewinnpotenzial des Halters und desto teurer die Kaufoptionen:

$$\begin{aligned} \text{Vega} &= c'(\sigma) \\ &= S \cdot \sqrt{T} \cdot N'(d_1) \geq 0 \end{aligned}$$

Vega ist besonders hoch, wenn der aktuelle Aktienkurs eben unterhalb des Ausübungspreises ist.

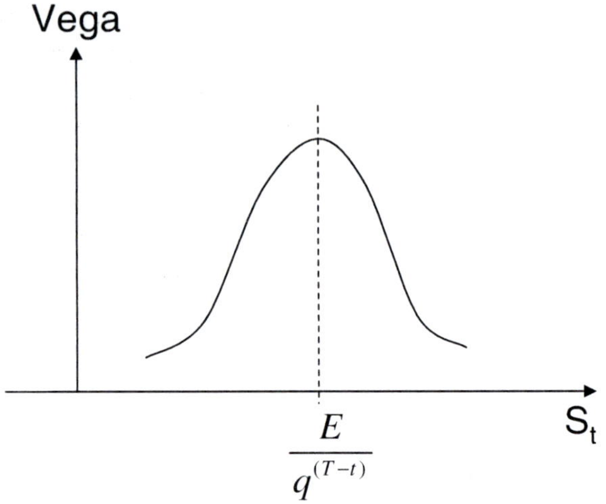

Abbildung 3.22: Der Grieche „Vega" in Abhängigkeit vom Aktienkurs

Tabelle 3.2 fasst die Einflussfaktoren auf den Wert der Kaufoptionen und die dazugehörigen Sensitivitätszahlen zusammen.

Wert des Calls steigt c. p., falls...	Grieche
der Aktienkurs steigt.	Delta Δ
ein niedrigerer Strike vereinbart wurde.	-
die Restlaufzeit größer ist.	Theta Θ
die Volatilität zunimmt.	Vega
der risikolose Zins steigt.	Rho ρ

Tabelle 3.2: Sensitivitätskennzahlen

Neben den bisher betrachteten Einflussgrößen, gibt es noch andere Ausgestaltungsmöglichkeiten, die einen Einfluss auf den Wert einer Option haben können. So kommt es vor, dass man mehr als eine Kaufoption benötigt, um Aktien zu beziehen. Das Bezugsverhältnis, auf Englisch: ratio, gibt in diesem Falle an, wie viele Aktien man für eine Option erhält. Angenommenen eine Kaufoption hätte bei einem Bezugsverhältnis von eins einen Wert von 140 Euro, dann hätte sie bei einem

Bezugsverhältnis von 0,1 einen Wert von 14 Euro und bei einem Ratio von 0,01 einen Wert von 1,40 Euro. Ein Bezugsverhältnis kleiner eins wird eingesetzt, um - in der Hoffnung dadurch den Absatz zu fördern - den einzelnen Optionsschein günstiger zu machen. Denn es gilt: Je höher das Bezugsverhältnis, desto höher ist c. p. der Optionspreis.

Einige Banken geben kein Ratio, sondern ein Optionsverhältnis an. Dahinter steckt nichts anderes als der Kehrwert des Bezugsverhältnisses. Das Optionsverhältnis gibt an, wie viele Optionsscheine benötigt werden, um eine Aktie zu beziehen - beziehungsweise zu verkaufen. Also statt eines Bezugsverhältnisses von 0,01 könnte man auch ein Optionsverhältnis von 100 angeben.

Aktienkurse fallen in der Regel unmittelbar nach einer Dividendenzahlung um den Dividendenbetrag. Dieser Effekt führt bei Kaufoptionen zu einem Wertverlust und bei Verkaufsoptionen zu einer Wertsteigerung. Häufig ist jedoch die Höhe der Dividendenzahlung bereits vor dem eigentlichen Termin der Hauptversammlung bekannt und spiegelt sich deshalb in dem Kurs der Option wider. Man spricht davon, dass der Dividendenabschlag bereits eingepreist ist. Es ist also Vorsicht geboten, wenn beispielsweise europäische Kaufoptionen als viel zu günstig erscheinen! Denn dieses vermeintliche „Schnäppchen" könnte auf einen anstehenden Dividendenabschlag zurückzuführen sein. Einige Optionen - insbesondere an Terminbörsen und OTC-Optionen, seltener bei Warrants - sind mit einem Dividendenschutz ausgestattet. Bei diesen geschützten Optionen wird der Strike direkt nach der Ausschüttung um den Dividendenbetrag gesenkt beziehungsweise bei Verkaufsoptionen erhöht.

3.8 Handelsstrategien mit Optionen

Durch die Kombination mehrerer Optionen lassen sich eine Vielzahl unterschiedlicher Handelsstrategien realisieren. Die häufigsten Optionskombinationen sind die so genannten Spreads. Bei einem Spread nimmt man bei einer Option die Stillhalter und bei einer anderen die Long Position ein. Grundsätzlich werden bei Spreads nur Kaufoptionen mit Kaufoptionen beziehungsweise nur Verkaufsoptionen mit Verkaufsoptionen kombiniert.

Wenn man einen Call kauft und gleichzeitig einen zweiten Call mit höherem Ausübungspreis E_2 und ansonsten gleichen Ausstattungsmerkmalen verkauft, erhält man einen der beliebtesten Spread Typen, den so genannten Bull Spread.

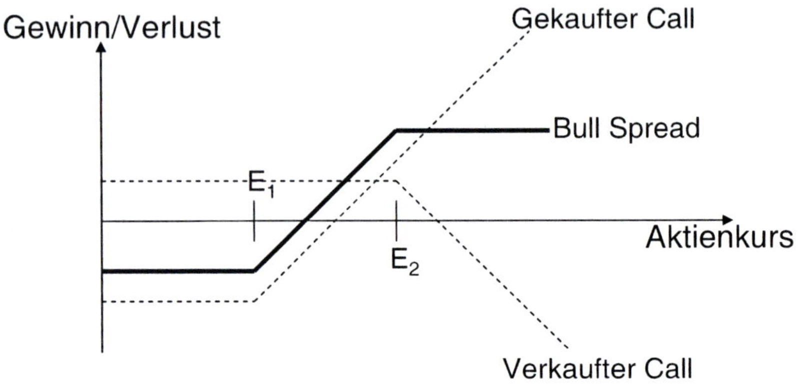

Abbildung 3.23: Bull Spread

Er wird Bull Spread wegen seines ansteigenden Verlaufes genannt. Denn an der Börse steht der Bulle für Aufwärtstrends, während der Bär fallende Kurse symbolisiert. Im Gegensatz zu dem Gewinn- und Verlustprofil bei einem normalen Call ist bei einem Bull Spread der maximal erreichbare Gewinn begrenzt. Dafür sinkt im Gegenzug der maximale Verlust! Bei Kauf eines einfachen Calls beschränkt sich der maximale Verlust auf den Kaufpreis. Beim Bull Spread erzielen wir jedoch zusätzlich einen Erlös durch den Verkauf des zweiten Calls mit dem höheren Ausübungspreis. Da der verkaufte Call einen höheren Ausübungspreis hat, ist die Optionsprämie im Vergleich zum gekauften Call niedriger, so dass beim Bull Spread das Verlustrisiko nie auf null gedrückt werden kann!

Das gleiche Gewinn- und Verlustprofil am Ende der Laufzeit lässt sich ebenfalls mit Verkaufsoptionen realisieren. Auch hier spricht man von einem Bull Spread. Schließlich sieht der Wertverlauf genauso wie bei der Variante mit den Kaufoptionen aus. Beim Bull Spread mit Verkaufsoptionen wird erneut die Option mit dem niedrigeren Ausübungspreis ge- und die mit dem höheren Strike verkauft.

Wie bereits weiter oben erwähnt, ist der Bär an der Börse ein Symbol für fallende Kurse. Folgerichtig hat das Gewinn und Verlustprofil des Bear Spreads einen fallenden Verlauf (Siehe Abbildung 3.25 auf Seite 121). Auch beim Bear Spread wird - wie bei allen Spreads - stets eine Kaufoption mit einer Kaufoption oder eine Verkaufsoption mit einer Verkaufsoption kombiniert.

Der entscheidende Unterschied zum Bull Spread besteht jedoch darin, dass die Op-

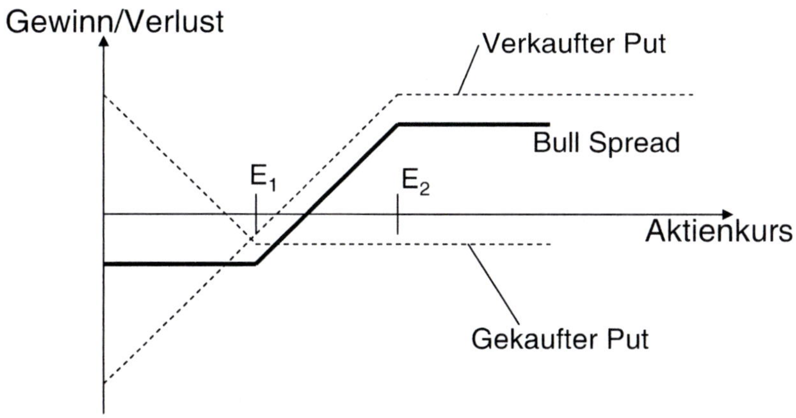

Abbildung 3.24: Bull Spread mit Puts

tion mit dem höheren Strike gekauft und die mit dem niedrigeren Strike verkauft wird. Bei dieser Variante benötigen wir zum Zeitpunkt der Konstruktion des Spreads keine eigenen liquiden Mittel, da die von uns gekaufte Option günstiger als die von uns verkaufte Option ist.

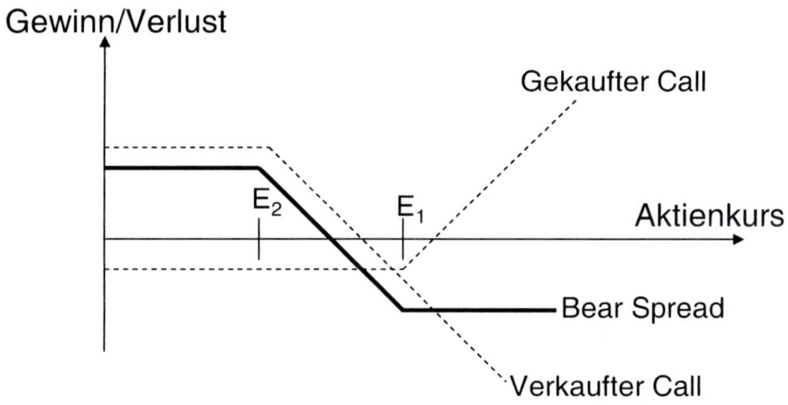

Abbildung 3.25: Bear Spread

Eine besonders schöne Handelsstrategie mit Optionen ist der so genannte „Butterfly". Er hat seinen Namen daher, dass bei der Umkehrung des hier betrachteten Butterflys das Gewinn- und Verlustprofil wie ein Schmetterling aussieht (Siehe Abbildung 3.26).

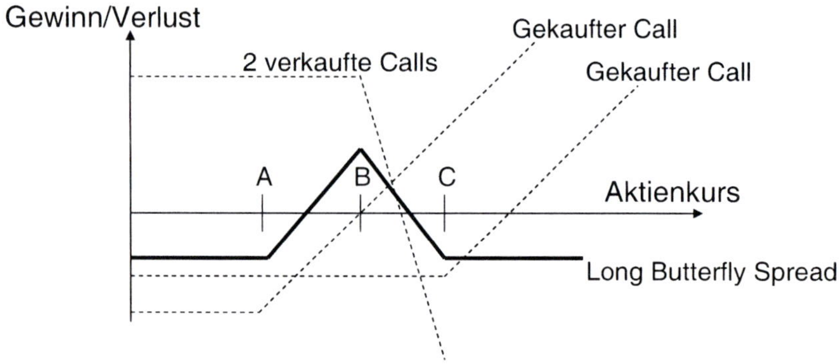

Abbildung 3.26: Butterfly

Grundsätzlich gibt es eine Menge unterschiedlicher Möglichkeiten, wie man einen Butterfly konstruieren kann. Eine Möglichkeit wäre zum Beispiel die Folgende: Wir kaufen einen Call mit dem Strike A und einen mit dem Strike C. Außerdem verkaufen wir zwei Kaufoptionen mit dem Ausübungspreis B. Dabei gilt: $A < B < C$. Ein solcher Long Butterfly Spread bietet sich an, wenn man auf eine Seitwärtsbewegung des Aktienkurses spekulieren möchte.

Die Umkehrung wäre einfach an der X-Achse gespiegelt und würde sich Short Butterfly Spread schimpfen. Das Gewinn- und Verlustprofil der Umkehrung sieht mit viel Fantasie tatsächlich wie ein Schmetterling aus. Sie macht Sinn, wenn man glaubt, dass es zu starken Kurskorrekturen kommen wird, man sich aber nicht über die Richtung der Anpassung im Klaren ist. Der maximale Gewinn beläuft sich beim Long Butterfly auf:

$$\text{Max. Gewinn} = 0,5 \cdot (C - A) - \Delta\ \text{Prämie}$$

Wenn man mit sehr großen Kursveränderungen rechnet und nicht so genau weiß, ob es nach oben und nach unten gehen wird, sollte man auf einen so genannten Long Straddle setzen. Straddle-Positionen setzen sich immer aus beiden Optionstypen, also sowohl aus Calls als auch aus Puts, zusammen. Beide Optionen werden entweder gekauft oder verkauft.

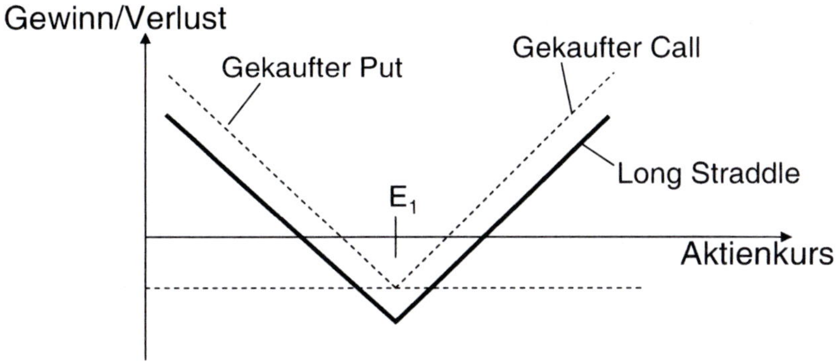

Abbildung 3.27: Long Straddle

Beim Long Straddle kaufen wir einen Put und einen Call mit gleichem Basispreis und auch sonst gleichen Ausstattungsmerkmalen. Sobald sich der Kurs stark ändert, verdienen wir gut. Sollten wir allerdings mit einer Seitwärtsbewegung rechnen, dann wäre ein Short Straddle, also das Eingehen der Stillhalterposition, sowohl bei einer Kauf- als auch einer Verkaufsoption mit gleichem Ausübungspreis, die richtige Wahl.

3.9 Neuere Entwicklungen zur Optionsbewertung

Mit Hilfe der Formel von Black und Scholes lässt sich anhand der am Markt beobachtbaren Optionspreise die vom Markt erwartete Volatilität der stetigen Aktienrendite bestimmen. Denn die Volatilität ist die einzige Einflussgröße auf den Optionspreis, die nicht durch die Ausgestaltung der Option vorgegeben ist. Man spricht hier von der so genannten „impliziten Volatilität". Da durch die Beobachtung der Optionspreise eine gute Abschätzung der vom Kapitalmarkt erwarteten zukünftigen Volatilität möglich ist, bietet beispielsweise die Deutsche Börse einen eigenständigen Volatilitätsindex an, den VDAX, der auf den Optionspreisen beruht.

In einer Black-und-Scholes-Welt ist die Volatilität ein Charakteristikum des Underlyings. Daher sollte die implizite Volatilität für ein bestimmtes Underlying unabhängig von der Ausgestaltung der jeweiligen Option sein. Tatsächlich lässt sich jedoch empirisch der so genannte „Smile-Effekt" beobachten: Die implizite Volatilität nimmt unterhalb des aktuellen Aktienkurses mit sinkendem Ausübungspreis zu und steigt oberhalb des aktuellen Aktienkurses mit dem Ausübungspreis an. Sie scheint zu lächeln. Dieser Effekt wird umso stärker, je kürzer die verbleibende Restlaufzeit ist.[3]

Offensichtlich stellt das Black-und-Scholes-Modell kein vollständiges Abbild der Wirklichkeit dar. Denn in ihrer Welt dürfte die implizite Volatilität nicht „lächeln", sondern müsste gleichmütig dreinschauen. Sprich: Für ein Underlying dürfte die Volatilität nicht vom Basispreis der Option abhängen!

In der Literatur findet man zahlreiche Modelle, die das Modell von Black und Scholes zur Erklärung der Volatilitäts-Smiles dahingehend erweitern, dass sie statt von einer konstanten Volatilität von einer stochastischen Volatilität ausgehen. Sehr vielversprechend ist hier zum Beispiel das Modell von Heston aus dem Jahr 1993, das er in dem Artikel „A Closed-Form Solution for Options with Stochastic Volatility with Applications to Bond and Currency-Options" beschreibt. Die entscheidende Erweiterung von Heston besteht darin, dass sein Modell eine Korrelation zwischen dem Kurs des Underlyings und der Volatilität zulässt! Beispielsweise nimmt nach starken Kurseinbrüchen die Unsicherheit über die zukünftige Kursentwicklung stark zu, so dass hier eine positive Korrelation sehr plausibel erscheint.

Grundsätzlich tritt nun jedoch im Heston-Modell ein Problem auf: Während bei Black und Scholes mit dem unsicheren Underlying nur ein Risikofaktor berücksichtigt werden musste, gilt es im Modell von Heston nun auch noch, die möglichen Schwankungen der Volatilität abzubilden.

3 Andere Studien beobachten den so genannten „Sneer-Effekt": Dabei steigt die implizite Volatilität nur unterhalb des aktuellen Aktienkurses mit sinkendem Ausübungspreis an, so dass man in einer Abbildung, in der die Volatilität in Abhängigkeit vom Ausübungspreis abgetragen ist, ein „höhnisches Lächeln" beobachten kann.

4 Weitere bedingte und unbedingte Termingeschäfte

In diesem Kapitel werden unter anderem Caps, Floors, Collars, Swaps, Futures und Forwards thematisiert. Wir beginnen mit einigen Spielarten der Option und wenden uns dann dem Management von Zinsänderungsrisiken zu.

4.1 LEPO

An der EUREX werden neben herkömmlichen Optionen auch so genannte LEPOs gehandelt. Die Abkürzung LEPO steht für Low-Exercise-Price-Option. LEPOs werden in der Regel nur als Kaufoptionen angeboten und weisen einen extrem niedrigen Ausübungspreis auf, der nur einen Euro beträgt.

Auf diesem Wege sind LEPOs ständig tief im Geld, so dass ihr Kurs quasi dem Aktienkurs entspricht! Das Delta der LEPOs ist ungefähr eins. Die Ausgestaltung dieser Kaufoptionen wurde ganz bewusst so gewählt, dass der Wert der Kaufoption in etwa dem Aktienkurs entspricht, um auf diesem Wege einen synthetischen Aktienhandel zu ermöglichen.

Ein Hauptvorteil der LEPOs ist darin zu sehen, dass man sie auch schreiben kann. Es ist also möglich, als Stillhalter aufzutreten und die Short - Position einzunehmen. Auf diesem Wege können Aktien mit relativ kleinem Aufwand quasi leerverkauft werden. Das eröffnet Investoren, die keinen Zugang zur Wertpapierleihe haben, die Möglichkeit, mit fallenden Aktienkursen Geld zu verdienen.

4.2 Devisenoptionen

Devisenoptionen werden häufig im Wege von OTC-Transaktionen gehandelt. OTC steht für Over-the-counter (über die Theke). Damit sind Geschäfte gemeint, die nicht über die Börse, sondern direkt mit Banken abgewickelt werden. Stellen Sie sich vor, Sie wollen eine Aktie kaufen und beauftragen ihre Geschäftsbank, diesen Kauf für sie zu tätigen. Dann macht es für ihre Bank Sinn, zunächst zu schauen, ob nicht einer der eigenen Kunden gerade einen Verkaufsauftrag gegeben hat. Schließlich könnte die Bank, indem sie Angebot und Nachfrage der eigenen Kunden zusammenführt, die von der Börse verlangten Gebühren sparen und für sich selbst als Gewinn einstreichen. Das ist ein typisches Beispiel für „an der Börse vorbei" beziehungsweise für „nicht an der Börse gehandelt" - also für eine OTC-Transaktion.

Devisenoptionen werden von so gut wie jeder Großbank OTC angeboten. Dabei handelt es sich in der Regel um Plain Vanilla Optionen - also reine Kauf- und Verkaufsoptionen ohne irgendwelche exotischen Ausgestaltungen.

Nehmen wir als Beispiel für eine Devisenoption eine Euro-Kaufoption, die einen Strike von 0,80 Dollar pro Euro sowie eine sechsmonatige Restlaufzeit aufweist. Die Quotierung der Bank lautet 1,63-1,78. Dabei ist die erste Zahl der Geld- und die zweite Zahl der Briefkurs. Wie teuer die Option tatsächlich ist, hängt von dem umzutauschenden Dollarvolumen ab. Beim Geld- und beim Briefkurs handelt es sich um Prozentsätze. Sie beziehen sich auf den gesamten Optionsbetrag. Wenn man beispielsweise 1,0 Millionen Dollar zu 0,80 Dollar pro Euro umtauschen möchte, ergibt sich ein Betrag in Euro in Höhe von:

$$1,0 \text{ Millionen Dollar}/0,80 \text{ Dollar pro Euro} = 1,25 \text{ Millionen Euro}$$

Das Geschäft der Bank besteht darin, dass sie zum Briefkurs verkauft und zum niedrigeren Geldkurs Optionen zurücknimmt. Wir müssen, wenn wir die Devisenoptionen kaufen wollen, den höheren Briefkurs zahlen. Es ergibt sich eine Optionsprämie in Höhe von:

$$0,0178 \cdot 1,25 \text{ Millionen Euro} = 22.250 \text{ Euro}$$

Diesen Betrag müssen wir der Bank zahlen, um in sechs Monaten eine Million Dollar zum Wechselkurs 0,80 $ pro Euro in Euro tauschen zu dürfen. Man beachte an dieser Stelle, dass uns die Kaufoption dazu berechtigt, Euros zu kaufen. Deshalb kann man sich mit dieser Kaufoption gegen einen *sinkenden* Wert des Dollars absichern.

4.3 Zinsoptionen

Was genau unter einer Zinsoption verstanden wird, ist zum Teil sehr unterschiedlich. Mittlerweile fasst man unter dem Oberbegriff Zinsoptionen ein ganzes Sammelsurium an Derivaten zusammen, deren Kurs abhängig von einem Referenzzinssatz ist. Zinsoptionen können Optionen auf Zinsen, Bonds und auf Zins-Futures sein.

Handelt es sich bei der Zinsoption um eine Anleiheoption, dann steigt der Wert einer Kaufoption mit fallenden Zinsen, da der Wert des Underlyings - in diesem Fall der Anleihekurs - mit sinkendem Kalkulationszinssatz steigt. Bei Zinssatzoptionen ist es umgekehrt. In diesem Fall wäre der Referenzzins selbst das Underlying. Eine Kaufoption wäre umso mehr wert, je höher der Referenzzinssatz ist.

Bei OTC-Optionen werden so gut wie alle Zinsinstrumente als Basistitel verwendet. Allerdings sind einige Zinsoptionen erheblich bedeutsamer als andere, wie zum Beispiel Caps und Floors - die auch Zins-Begrenzungsvereinbarungen genannt werden - und Optionen auf Swaps - so genannte Swaptions. Über Zinsswaps werden wir weiter unten noch ausführlich sprechen!

4.4 Maximale Rendite beim Anleihenkauf

Bei Kaufoptionen auf Anleihen besteht ein wichtiger Unterschied im Vergleich zu Kaufoptionen auf Aktien darin, dass der Kurs einer Aktie theoretisch unbegrenzt ist, der Kurs einer Anleihe jedoch nur bis zu einer Kursobergrenze steigen kann. Denn negative Zinssätze kommen so gut wie nie vor. Der Maximalwert einer Anleihe mit einem Ausfallrisiko von null ergibt sich bei einem Kalkulationszinssatz von null. Der Kurs der Anleihe ist in diesem Fall einfach die Summe der Zins- und Tilgungszahlungen:

$$K_1 = T \cdot (z_0 \cdot K_0) + K_0$$

T - Restlaufzeit der Anleihe

z_0 -feste Verzinsung

K_0 - Nominalbetrag (Rückgabe zu Pari)

K_1 - maximaler Kurs der Anleihe

Aus dem maximalen Anleihekurs kann unter der Annahme, dass die Anleihe zum Nominalbetrag K_0 erworben wurde, die maximale prozentuale Kurssteigerung bestimmt werden:

$$\frac{K_1}{K_0} - 1 = T \cdot z_0$$

Bei einer Restlaufzeit von sechs Jahren und einem Kuponzins von sechs Prozent kann der Anleihenkurs also maximal um 36 % steigen! Das ist gar nicht schlecht, wird aber wahrscheinlich nie erreicht. Offensichtlich ist das Renditepotenzial bei Anleihen nach oben hin begrenzt.

4.5 Zinsbegrenzungsverträge

4.5.1 Caps

Bei einem Cap handelt es sich um einen Vertrag, der Optionscharakter besitzt. Die Vertragsparteien vereinbaren Ausgleichszahlungen, die der Cap Käufer vom Verkäufer erhält, falls ein Referenzzinssatz, wie zum Beispiel der LIBOR oder der EURIBOR, oberhalb eines bestimmten Zinssatzes, dem Strike, zu bestimmten Terminen, so genannten Roll-over Terminen, liegt. (Der LIBOR ist der in London bestimmte Zinssatz, den sich Banken gegenseitig für kurzfristige Einlagen zahlen. Die Abkürzung steht für: London Interbank Offered Rate. Der EURIBOR ist so was Ähnliches im Euro Raum.) Wird der Strike zum Termin überschritten, zahlt der Verkäufer die vertraglich vereinbarte Ausgleichszahlung. Dabei ist es üblich, dass sie nachschüssig - also kurz vor dem nächsten Roll-Over-Termin - gezahlt wird! Als Referenzzins kommen zum Beispiel der 3-Monats-, 6-Monats- oder 12-Monats-EURIBOR infrage. Die Höhe der Ausgleichszahlung A errechnet sich folgendermaßen, falls der Referenzzins größer als der Strike ist:

$$A = (\text{Referenzzins} - \text{Strike}) \cdot \frac{\text{Tage}}{360} \cdot \text{Volumen}$$

Mithilfe eines Cap kann man sich also entweder gegen steigende Zinsen absichern oder aber auf steigende Zinsen spekulieren. Wenn man den Cap zur Absicherung gegen Zinssteigerungen verwendet, begrenzt man das Zinsrisiko auf einen Höchstzinssatz. Aus diesem Grund spricht man beim Cap auch von einer Höchstzinsvereinbarung. Daher rührt auch der Begriff Cap, was soviel wie Mütze, Kappe beziehungsweise Zinsdeckel bedeutet. Nehmen wir an, ein Unternehmen hat eine variabel verzinste Anleihe, eine so genannte Floating Rate Note FRN, mit einem Nennbetrag von 5 Millionen Euro und einer Restlaufzeit von vier Jahren begeben. Der variable Zins der FRN entspricht dem 12-Monats-EURIBOR. Um sich gegen Zinssteigerungen abzusichern, kauft das Unternehmen einen Cap 5 % gegen 12-Monats-EURIBOR bei einer Bank (zum Beispiel der WestLB). Der Cap hat als Referenzzinssatz den 12-Monats-EURIBOR, eine Laufzeit von vier Jahren, einen Strike von

5 % und die Roll-Over-Termine sind jeweils am 1.7. des Jahres. Als Volumen werden 5 Millionen Euro vereinbart. Nun wird jeweils zum Roll-Over-Termin der 12-Monats-EURIBOR und der Strike verglichen. Sollte der Referenzzinssatz beispielsweise bei 12 % liegen, würde die Bank an das Unternehmen den folgenden Betrag zahlen:

$$(0,12 - 0,05) \cdot 360/360 \cdot 5 \text{Millionen Euro} = 350.000 \text{ Euro}$$

Die eigentlich fällige Zinszahlung auf die ausstehende FRN reduziert sich durch diese Ausgleichszahlung von der Bank auf

$$0,12 \cdot 5 \text{ Mio. Euro} - 350.000 \text{ Euro} = 250.000 \text{ Euro}$$

also auf 5 % von 5.000.000 Euro, was dem Strike des Cap entspricht. Natürlich verkauft die Bank den Cap nicht kostenlos, sondern verlangt eine Prämie, die in der Regel als Up-Front-Payment - also als mit Abschluss des Vertrages fällige Einmalzahlung - zu leisten ist. Die Quotierung für Vier-Jahre-Caps mit Strike 5 % lautet z. B. 124-138. Dabei handelt es sich um Basispunkte, also um Hundertstel Prozent. Wie immer ist natürlich auch hier der Geldsatz, zu dem die Bank Caps kauft, niedriger als der Briefsatz, zu dem sie Caps verkauft. In unserem Beispiel müsste das Unternehmen den Briefsatz von 138 Basispunkte, also 1,38 %, zahlen.

Bei einem Volumen von 5 Millionen Euro ergibt sich ein Up-Front-Payment in Höhe von:

$$0,0138 \cdot 5 \text{ Millionen Euro} = 69.000 \text{ Euro}$$

Anscheinend ist die maximale effektive Belastung des Unternehmens doch etwas höher als die 5 % des Strike. Um die effektive Belastung als Prozentsatz des Cap-Volumens auszudrücken, wird das Up-Front-Payment mithilfe des Annuitätenfaktors auf die Laufzeit verteilt. Als Kalkulationszinssatz verwenden wir im Beispiel den Strike. Das Unternehmen zahlt dann jedes Jahr in etwa 20.000 Euro für den Cap. Das entspricht 39 Basispunkten. Die maximale effektive Zinsbelastung beträgt also insgesamt, wenn man die FRN und den gekauften Cap zusammennimmt, 5,39 %.

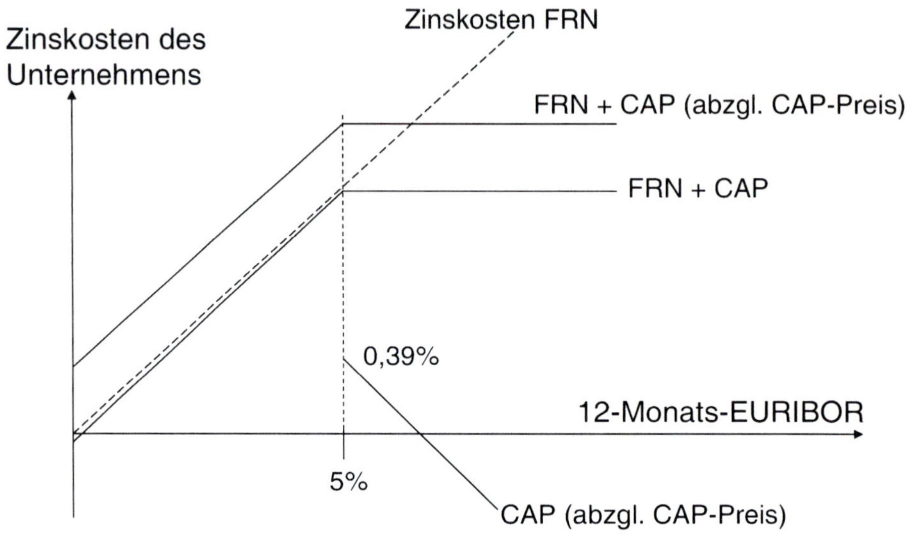

Abbildung 4.1: Zinskosten bei Kombination einer FRN mit einem Cap

Die minimale Zinsbelastung beträgt 0,39 %, und zwar für den Fall, dass der 12-Monats-EURIBOR auf 0 % fällt. Die folgende Abbildung fasst unser Beispiel noch einmal zusammen: Es wurde eine FRN emittiert und ein Cap mit einem Strike von 5 % zum Preis von 1,38 % des Cap-Volumens gekauft, das gleichzeitig dem Volumen der variabel verzinsten Anleihe entspricht.

Wie berechnet die Bank die Prämie für den Cap? Letztendlich ist ein Cap ja nichts anderes als ein Bündel von Zinssatzoptionen. Bei der Bewertung wird nun so getan, als ob das Recht des Cap-Käufers zu jedem Roll-Over-Termin einer einzelnen Zinssatzoptionen - man spricht hier von einem Caplet - entspricht. Die Prämie für den Cap ergibt sich dann einfach als Summe der Einzelpreise der Caplets.

4.5.2 Floor

Der Floor berechtigt seinen Käufer, den man auch „Inhaber" nennt, auf eine Ausgleichszahlung, die vom Verkäufer des Floors - auch „Stillhalter" genannt - beim Unterschreiten eines bestimmten Referenzzinssatzes geleistet werden muss. Analog zum Cap ergibt sich der Wert eines Floors ebenfalls als Summe der Preise einzelner

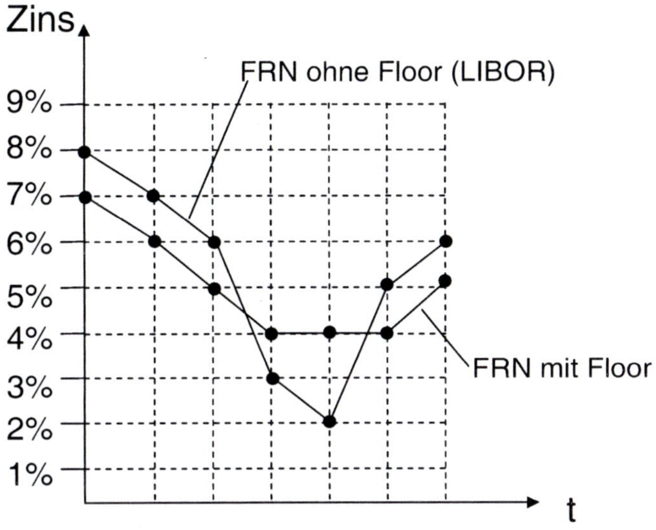

Abbildung 4.2: Zinseinnahmen aus einer FRN mit und ohne Floor (Beike und Schlütz (2005), S. 621)

virtueller Zinssatzoptionen, so genannter Floorlets, in die man den Floor aufspalten kann.

Auch beim Floor wird der Kaufpreis „up-front" gezahlt. Das heißt, dass die Bezahlung in Form einer Einmalzahlung bei Vertragsschluss zu leisten ist. Zur besseren Vergleichbarkeit bietet es sich auch hier an, den Kaufpreis in eine Annuität über die Laufzeit umzurechnen, um die Kosten für den Floor als Prozentsatz vom abgesicherten Volumen ausdrücken zu können.

Der Kauf eines Floors ist sinnvoll, wenn man beispielsweise eine LIBOR-FRN besitzt und Zinssenkungen befürchtet. Nehmen wir an, dass der Floor die folgenden Ausstattungsmerkmale aufweist: Als Referenzzinssatz wurde der 6-Monats-EURIBOR mit halbjährlichen Roll-Over-Terminen gewählt. Der Strike liegt bei 5 %. Unsere FRN erbringt den LIBOR zu den halbjährlichen Zinsterminen. Das Volumen der Anleihe entspricht dem Floor-Volumen. Das Up-Front-Payment entspricht 100 Basispunkten pro Zinstermin während der dreijährigen Laufzeit. In der Abbildung 4.2 sind die Gesamtzinseinnahmen des Portfolios aus der FRN und dem Floor dargestellt.

4.5.3 Collar

Beim Collar kombiniert man zwei Zinsbegrenzungsverträge miteinander. In der „long"-Version kauft man einen Cap und verkauft einen Floor. Entsprechend wird bei einem Short Collar ein Cap verkauft und ein Floor gekauft. Das Ziel besteht beim Long Collar darin, die Kosten für den Cap durch die Einnahmen aus dem Verkauf des Floors zu senken. Sinn macht der Long Collar z. B. für ein Unternehmen, das eine variabel verzinste Anleihe begeben hat und steigende Zinsen erwartet. Die gesamte Position des Unternehmens ist in der folgenden Abbildung bei einem Long Collar und einer emittierten, variabel verzinsten Anleihen dargestellt:

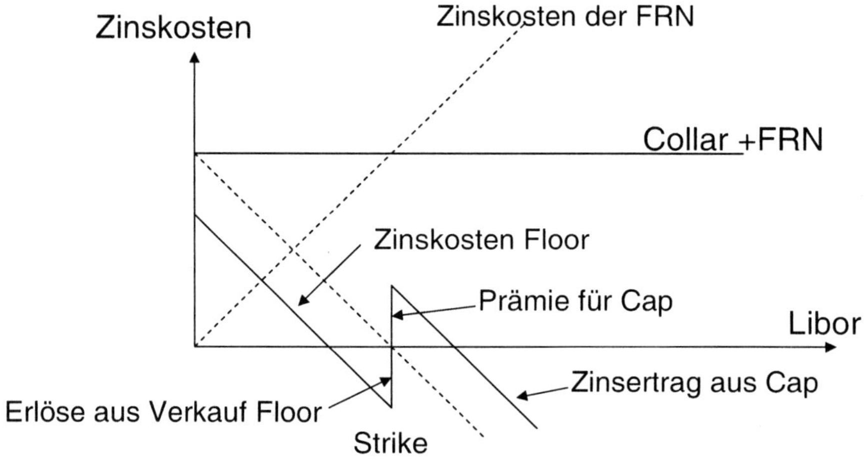

Abbildung 4.3: Zinskosten eine Portfolios aus Collar und FRN

Der Skizze liegt die Annahme zu Grunde, dass der Erlös aus dem Verkauf des Floors gerade der Prämie für den Cap entspricht und somit der Collar aus Sicht des Unternehmens kostenlos zu haben ist. Ex-post kann dieses Geschäft natürlich entweder im Bereich rechts vom Strike einen Zinsgewinn bedeuten oder im Bereich links vom Strike ein Verlustgeschäft sein!

Eigentlich hat das Unternehmen hier lediglich seine variable Zinsverpflichtung in einen konstanten Zinszahlungsstrom umgewandelt. Das gleiche Ergebnis hätte man auch erzielen können, indem man einen Zinsswap abschließt, bei dem direkt variable gegen konstante Zinszahlungen getauscht werden. Eine alternative Möglichkeit, in der beschriebenen Situation zu sparen, besteht für das Unternehmen darin, einen Cap mit einem höheren Strike zu kaufen. Denn ein Cap mit höherem Strike ist billiger. Da nun beim Long Collar der Strike des verkauften Floors und des gekauften Caps auseinander fallen, ist die resultierende Zinsbelastung des Unternehmens nicht mehr konstant, sondern bewegt sich innerhalb eines Zinskorridors, wie man an der folgenden Abbildung erkennt.

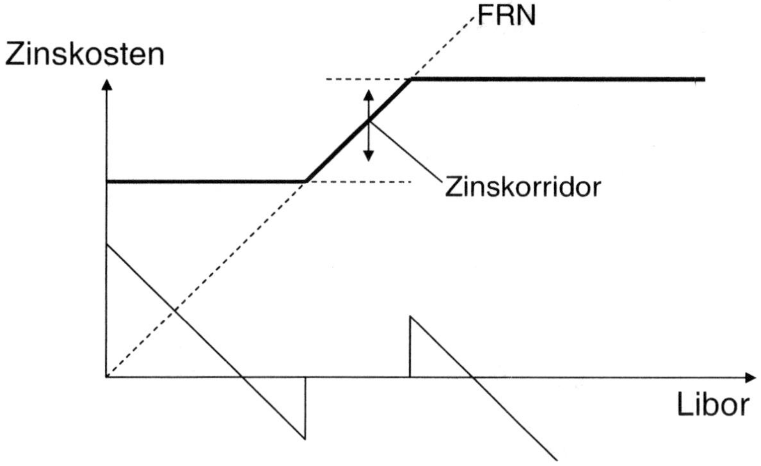

Abbildung 4.4: Zinskorridor beim Long Collar

Natürlich ist auch hier dem Einfallsreichtum der Finanzindustrie keine Grenze gesetzt. Es gibt geradezu unbegrenzt viele Möglichkeiten, neue Abwandlungen der beiden Grundvertragstypen zu kreieren. Ein Beispiel für eine mögliche exotische Zinsbegrenzungsvereinbarung ist beispielsweise der Dual-Strike-Cap.

Der Dual-Strike-Cap besitzt zwei Basispreise. Liegt der Referenzzinssatz zu einem Zinstermin zwischen den beiden Strikes, so erhält der Käufer die Zinsdifferenz zum niedrigeren Strike ausgezahlt. Sollte der Referenzzins über dem höheren Basispreis liegen, dann wird dieser höhere Strike zur Berechnung der Ausgleichszahlung verwendet. Es ergibt sich das in Abbildung 4.5 auf Seite 134 dargestellte Auszahlungsprofil in Abhängigkeit vom Zins zu einem Zinszahlungstermin.

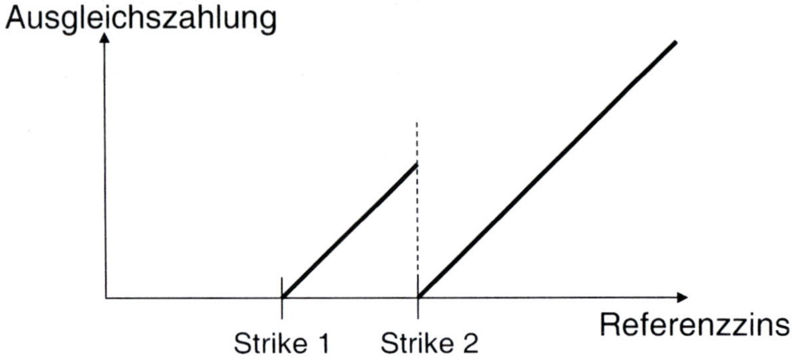

Abbildung 4.5: Ausgleichszahlung beim Dual-Strike-Cap in Abhängigkeit vom Referenzzins

Man erkennt, dass die Ausgleichszahlung, falls der Referenzzins über dem Strike zwei liegt, im Vergleich zum normalen Cap, dessen Ausübungspreis dem ersten Strike entspricht, niedriger ausfällt. Aus diesem Grund ist der Dual-Strike-Cap billiger als ein normaler Cap.

4.6 Swaps

Bei einem Zinsswap handelt es sich um den vertraglich festgelegten Austausch von Zinszahlungen während eines bestimmten Zeitraumes zwischen zwei Parteien. Die Konditionen des Austausches werden zum Zeitpunkt des Vertragsschlusses für die gesamte Laufzeit fixiert. Aus diesem Grund zählen Zinsswaps zu den unbedingten Termingeschäften. Außerdem ist es möglich, Zinsswaps als ein Bündel einzelner Forwardkontrakte zu interpretieren.

Bei einem Zinsswap wird in der Regel ein fester Zinssatz gegen einen variablen Zinssatz getauscht. Man kann sich das Ganze sehr gut als Kauf des variablen Zinses vorstellen. Der variable Zins wird zu einem festen Zinssatz, dem so genannten Swapsatz, gekauft.

Beim Zinsswap ist der so genannte „Payer“ derjenige Vertragspartner, der den Swapsatz bezahlt. Seinen Vertragspartner, der den festen Zinssatz erhält und dafür die variable Zinszahlung leistet, nennt man Receiver. Er bekommt den Swapsatz für die von ihm zu leistenden variablen Zinszahlungen. In der Swapvereinbarung werden die genauen Konditionen des Zinstausches fixiert. Sie enthält zum Beispiel den zu

Grunde liegenden Kapitalbetrag, der beispielsweise 100 Millionen Euro betragen könnte. Typischerweise liegt das Volumen einzelner Zinsswaps zwischen fünf und 500 Millionen Euro. Man spricht bei dem zu Grunde liegenden Nennbetrag auch vom „hypothetischen" Nennbetrag oder auf Englisch: Notional Principal. Denn er dient nur zur Berechnung der Höhe der Zinszahlungen und wird in der Regel nicht zwischen den Vertragspartnern am Ende der Vertragslaufzeit ausgetauscht.

In der Swapvereinbarung wird neben dem Swapsatz auch der zu zahlende variable Zinssatz - man spricht vom Referenzzinssatz - festgelegt. Hier kommen zum Beispiel der 3-Monats-, 6-Monats- oder 12-Monats-EURIBOR infrage. Zu bestimmten Terminen, den so genannten Roll-Over-Terminen, wird anhand des Marktniveaus des Referenzzinsatzes die zu leistenden Zinszahlungen festgelegt. Es muss jedoch nicht sofort - also nicht zum Roll-Over-Termin, sondern erst nachschüssig, das heißt kurz vor beziehungsweise zu dem nächsten Roll-Over-Termin gezahlt werden.

Die Höhe der Swapsätze ist abhängig davon, in welchem Rhythmus die Roll-Over-Termine festgelegt worden sind. Diesen Zusammenhang verdeutlicht die folgende Tabelle. Sie zeigt die Swapsätze in Abhängigkeit vom Rhythmus der Festzinszahlungen:

	p. a.		s. a.		qrtl.	
Laufzeit	Geld	Brief	Geld	Brief	Geld	Brief
2 Jahre	3,07	3,11	3,06	3,10	3,05	3,09

Die Abkürzung s. a. steht für halbjährlich (semi-annual) und qrtl. steht für „quarterly" also quartalsweise Festzinszahlungen. Wenn wir die Festzinsen nur jährlich zahlen wollen, dann müssten wir der Bank einen Swapsatz von 3,11 % zahlen. Bei vierteljährlicher Zahlung sind es nur 3,09 %. Das ist darauf zurückzuführen, dass die Bank bei früheren Zahlungen noch den Zinseszinseffekt nutzen kann und deshalb bereit ist, eine etwas niedrigeren Swapsatz zu akzeptieren. Wenn wir einen Receiver-Swap eingehen wollen, wäre für uns der Geld-Satz ausschlaggebend. Der ist natürlich niedriger als der Brief-Satz, den wir zahlen müssten, wenn wir die variable Zinszahlung kaufen wollten, denn schließlich will die Bank für ihre Intermediationsleistung vergütet werden.

4.6.1 Motive für Zinsswaps

Ein Zinsswap ist sinnvoll, wenn man sich gegen Zinsschwankungsrisiken absichern möchte. Das könnte zum Beispiel der Fall sein, wenn das abzusichernde Grundgeschäft in einer variabel verzinsten Anleihe besteht, die man emittiert hat. Sollte man nun steigende Zinsen befürchten und möchte deshalb lieber einen fixen Zins auf die Anleihe zahlen, dann bietet sich ein so genannter „Liability-Swap" ein. Liability ist das englische Wort für Verbindlichkeit. Bei einem Liability-Swap werden Schulden gegen Zinsänderungsrisiken abgesichert.

Angenommen eine Anleihe ist variabel mit dem 12-Monats-EURIBOR verzinst. Der Swapsatz beträgt 5 %. Bei Abschluss eines solchen Liability-Swaps mit einem Kontraktvolumen von beispielsweise 100 Millionen Euro würde das Unternehmen zu den vereinbarten Terminen der Bank stets 5 % auf die 100 Millionen Euro zahlen und dafür den 12-Monats-EURIBOR im Gegenzug erhalten. Alternativ können die beiden gegenläufigen Zahlungen durch eine einzige Saldozahlung ersetzt werden. Bei diesem Barausgleich zahlt nur der „Verlierer" des Swaps an den Gewinner den Differenzbetrag zwischen dem variablen und dem fixen Zinssatz.

Die Zahlung der Bank verwendet das Unternehmen, um die Zinsen der ausstehenden Anleihe zu bezahlen. Insgesamt hat das Unternehmen bei diesem Liability-Swap eine fest verzinste Anleihe synthetisch hergestellt.

Beim Asset-Swap geht es darum, eine Vermögensposition zu sichern. Das ist nicht überraschend, da Asset bekanntlich das englische Wort für Vermögen ist. Beispielsweise könnte ein Fonds-Manager bestrebt sein, aus einer FRN, die er in seinem Portfolio hält, synthetisch eine festverzinsliche Anleihe mit Hilfe eines Zinsswaps herzustellen, weil er beispielsweise Zinssenkungen befürchtet. Dazu geht er mit einer Bank einen Receiver - Swap ein. Der Manager erhält dann natürlich nur den Geld-Satz und muss dafür im Gegenzug die Zinszahlungen, die er von seinem Floater erhält, der Bank überweisen. Dadurch ist er am Ziel seiner Träume angelangt: Er hat das Zinssenkungsrisiko der Anleihe „rausgeswapt" - wie es so schön im besten Finance-Denglisch heißt.

4.6.2 Bewertung von Zinsswaps

Um den fairen Preis für einen Zinsswap zu bestimmen, greifen wir wieder auf das No-Arbitrage-Prinzip zurück, das wir bereits weiter oben im Zusammenhang mit der Bewertung von Optionen kennen gelernt haben. Wir versuchen also den Swapsatz zu finden, bei dem keine Arbitragegewinne realisiert werden können.

Betrachten wir dazu ein Beispiel: Ein Unternehmen will einen Payer-Swap abschließen, bei dem es den im Weiteren zu bestimmenden Swapsatz zahlt und im Gegenzug den 12-Monats-EURIBOR erhält. Die Roll-Over-Termine finden während der dreijährigen Laufzeit jährlich statt. In der folgenden Tabelle sind die resultierenden Ein- und Auszahlungen dargestellt:

Zeitpunkt	0	1	2	3
Bank Unternehmen	–	+ Euribor (0) -r	+ Euribor (1) -r	+ Euribor (2) -r

Für den gesuchten fixen Zinssatz schreiben wir r. Es ist möglich dem Zahlungsstrom nachzubilden, indem man einen EURIBOR-Floater mit gleicher Laufzeit zu einem Kurs von 100 % kauft und diesen Kauf durch die Ausgabe einer fest-verzins-ten Anleihen finanziert. Wenn wir die Anleihe zu einem Kurs von 100 % begeben, dann entspricht ihre Nominalverzinsung der vom Markt geforderten Rendite. Eine solche Anleihe nennt man „Par-Yield-Bond“. Bei Arbitragefreiheit muss die Nominalverzinsung des Par-Yield-Bond dem gesuchten Swapsatz entsprechen. Wäre dies nicht der Fall, so könnte man einen Arbitragegewinn realisieren.

Dazu ein Beispiel: Nehmen wir an, das Zinsniveau eines entsprechenden Par-Yield-Bond beträgt 6 % und der Swapsatz liegt bei 8 %. In dieser Situation, in der die beiden Zinssätze voneinander abweichen, lässt sich ein Arbitragegewinn erzielen. Dazu bedarf es der folgenden Aktionen: Man schließt zunächst einen Receiver-Swap ab und wäre dadurch verpflichtet, den EURIBOR zu liefern. Im Gegenzug erhält man den Swapsatz in Höhe von 8 %. Die EURIBOR-Zahlungsverpflichtung stellen wir sicher, indem wir einen EURIBOR-Floater kaufen. Diesen Kauf finanzieren wir über die Ausgabe des Par-Yield-Bonds, dessen Verzinsung lediglich 6 % beträgt. Da wir auf die festverzinsliche Anleihe nur 6 % Zinsen zahlen, für den Swap aber 8 % erhalten, machen wir zu jedem Zinszahlungsterminen einen risikolosen Gewinn in Höhe von 2 % des Kontraktvolumens! Super, oder? Der einzige Wermutstropfen ist, dass es solche freien Mittagessen in der Regel auf gut funktionierenden Kapitalmärkten nicht gibt! Es würde sich vielmehr ein Swapsatz von 6 % einstellen.

Das Marktzinsniveau des Par-Yield-Bonds ist Ausdruck einer dahinter liegenden Zinsstrukturkurve von Nullkupon-Zinssätzen. Damit wollen wir uns im Weiteren beschäftigen. Wir betrachten dazu den folgenden Swap: Am 1.2.2008 wird der Vertrag geschlossen. Er hat eine dreijährige Laufzeit; der Nennbetrag ist 100 Millionen Euro; Zinszahlungen erfolgen halbjährlich und als Referenzzinssatz wurde der 6-Monats-EURIBOR vereinbart. Wir wollen nun versuchen, mithilfe der folgenden Zerobondzinssätze den fairen Swapsatz zu bestimmen!

t	Zeitraum	Zerobondzins in % p. a.
1	0-0,5	3,5
2	0-1	3,8
3	0-1,5	4,2
4	0-2	4,2
5	0-2,5	4,3
6	0-3	4,4

Tabelle 4.1: Zerobond-Zinsstruktur

Wenn zwei Unternehmen A und B gegenseitig einen Zinsswap eingehen, dann muss der Swap aus Sicht beider Unternehmen jeweils einen Barwert von null ($V_A = 0$) aufweisen. Wir gehen davon aus, dass das Unternehmen A Receiver ist und von B den gesuchten Festzins erhält. Im Gegenzug muss A den variablen Zinssatz zahlen.

Da während der dreijährigen Laufzeit sechs Zinstermine anfallen, läuft der Zeitindex t von eins bis sechs. Die Notation

$$z_{\frac{t-1}{2}/\frac{t}{2}}$$

bezieht sich entsprechend auf den variablen Zins, den Unternehmen A zum Zeitpunkt t - also nach t/2 Jahren an B zahlen muss. Der Wert des Swaps aus Sicht des Unternehmens A ist dann:

$$V_A = \sum_{t=1}^{6} \left[\frac{r}{2} - \frac{z_{\frac{t-1}{2}/\frac{t}{2}}}{2} \right] \cdot N(1 + z_{0,\frac{t}{2}})^{-\frac{t}{2}}$$

In der Formel steht N für den hypothetischen Nennbetrag und V_A für den Barwert des Swaps aus Sicht des Unternehmens A.[1] Die Ausgleichszahlungen werden mit

1 Es ist üblich die auszutauschenden Zahlungen unterjährig zu linearisieren, indem man den jeweiligen Jahreszins halbiert. Für die Diskontierung gilt dies aber nicht.

dem jeweiligen Zerobondzinssatz diskontiert. Zwar sind die variablen Zinszahlungen heute unsicher, sie können jedoch zum Zeitpunkt $t = 0$ durch Termingeschäfte „eingefroren" werden. Mithilfe der Zinsstrukturkurve lassen sich die impliziten Terminzinssätze bestimmen. Denn bei Arbitragefreiheit sollte sich der implizite Terminzinssatz $z_{s,t}$, den man bereits heute für eine Geldanlage von s bis t mithilfe eines Termingeschäftes fixieren kann, aus den beiden Zerobond-Zinssätzen $z_{0,t}$ und $z_{0,s}$ anhand der nachfolgenden Rechnung ergeben:

$$(1+z_{0,t})^t = \underbrace{(1+z_{0,1})\cdot(1+z_{1,2})\cdot\ldots\cdot(1+z_{s-1,s})}_{(1+z_{0,s})^s}\cdot\underbrace{(1+z_{s,s+1})\cdot\ldots\cdot(1+z_{t-1,t})}_{(1+z_{s,t})^{t-s}}$$

$$z_{s,t} = \sqrt[t-s]{\frac{(1+z_{0,t})^t}{(1+z_{0,s})^s}} - 1$$

Mit dieser Formel lassen sich die gesuchten impliziten Terminzinssätze bestimmen. Es ergeben sich die in Tabelle 4.2 aufgeführten impliziten Terminzinssätze.

Zeitraum	Impliziter Terminzins in %
0-0,5	3,5
0,5-1	4,1
1-1,5	4,4
1,5-2	4,8
2-2,5	4,7
2,5-3	4,9

Tabelle 4.2: Implizite Terminzinsen

Der faire Swapsatz r ergibt sich mithilfe der folgenden Rechnung. Dabei gehen wir davon aus, dass beim Abschluss des Vertrages der Swap einen Barwert von null aufweist:

$$V_A = 0$$

$$0 = \sum_{t=1}^{6}\left[\frac{r}{2} - \frac{z_{\frac{t-1}{2}/\frac{t}{2}}}{2}\right]\cdot N(1+z_{0,\frac{t}{2}})^{-\frac{t}{2}}$$

$$0 = r\sum_{t=1}^{6}\left(1+z_{0/\frac{t}{2}}\right)^{-\frac{t}{2}} - \sum_{t=1}^{6}\left(z_{\frac{t-1}{2}/\frac{t}{2}}\right)\cdot(1+z_{0/\frac{t}{2}})^{-\frac{t}{2}}$$

Damit ergibt sich ein Swapsatz r von:

$$r = \frac{\sum_{t=1}^{6}\left(z_{\frac{t-1}{2}/\frac{t}{2}}\right)\cdot(1+z_{0/\frac{t}{2}})^{-\frac{t}{2}}}{\sum_{t=1}^{6}(1+z_{0/\frac{t}{2}})^{-\frac{t}{2}}} \approx 4,38\%$$

4.6.3 Glattstellung

Nicht alle Swap-Verträge werden bis zum Ende der Laufzeit benötigt. Um einen Swap zu beenden, hat man grundsätzlich zwei Möglichkeiten: Entweder man schließt ein exakt gegenläufiges Swap-Geschäft ab oder - und das kommt häufiger vor - man gibt den Swap an den Finanzintermediär zurück, mit dem man den Swap-Vertrag geschlossen hat. Bei dieser Glattstellung kommt es zu einem so genannten „Close-out". Dabei wird der zwischenzeitlich durch geänderte Swapsätze entstandene Barwertvor- beziehungsweise -nachteil des Swap-Käufers mithilfe der Zerobond-Zinssätze berechnet. Je nachdem, ob sich die Position zu Gunsten oder zu Ungunsten des Käufers entwickelt hat, bekommt er den Barwertvorteil ausbezahlt oder muss selbst eine Zahlung in Höhe des Barwertnachteils leisten.

4.6.4 Komparative Kostenvorteile

In der Literatur findet man häufig das Argument, dass Swaps deshalb so populär sind, da Unternehmen mithilfe von Swaps komparative Kostenvorteile in unterschiedlichen Refinanzierungsmärkten gewinnbringend nutzen können. Was damit gemeint ist, werden wir uns am folgenden Beispiel verdeutlichen: Die Bank A kann entweder zu 7 % eine Festzinsanleihe oder zum Zins EURIBOR + 2 % einen Floater begeben. Das Unternehmen B bekommt auf beiden Fremdkapitalmärkten schlechtere Konditionen. Und zwar 9 % für fest verzinste Anleihen und EURIBOR + 4,5 % für variabel verzinste Anleihen. Außerdem nehmen wir an, dass die Bank eine Präferenz für konstante Zinszahlungen und das Unternehmen B eine Präferenz für den variablen Zinsmarkt besitzt. Die auf der nächsten Seite aufgeführte Tabelle fasst die hier beschriebene Situation noch einmal zusammen.

Bank A besitzt auf beiden Zinsmärkten gegenüber B einen absoluten Kostenvorteil. Worauf dieser zurückzuführen sein könnte, sei an dieser Stelle erst einmal dahingestellt. Damit beschäftigen wir uns später und akzeptieren zunächst einmal die

	Zinskosten fix	Zinskosten variabel	Präferenz für
Bank A	7 %	E+2 %	fix
Unternehmen B	9 %	E+4,5 %	variabel
Zinsdifferenz	2 %	2,5 %	

beschriebene Situation so, wie sie ist. Unternehmen B müsste bei den festverzinslichen Anleihen einen um 2 % und bei den variabel verzinsten Anleihen einen um 2,5 % höheren Zins zahlen. Offensichtlich ist der Zinsunterschied bei den festverzinslichen Anleihen kleiner. Hier spricht man von einem „komparativen Kostenvorteil" des Unternehmens B in diesem Marktsegment.

Wenn sowohl die Bank A als auch das Unternehmen B den gleichen Fremdkapitalbetrag für dieselbe Laufzeit benötigen, dann bietet sich ein Zinsswap zwischen den beiden Unternehmen an, bei dem insgesamt - also über beide Unternehmen gerechnet - ein Zinsvorteil entsteht. Er beträgt $2,5\ \% - 2\ \% = 0,5\ \%$. Wenn wir davon ausgehen, dass beide Vertragspartner über dieselbe Marktmacht verfügen, dann würde jeder 25 Basispunkte von dem zu verteilenden „Zinskuchen" abbekommen. In dem sich anbietenden Zinsswap wäre A Payer und B Receiver. (Anmerkung: Es ließe sich auch ein Beispiel konstruieren, in dem B Payer und A Receiver wäre. Allerdings müsste dann auch das Zahlenbeispiel geändert werden, weil in diesem Fall Unternehmen B bei den variablen Zinssätzen einen komparativen Kostenvorteil haben und gleichzeitig eine Präferenz für fixe Zinsen aufweisen sollte.)

Kommen wir zu unserem Beispiel zurück: B möchte - aus nicht weiter explizierten Gründen - gerne variabel verzinstes Fremdkapital aufnehmen. Der einfachste Weg, das zu realisieren, wäre die Verschuldung zu EURIBOR + 4, 5 %. Mithilfe eines Swaps mit der Bank A können diese Zinskosten auf beispielsweise EURIBOR + 4, 25 % gesenkt werden! Dazu müsste das Unternehmen eine zu 9 % verzinste Anleihe emittieren. Außerdem würde sich das Unternehmen dazu verpflichten, der Bank zu den Zinsterminen jeweils EURIBOR + 4, 25 % zu zahlen. Im Gegenzug würde die Bank A dem Unternehmen einen Swapsatz von 9 % zahlen. Die Bank würde eine variabel verzinste Anleihe begeben. Insgesamt hätte sie so ihr Ziel einer fixen Schuld erreicht und gleichzeitig die Finanzierungskosten von sieben auf 6,75 % gesenkt. Das Unternehmen hingegen hätte die gewünschte variable Verschuldung erreicht und zudem die Finanzierungskosten um 25 Basispunkte auf EURIBOR + 4,25 % gesenkt. Offenbar profitieren beide Unternehmen von dem Zinsswap.

Allerdings muss man hier berücksichtigen, dass die unterschiedlichen Zinskosten

	Zinskosten fix	Zinskosten variabel	emittiert zu	zahlt an Partner	Insgesamt
Bank A	7 % (Präferenz)	E + 2 %	E + 2 %	9 %	6,75 %
Unt. B	9 %	E + 4,5 % (Präferenz)	9 %	E + 4,25 %	E + 4,25 %

kein Zufallsprodukt sind, sondern auf eine abweichende Bonität und auf ein damit verbundenes unterschiedliches Ausfallrisiko zurückzuführen sind. Dies müsste natürlich auch im Innenverhältnis berücksichtigt werden. Vielleicht ist das mit der Ausnutzung der komparativen Kostenvorteile doch nicht so einfach, wie es zunächst den Anschein hat.

4.7 Futures und Forwards

Bei Forwards und Futures handelt es sich um so genannte unbedingte Termingeschäfte. Im Gegensatz zu beispielsweise Optionen wird die Durchführung nicht an Bedingungen geknüpft. Die Termingeschäfte sind „unbedingt“. In Abgrenzung dazu wäre ein Beispiel für ein „bedingtes“ Termingeschäft z. B. ein europäischer Call. Bei einer europäischen Kaufoption würde der Halter sein Recht nur unter der Bedingung ausüben, dass der Kurs des Basiswertes zum Ausübungszeitpunkt über dem Strike liegt.

Forwards und Futures sind grundsätzlich sehr ähnlich. Der entscheidende Unterschied besteht darin, dass es sich bei Forwards um individuelle Verträge und bei Futures um börsengehandelte, stark standardisierte Kontrakte handelt. Man könnte etwas pauschalisiert sagen, dass Futures die institutionalisierte Form von Forwardkontrakten sind.

Bei beiden Spielarten der unbedingten Termingeschäfte vereinbaren die Vertragsparteien eine bestimmte Menge eines Underlyings zu einem Zeitpunkt in der Zukunft zu einem jetzt festgelegten Preis zu liefern beziehungsweise abzunehmen. Das auf Termin gehandelte Gut kann dabei alles sein: Von Aktien oder Indizes bis hin zu Schweinehälften. Der Käufer des Futures hat die Pflicht, das Underlying zum vereinbarten Preis zu kaufen, und der Verkäufer des Futures verpflichtet sich zum Verkauf.

geschäft mit allen mögl. Gütern (Tiere, Ressourcen...)

Wir wollen uns im Weiteren auf Future-Kontrakte konzentrieren, da Forwards nur im „Stillen“ zwischen zumeist institutionellen Investoren beziehungsweise Banken abgeschlossen werden. Futures zum Beispiel auf den DAX kann hingegen jeder Handeln. Beim DAX-Future beispielsweise wird von den Vertragsparteien ausgehandelt, welchen Preis der Käufer am Ende der Laufzeit für den DAX zahlen muss. Die Fälligkeitstermine sind bei den stark standardisierten Futures nicht frei wählbar. Bei den an der EUREX gehandelten DAX-Futures ist es zum Beispiel immer der dritte Freitag in den vier Monaten März, Juni, September und Dezember. Ein auf der Hand liegender Vorteil dieser Beschränkung auf wenige Fälligkeitstermine ist die daraus resultierende hohe Liquidität der Kontrakte. Außerdem trägt auch das Market Maker System der Börse zur hohen Liquidität bei. Man kann sich als Käufer beziehungsweise Verkäufer so gut wie sicher sein, dass jemand die gewünschte Gegenposition einnimmt.

Bei Futures werden Gewinne und Verluste täglich ermittelt. Sollte man ins Minus geraten, so setzen Nachschussverpflichtungen ein. (Dies ist übrigens ein weiterer wichtiger Unterschied zu den Forward-Verträgen, bei denen während der Laufzeit keine Zahlungen zu leisten sind.)

Wenn man Futures handeln möchte, ist man zunächst verpflichtet, eine „Initial Margin“ einzulegen, die sich natürlich nach der Höhe des gehandelten Kontraktvolumens bemisst. Entwickelt sich der Future zu unseren Ungunsten, müssen wir, sobald unsere Einlage beim Clearinghouse unter die so genannte „Maintenance Margin“ gefallen ist, unser Konto wieder bis auf die Initial Margin auffüllen. Andernfalls wird die Position zwangsweise glattgestellt (Margin Call). Auf diesem Wege verhindert das zwischengeschaltete Clearinghouse, dass es auf Liquiditätsrisiken sitzenbleibt. Da die Marginleistung für den Intraday Handel - die so genannte Intraday Margin - kleiner ist, als wenn man Positionen über Nacht hält - man spricht hier von der Overnight Margin - handeln viele private Spekulanten nur „intraday“.

Angenommen wir kaufen einen DAX Future zu 6500 Punkten mit Fälligkeit am dritten Freitag im Juni. Außerdem nehmen wir aus Gründen der Vereinfachung an, dass ein Indexpunkt des DAX gerade einem Euro entspricht. Wenn jetzt der DAX zum Ende der Laufzeit steigt - sagen wir auf 7000 Punkte - dann bekommen wir den DAX geliefert und müssen dafür nur 6.500 Euro zahlen. Wir hätten also einen Gewinn von 500 Euro erzielt.

Üblicherweise erfolgt keine physische Andienung aller im DAX enthaltenen Aktien, sondern es kommt zu einem „Cash Settlement“: Wir erhalten statt der im Dax enthaltenen Aktien eine Ausgleichszahlung.

Typischerweise werden Futures nicht bis zur Fälligkeit gehalten, sondern bereits vorher durch das Einnehmen einer Gegenposition glattgestellt. Bleiben wir bei unserem Beispiel: Wir sind eine offene Position eingegangen und haben vereinbart, dass wir für 6.500 Euro den DAX kaufen werden. Nun ist nach ein paar Tagen der DAX stark gestiegen und notiert bei 6700 Punkten. Jetzt ist natürlich niemand mehr bereit, ein unbedingtes Termingeschäft einzugehen, das ihn dazu verpflichtet den DAX für 6.500 Euro zu liefern. Entsprechend ist der Futurepreis an der Börse auf 6730 Punkte gestiegen. Um die Position glatt zu stellen, benötigen wir nun zu unserer Kaufverpflichtung eine entsprechende Verkaufsverpflichtung. Das erste Geschäft nennt man „Half-Turn“ und das nun noch fehlende Gegengeschäft nennt man „Round-Turn“. Wir verkaufen einen DAX Future zu 6730 Punkten und realisieren dadurch einen Gewinn von 230 Euro. Durch den Futureverkauf realisieren wir eine Nettoposition von null. Man beachte, dass wir 230 Euro verdient haben, ohne anfänglich wirklich Geld gezahlt zu haben. Denn unsere Margin-Einlage ist ja nur ein Verlustpuffer für das Clearinghouse und kein „Kaufpreis“. Wir erkennen also, dass man auch beim Handel mit Futures einen großen Hebel hat! Allerdings kann dieser Hebel im Gegensatz zu gekauften Optionsscheinen auch nach hinten losgehen.

Tatsächlich ist es bei den DAX-Futures an der Computer-Terminbörse Eurex in Frankfurt so, dass die Mindestkontraktgröße gleich dem Indexstand multipliziert mit 25 Euro ist. In unserem Beispiel müssten wir also - wenn wir unsere offene Positionen nicht durch einen Round-Turn schließen - zum Fälligkeitstermin den folgenden Betrag zahlen:

$$25 \text{ Euro} \cdot 6.500 = 162.500 \text{ Euro}$$

Wenn der DAX bei 7000 Punkten steht, würden wir einen Gewinn von 12.500 Euro machen. Diesen Gewinn hätten wir durch den Kauf zusätzlicher Futures noch weiter hebeln können! Auch die so genannte „Tick-Size“, worunter die kleinste mögliche Bewegung der DAX-Futures verstanden wird, ist standardisiert: Der Kurs kann minimal um 0,5 Punkte schwanken. Kurse wie 7800,5 Punkte oder 3900,0 Punkte sind möglich. Kurse wie 7912,25 Punkte hingegen nicht!

An Terminbörsen gibt es neben dem Eröffnungs- und dem Schlusskurs sowie dem Höchst - und Tiefstkurs auch noch den so genannten „Settlement-Price“. Er stellt den Wert des Futures nach Handelsschluss dar. Da das Clearinghouse den Settlementpreis benötigt, um Gewinn und Verlust von noch offenen Positionen zu errechnen und entsprechende Nachschussforderungen in Hinblick auf die Margins zu stellen, muss der Settlement-Price auch an Tagen ohne Umsatz bestimmt werden. An sehr liquiden Börsen wie der EUREX ist die Bestimmung des Settlement-Price unproblematisch, da der Futurepreis den „wahren Wert“ relativ gut abbildet. Das ist nicht immer der Fall. Daher gibt es grundsätzlich bei der Bestimmung des Settlement-Price kein an allen Börsen einheitliches Vorgehen. Bei wenig liquiden Märkten ist es notwendig, zu verhinden, dass der Settlement-Price durch „Ausreißer“ verzerrt wird. Häufig wird daher einfach ein Durchschnittspreis der letzten zehn Futurekurse gebildet. Das soll verhindern, dass unrealistische Ausreißer dazu führen, dass zu hohe beziehungsweise zu niedrige Nachschussforderungen vom Clearinghouse erhoben werden.

Der Futurepreis, also der vereinbarte Kurs, zu dem am Laufzeitende das Underlying bezogen werden kann, hängt sehr stark vom Kassapreis, also dem aktuellen Börsenkurs des Underlyings, ab. Zusätzlich muss noch Aufwand bzw. Ertrag, der durch das Vorhalten des Underlyings entsteht - die so genannte „Cost-of-Carry“ - berücksichtigt werden. Da der DAX ein Performanceindex ist und bei seiner Berechnung Dividendenzahlungen direkt wieder investiert werden, entsteht durch das Vorhalten des DAX eigentlich kein Ertrag. Folgerichtig ist die Cost-of-Carry nur auf die entgangenen Zinsgewinne des DAX Verkäufers zurückzuführen! Der faire Futurepreis ergibt sich damit zu:

fairer Futurepreis = aktueller DAX + Zinsen (Cost-of-Carry)

Bei den frei an der Börse gehandelten Futures ergeben sich unter Umständen Abweichungen vom fairen Preis. Deshalb unterscheidet man zwischen der Carry-Basis und der Value-Basis. Sie ergeben in Summe die Basis. Unter der Basis versteht man die Differenz zwischen dem aktuellen Futurepreis und dem Kassapreis.

Carry Basis = Cost-of-Carry = fairer Futurepreis - Kassapreis

Value-Basis = tatsächlicher Futurepreis - fairer Futurepreis

Basis = Carry Basis + Value Basis = tatsächlicher Futurepreis - Kassapreis

Je kürzer die Restlaufzeit des Futures ist, desto kleiner ist die Basis! Kurz vor dem Fälligkeitstermin des Futures entspricht sein Preis in etwa dem Kurs des Underlyings.

5 Duration

5.1 Das Konzept der Macaulay-Duration

Das Konzept der Duration wurde vor über 70 Jahren im Jahr 1938 von Frederic Macaulay entwickelt, um Zinsänderungsrisiken bei Anleihen und bei Portefeuilles aus Anleihen zu untersuchen. Da mittlerweile noch andere, zum Teil weitergehende Durationskonzepte existieren, wird die klassische Duration, mit der wir uns hier beschäftigen wollen, nach ihrem Entwickler auch gerne „Macaulay-Duration" genannt. Die Idee dahinter ist die Folgende:

Bei einer Änderung des Zinsniveaus sind zwei Effekte für die Halter von Anleihen bedeutsam: Zum einen ändert sich der Kurs der Anleihe (Marktwerteffekt) und zum andern verändert sich die vom Halter zu erzielende Verzinsung auf die zwischenzeitlich ausgeschütteten Zinszahlungen (Wiederanlageeffekt). Ein höheres Marktzinsniveau würde beispielsweise dafür sorgen, dass der Kurs der Anleihen fällt, der Marktwerteffekt wäre in diesem Fall negativ, während gleichzeitig die Kuponzinszahlungen zu einer höheren Verzinsung wieder angelegt werden könnten. Eine Zinserhöhung führt also zu einem positiven Wiederanlageeffekt. Es wird klar, dass die Auswirkungen einer Zinsänderung auf den Barwert (also auf den Kurs) und auf den Vermögensendwert des Anlegers gegenläufig sind. Der Kerngedanke des Durationskonzeptes besteht nun darin, dass es während der Laufzeit einen Zeitpunkt geben muss, an dem sich diese beiden gegenläufigen Effekte gerade aufheben. Die Grafik 5.1 auf Seite 147 verdeutlicht dieses Phänomen. Zu jedem Zeitpunkt ist in der Grafik der Gegenwartswert der Gesamtposition des Besitzers der Anleihe für die beiden Zinssätze $i_2 > i_1$ dargestellt. Der jeweilige Gegenwartswert PV_t ergibt sich als Summe aus dem Kurs der Anleihe zu dem jeweiligen Zeitpunkt zuzüglich der bis zu diesem Zeitpunkt erhaltenen Zinsen und Zinseszinsen.

Über dem Zeitstrahl sind die jeweiligen Gegenwartswerte eines Zahlungsstromes bezogen auf den jeweiligen auf der Abzisse abgetragenen Zeitpunkt für zwei unterschiedliche Zinssätze $i_1 < i_2$ aufgetragen. Den Zeitpunkt, in dem der Gegenwartswert des Zahlungsstromes sich bei einer marginalen Zinsänderung nicht ändert, nennt man Duration D. Zu diesem Zeitpunkt heben sich Marktwerteffekt und Wiederanlageeffekt auf. Es gilt also:

$$\frac{\partial PV_D}{\partial q} = 0 \tag{5.1}$$

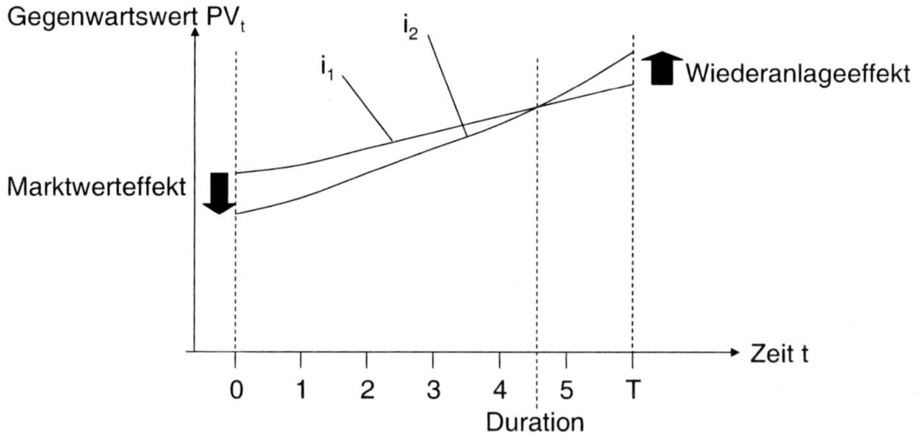

Abbildung 5.1: Marktwert- und Wiederanlageeffekt

PV_D - Gegenwartswert zum Zeitpunkt $t = D$

q - Bruttorendite: $q = 1 + r$

Im Weiteren suchen wir nun nach demjenigen Zeitpunkt D, bei dem die Bedingung 5.1 erfüllt ist. Der Gegenwartswert im Zeitpunkt D ist:

$$PV_D = PV_0 \cdot q^D$$

Um diesen Gegenwartswert abzuleiten, verwenden wir die Produktregel. Nach der Produktregel lautet die Ableitung der Funktion $f(x) = u(x) \cdot v(x)$:

$$\frac{\partial f(x)}{\partial x} = u'(x) \cdot v(x) + v'(x) \cdot u(x)$$

Die Ableitung des Gegenwartswertes im Zeitpunkt D ergibt sich damit zu:

$$\frac{\partial PV_D}{\partial q} = \frac{\partial PV_0}{\partial q} \cdot q^D + D \cdot PV_0 \cdot q^{D-1} = 0$$

Ausklammern der Bruttoverzinsung ergibt:

$$q^D \cdot \left(\frac{\partial PV_0}{\partial q} + \frac{D \cdot PV_0}{q} \right) = 0$$

Da $q^D \neq 0$ gilt, kann auf beiden Seiten durch diesen Term geteilt werden, so dass er verschwindet:

$$\frac{\partial PV_0}{\partial q} + \frac{D \cdot PV_0}{q} = 0$$

Wir lösen die Gleichung nach der gesuchten Duration auf und erhalten:

$$D = -\frac{\partial PV_0}{\partial q} \cdot \frac{q}{PV_0}$$

Um die Interpretation zu erleichtern, schreiben wir diesen Bruch als Doppelbruch:

$$D = -\frac{-\frac{\partial PV_0}{PV_0}}{\frac{\partial q}{q}}$$

Die Duration entspricht also einer Elastizität, und zwar der so genannten Bruttozinselastizität des Barwertes. Offensichtlich kann die Duration auch als Maß für die Auswirkung einer Zinsänderung auf den Barwert dienen.

Doch zurück zur Interpretation der Duration als Zeitpunkt. Um eine Anlagestrategie zu entwickeln, die ein minimales marginales Zinsänderungsrisiko aufweist, lautet die einfache Investitionsregel: Wähle die Duration so, dass sie dem Anlagehorizont entspricht. Das führt nämlich dazu, dass die Anlage keinem marginalen Zinsänderungsrisiko ausgesetzt ist!

Oft werden in Finanznachrichten Durationen von Produkten wie z. B. Zinsoptionen angegeben, die eigentlich keine haben, wenn man die Duration als Zeitpunkt, zu dem sich Marktwert- und Wiederanlageeffekt aufheben, interpretiert. Bei einer Option bedeutet eine Duration von 80 dann, falls beispielsweise eine Kuponanleihe eine Duration von 8 hat, dass das Risiko der Option 10 Mal höher als das der Kuponanleihe ist.

Die hier vorgestellte Duration beruht auf einer Reihe von Annahmen: So wird unter anderem angenommen, dass eine flache Zinsstrukturkurve vorliegt. Schließlich geht man ja von nur einem Zinssatz bei der Barwertberechnung aus. Das Zinsänderungsrisiko bezieht sich ferner nur darauf, dass sich der eine Zins, der für alle Perioden gilt, ab sofort ändert. Trotz dieser restriktiven Annahmen kommt der Duration als Risikokennzahl in der Praxis eine große Bedeutung zu.

Um eine weitere griffige und in der Literatur sehr geläufige Formulierung der Duration zu erhalten, werden wir uns im Weiteren der Barwertformel bedienen:

$$PV_0 = \sum_{t=1}^{T} e_t \cdot q^{-t}$$

e_t - zukünftige Zahlung in Zeitpunkt t

Der Barwert - bzw. Kurs der Anleihe - ergibt sich als Summe der diskontierten Zahlungen, auf die die Anleihe berechtigt. Diese Barwertformel werden wir zunächst ableiten und dann die Ableitung in die Formel für die Duration einsetzen. Auf diese Art und Weise werden wir eine zusätzliche Interpretationsmöglichkeit der Macaulay-Duration kennen lernen.

$$\frac{\partial PV_0}{\partial q} = \sum_{t=1}^{T} -t \cdot e_t \cdot q^{-t-1}$$

Die Formel für die Duration lautet:

$$D = -\frac{-\frac{\partial PV_0}{\partial q} \cdot q}{PV_0}$$

Einsetzen der Ableitung $\partial PV_0 / \partial q$ liefert:

$$D = \frac{-(\sum_{t=1}^{T} -t \cdot e_t \cdot q^{-t-1}) \cdot q}{PV_0}$$

Durch Vereinfachung erhalten wir die folgende Form der Macaulay-Duration, die sehr häufig in der Literatur zu finden ist:

$$D = \sum_{t=1}^{T} t \cdot \frac{e_t \cdot q^{-t}}{PV_0}$$

Der Bruch in der Summe ist gerade der Barwertanteil der einzelnen zukünftigen Zahlungen am gesamten Kurs (Barwert) der Anleihe. Mit diesem relativen Barwertanteil werden die jeweiligen Zahlungszeitpunkte gewichtet und aufaddiert. Die Duration entspricht demnach dem Durchschnitt der mit ihren Barwertanteilen gewichteten Zahlungszeitpunkten.

Verdeutlichen wir uns das an einem Beispiel. Nehmen wir z. B. jeweils eine dreijährige Kuponanleihe mit einem Kupon von 10 % und von 15 %. Sowie eine Kuponanleihe mit einem Kuponzins von 10 % - jedoch mit einer vierjährigen Laufzeit. Dann ergeben sich die folgenden Zahlungsreihen:

A: 10, 10, 110

B: 15, 15, 115

C: 10, 10, 10, 110

Der Kalkulationszinssatz soll 10 % betragen.[1] Dann ergeben sich die folgenden Barwerte respektive Kurse für die Anleihen:

$$PV_A = \frac{10}{1,1} + \frac{10}{(1,10)^2} + \frac{110}{(1,10)^3} = 100 \text{ €}$$

$$PV_B = \frac{15}{1,1} + \frac{15}{(1,10)^2} + \frac{115}{(1,10)^3} = 112,43 \text{ €}$$

$$PV_C = \frac{10}{1,1} + \frac{10}{(1,10)^2} + \frac{10}{(1,10)^3} + \frac{110}{(1,10)^4} = 100 \text{ €}$$

Nun können wir für die drei Anleihen die Duration bestimmen. Für Anleihe A ergibt sich:

$$1 \cdot \frac{10 \cdot 1,1^{-1}}{100} + 2 \cdot \frac{10 \cdot 1,1^{-2}}{100} + 3 \cdot \frac{110 \cdot 1,1^{-3}}{100} = 2,735$$

Die Duration der Anleihe A ist schon relativ nah an der Laufzeit von 3 Jahren. Das ist darauf zurück zu führen, dass der größte „Brocken" der Hauptrückzahlung erst in $T = 3$ erfolgt. Bei einem höheren Kuponzins ist die durchschnittliche Kapitalbindungsdauer niedriger, weil die zwischenzeitlichen Zinszahlungen höher ausfallen:

$$1 \cdot \frac{15 \cdot 1,1^{-1}}{112,43} + 2 \cdot \frac{15 \cdot 1,1^{-2}}{112,43} + 3 \cdot \frac{115 \cdot 1,1^{-3}}{112,43} = 2,647$$

Entsprechend führt die längere Laufzeit bei Anleihe C zu einer höheren Duration:

$$1 \cdot \frac{10 \cdot 1,1^{-1}}{100} + 2 \cdot \frac{10 \cdot 1,1^{-2}}{100} + 3 \cdot \frac{10 \cdot 1,1^{-3}}{100} + 4 \cdot \frac{110 \cdot 1,1^{-4}}{100} = 3,486$$

1 Der Kurs einer Anleihe ergibt sich als Barwert der Zins- und Tilgungszahlungen. Als Kalkulationszins wird dabei die so genannte Umlaufrendite verwendet. Sie schwankt entsprechend mit dem Kurs der Anleihe.

Eine höherer Kalkulationszins führt zu einer kürzeren bzw. niedrigeren Duration.

Wir können also zusammenfassen, dass die Duration ceteris paribus von den folgenden Faktoren abhängig ist:

- Laufzeit der Anleihe (je länger desto höher die Duration)
- Höhe des Kupons (je höher desto schneller fließt das Kapital zurück und umso kleiner ist die Duration)
- Kalkulationszins (je höher der Kalkulationszins ist, umso schneller fließt das gebundene Kapital aufgrund der Verzinsung zurück und umso geringer ist die Duration!)

Für die Duration gilt, dass je höher der Nominalzins und die Rendite ist, desto niedriger ist die Duration. Der Zusammenhang zur Restlaufzeit ist gegenläufig: Je höher die Restlaufzeit ist, desto höher ist auch die Duration.

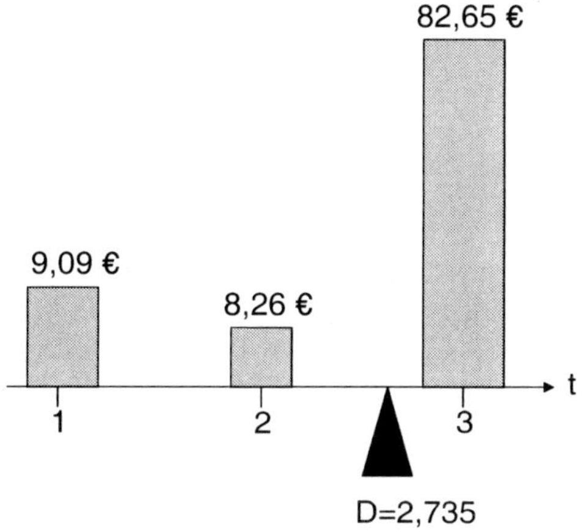

Abbildung 5.2: Barwerte-Waage

Eine schöne Möglichkeit, sich die Duration bildlich vorzustellen, besteht darin die Duration als Unterstützungspunkt einer Waage zu sehen. Die Waage ist dabei der Zeitstrahl, auf dem die jeweiligen Barwerte der einzelnen Zahlungen als „Gewichte" lasten. Wird der Zeitstrahl genau bei der Duration unterstützt, dann ist die Waage im Gleichgewicht.

Nehmen wir als Beispiel eine Kuponanleihe mit einer dreijährigen Laufzeit und einem Kuponzinssatz von 10 %. Die sich ergebende Zahlungsreihe lautet dann: (10€, 10€, 110€). Die Barwerte der Zahlungen sind bei einer Rendite von 10 %: (9,09€, 8,2645€, 82,65€). Die Duration dieser Anleihe beträgt 2,735 Jahre - wie wir weiter oben bereits ausgerechnet hatten. Die Grafik 5.2 auf Seite 151 veranschaulicht die Interpretation der Duration als Unterstützungspunkt der Barwerte-Waage.

Das Hebelgesetz, das wir noch aus dem Physik-Unterricht kennen, lautet: „Last mal Lastarm gleich Kraft mal Kraftarm". Wie wir aus der Abbildung erkennen, muss also der „Zeithebel" von dem jeweiligen Zeitpunkt bis zur Duration multipliziert mit dem entsprechenden Barwert für beide Seiten der Waage in Summe das gleiche ergeben. Das wollen wir mal ausrechnen:

$$9,09 \cdot (2,735-1) + 8,2645 \cdot (2,735-2) = 21,9$$

Das soll gleich dem „Drehmoment" der rechten Seite sein:

$$82,645 \cdot (3-2,735) = 21,9$$

Siehe da, die Wippe ist im Gleichgewicht! Um allgemeingültig zu zeigen, dass die Barwertwaage sich bei der Duration als Unterstützungspunkt im Gleichgewicht befindet, muss gezeigt werden, dass die folgende Gleichung erfüllt ist:

$$\sum_{t=1}^{T} (D-t) \cdot e_t \cdot q^{-t} = 0$$

Dieser Zusammenhang lässt sich relativ schnell mit Hilfe der Durationsformel zeigen:

$$D = \frac{\sum_{t=1}^{T} t \cdot e_t \cdot q^{-t}}{PV_0}$$

Der Barwert PV_0 wird auf die andere Seite gebracht:

$$D \cdot PV_0 = \sum_{t=1}^{T} t \cdot e_t \cdot q^{-t}$$

Jetzt bringen wir alles auf die linke Seite und schreiben den Barwert als Summe der diskontierten Zins- und Tilgungszahlungen:

$$D \cdot \sum_{t=1}^{T} e_t q^{-t} - \sum_{t=1}^{T} t \cdot e_t \cdot q^{-t} = 0$$

Damit ist der Beweis auch schon zu Ende. Wir fassen die beiden Summen zusammen und erhalten die gesuchte Gleichung:

$$\sum_{t=1}^{T}(D-t)\cdot e_t \cdot q^{-t} = 0$$

Wie hoch ist nun die Duration eines Zerobonds? Anhand der letzten Gleichung erkennen wir sofort, dass $D_z = T$ gelten muss. Auch grafisch erkennt man anhand der Wippe sofort, dass die Duration gleich der Laufzeit sein muss, weil andernfalls der „Rückzahlungsturm" umstürzen müsste. Schließlich erfolgt bei der Nullkuponanleihe nur eine einzige Zahlung am Ende der Laufzeit.

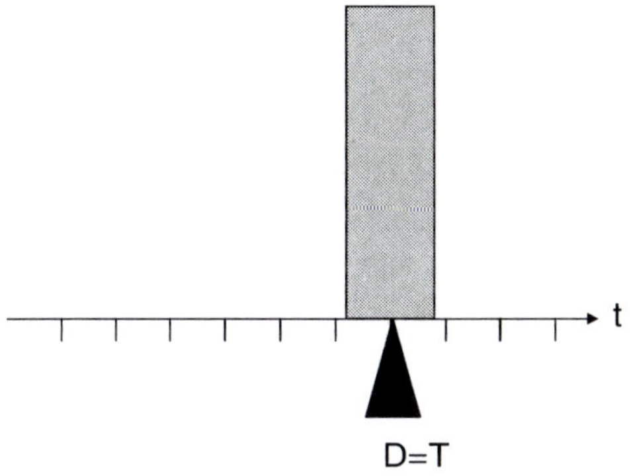

Abbildung 5.3: Duration des Zerobonds

Dieses intuitive Ergebnis, dass die Duration eines Zerobonds seiner Laufzeit entspricht, können wir auch analytisch zeigen: Der Rückzahlungsbetrag beim Zerobond mit einem Nennbetrag von N, einer Laufzeit von T und einem Zerobondzinssatz von z ist gerade:

$$e_T = (1+z)^T \cdot N$$

Der Barwert ergibt sich zu:

$$PV_0 = \frac{(1+z)^T \cdot N}{q^T}$$

Die Ableitung nach der Bruttorendite q ist dann:

$$\frac{\partial PV_0}{\partial q} = -\frac{T \cdot (1+z)^T \cdot N}{q^{T+1}}$$

Einsetzen in die Formel für die Duration ergibt:

$$D = +\frac{T \cdot (1+z)^T \cdot N}{q^{T+1}} \cdot \frac{q}{PV_0}$$

$$D = +\frac{T \cdot (1+z)^T \cdot N}{q^{T+1}} \cdot \frac{q}{\frac{(1+z)^T \cdot N}{q^T}}$$

Man kann fast alles wegkürzen, so dass sich schließlich ergibt:

$$D = T$$

Die grafische Intuition war also richtig: Die Duration eines Zerobonds ist gleich seiner Laufzeit. Man erkennt unschwer, dass Nullkuponanleihen viel stärker auf Zinsänderungen reagieren als z. B. Kuponanleihen.

5.2 Duration eines Anleihen-Portfolios

Die Duration eines Portfolios lässt sich aus den einzelnen Durationen der in diesem Portfolio enthaltenen Zahlungsströmen errechnen. Die Formel dafür lautet:

$$D_p = \sum_n w_n \cdot D_n \qquad \text{mit} \qquad w_n = \frac{PV_0^n}{PV_0^p}$$

Die Duration jedes im Portfolio enthaltenen Zahlungsstromes wird mit seinem Barwertanteil gewichtet, so dass die Summe der gewichteten Durationen gerade die Gesamt-Duration des Portfolios ergibt!

Diese Behauptung werden wir zunächst allgemein beweisen:

$$D_p = \sum_{n=1}^{N} w_n \cdot D_n$$

Einsetzen für die Gewichte w_n ergibt:

$$D_p = \sum_n \frac{PV_n}{PV_{PF}} \cdot \sum_t t \cdot \frac{e_{tn} \cdot q^{-t}}{PV_n}$$

Wobei e_{tn} für die Zahlung steht, die der Zahlungsstrom n im Zeitpunkt t erbringt. Für jeden Zahlungsstrom n kürzt sich jeweils PV_n raus! Der Wert des Portfolios PV_{PF} ist eine Konstante, so dass wir schreiben können:

$$D_p = \sum_t t \cdot \frac{e_t \cdot q^{-t}}{PV_{PF}} \quad mit \quad e_t = \sum_n e_{tn}$$

Damit hätten wir unsere Behauptung bewiesen! Die Duration eines Portfolios ergibt sich als Summe der mit ihren Barwertanteilen gewichteten Einzel-Durationen.

5.3 Die Modifizierte Duration von Hicks

Mitte der 40er Jahre entwickelte John Hicks die Macaulay Duration weiter zur modifizierten Duration (modified duration - abgekürzt: MD). Sie berechnet sich sehr leicht aus der Duration, indem man die klassische Duration einfach durch den Bruttokalkulationszins bzw. durch die Bruttoumlaufrendite teilt.

$$MD = \frac{-\partial PV_0/\partial q}{PV_0} = D \cdot \frac{1}{1+r}$$

Die modifizierte Duration liefert eine relativ gute Abschätzung der prozentualen Kursänderung der Anleihe bei einer Änderung des Zinssatzes um 100 Basispunkte bzw. um 1 Prozent. Die Duration der Kuponanleihe A hatten wir weiter oben bereits zu $D_A = 2,735$ bestimmt. Die modifizierte Duration ergibt sich dann bei der angenommenen Rendite von 10 % zu: $MD = 2,735/1,1\ \% = 2,49\ \%$. Mit anderen Worten: Wenn die Rendite um 1 % steigt oder fällt, dann verändert sich der Kurs entsprechend um 2,49 %. Der Kurs beträgt bei 10 % 100 Euro. Dieser Barwert verändert sich bei $i = 11\%$ auf:

$$PV_A(11\ \%) = \frac{10}{1,11} + \frac{10}{1,11^2} + \frac{110}{1,11^3} = 97,56$$

Es tritt also annähernd das ein, was die modifizierte Duration vorhergesagt hat: Eine Renditesteigerung um 1 % sorgt für eine Kurseinbuße von 2,44 %.

Wenn man den relativen Kurseinbruch bei einer kleinen Renditesteigerung abschätzen will, kann man auf die folgende Formel zurückgreifen:

$$-MD \cdot \Delta r \approx \frac{\Delta PV}{PV_0}$$

Die Änderung der Rendite wird in Prozent angegeben, so dass auch die Kursänderung eine Prozentangabe ist. Praktiker arbeiten hier gerne mit Basispunkten, also Hundertstel Prozentpunkten. Deshalb findet man häufig eine modifizierte Version der modifizierten Duration. Denn bei einer Renditesteigerung von einem Basispunkte fällt der Anleihenkurs in etwa um MD/100 Basispunkte. Diesen Bruch bezeichnet man als Basis Point Value beziehungsweise als Present Value of One Basis Point (PV01). Wenn man will, kann man sich die modifizierte Duration auch grafisch veranschaulichen. Sie ist nämlich die negative Ableitung der Funktion $ln[PV(r)]$.

$$-MD = \frac{\partial(ln[PV(r)])}{\partial r}$$

Bei der Ableitung der ln-Funktion nach r muss die Kettenregel berücksichtigt werden. Wir erhalten:

$$-MD = \frac{1}{PV(r)} \cdot \frac{\partial PV(r)}{\partial r}$$

In der Abbildung 5.4 erkennen wir, dass die modifizierte Duration nichts anderes als die negative Steigung der logarithmierten Barwertfunktion ist.

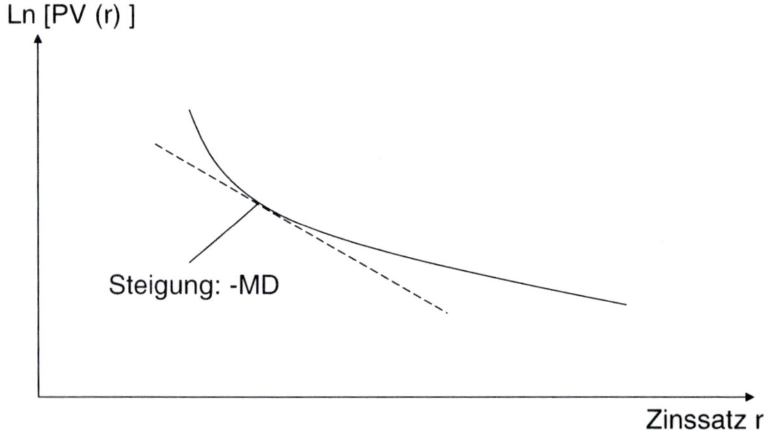

Abbildung 5.4: Modifizierte Duration als negative Steigung der log. Barwertfunktion

Mithilfe des Durationskonzeptes versuchen Banken und Versicherungen bei der so genannten Aktiv-Passiv-Steuerung, ihre Aktionäre gegen Zinsänderungsrisiken abzusichern. Das ist die Aufgabe des Asset-Liability-Managements. Ziel dabei ist das so genannte „Durations-Matching“: Die Wertänderung des Vermögens soll bei einer Zinsänderung der Wertschwankung der Verbindlichkeiten der Bank entsprechen, damit sich keine Auswirkungen auf den Wert des Eigenkapitals der Bank ergeben. Diesen Zusammenhang versucht die Abbildung 5.5 zu verdeutlichen.

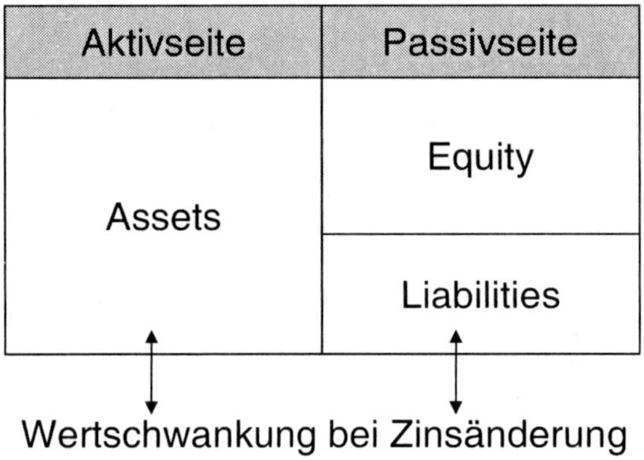

Abbildung 5.5: Zinsabhängigkeit des Unternehmenswertes und des Fremdkapitals

Aus dieser Idee folgt die formale Forderung:

$$\frac{\partial PV_A}{\partial r} = \frac{\partial PV_L}{\partial r}$$

Wobei PV_A dem Wert der Assets und damit dem Unternehmenswert und PV_L dem Marktwert der Unternehmensverbindlichkeiten entspricht. Die Wertschwankungen können mithilfe der modifizierten Duration ausgedrückt werden:

$$MD_A \cdot PV_A = MD_L \cdot PV_L$$

Durch Multiplikation auf beiden Seiten der Gleichung mit der Bruttorendite ergibt sich alternativ:

$$D_A \cdot PV_A = D_L \cdot PV_L$$

Den gleichen Zusammenhang hätten wir auch auf anderem Wege herleiten können. Denn schließlich ist das Ziel, dass der Wert des Eigenkapitals bei einer Zinsänderung konstant bleibt. Das Eigenkapital soll also eine Duration von null haben:

$$D_{Equity} = 0$$

Da der Unternehmenswert sich als Summe des Eigen- und des Fremdkapitals ergibt und deshalb PV_A entspricht, kann die Gesamtduration des Unternehmens mithilfe der mit ihrem Barwertanteil gewichteten Durationen des Eigen- und des Fremdkapitals bestimmt werden. Denn schließlich ist der Unternehmenswert der Wert eines Portfolios, in dem sich alle Finanzierungstitel (also sowohl EK als auch FK) befinden:

$$\frac{PV_{Equity}}{PV_A} \cdot D_{Equity} + \frac{PV_L}{PV_A} \cdot D_L = D_A$$

Da das Eigenkapital keiner Wertschwankung bei einer marginalen Zinsänderung unterliegen soll, muss die Duration des Eigenkapitals gleich null sein, so dass sich die folgende Zielsetzungen für das Asset-Liability-Management ableiten lässt:

$$PV_L \cdot D_L = D_A \cdot PV_A$$

Natürlich ist es jetzt keine große Überraschung, dass wir zum selben Ergebnis wie oben gelangen, aber dennoch ist auch die Tatsache interessant, dass eine Orientierung an der Duration auch auf der Ebene des aggregierten Unternehmens sinnvoll sein kann. Außerdem ist an dieser Stelle Vorsicht angebracht, denn selbstverständlich könnte eine starke Veränderung der Zinsen trotz Durations-Matching Einfluss auf den Wert des Eigenkapitals haben.

5.5 Effektive Duration

Das Durationskonzept beruht auf der Annahme einer flachen Zinsstrukturkurve. Sie misst die Bruttozinselastizität des Barwertes, ist also ein Maß für das Marktrisiko von Anleihen.[2] Eine mögliche Erweiterung des Durations-Konzeptes ist die so genannte effektive Duration. Die Annahme einer flachen Zinsstrukturkurve wird

2 Andere Risiken, die mit der Anleihe verbunden sein könnten, wie zum Beispiel das Bonitäts- oder das Liquiditätsrisiko, berücksichtigt die Duration nicht.

fallen gelassen und statt dessen erfolgt die Diskontierung nicht mit einem einheitlichen Zins, sondern mit den jeweiligen Spot-Rates. Die Spot-Rate r_t entspricht der Nullkupon-Rendite für den Zeitraum 0 bis t. Aus der „normalen" Duration

$$D = \sum_{t=1}^{T} t \cdot \frac{e_t \cdot q^{-t}}{PV_0}$$

wird somit mit $q_t = 1 + r_t$ die effektive Duration:

$$ED = \sum_{t=1}^{T} t \cdot \frac{e_t \cdot q_t^{-t}}{PV_0}$$

Die effektive Duration bezieht sich auf den Fall, dass sich alle Zinssätze der nichtflachen Zinsstrukturkurve um den gleichen marginalen Betrag ändern. Diesen Fall bezeichnet man auf Englisch als „parallel shift". Allerdings muss es in der Praxis nicht zwangsläufig zu einer parallelen Verschiebung der gesamten Zinsstrukturkurve kommen. Denn auch einzelne Nullkupon Zinssätze könnten sich - unabhängig von den übrigen Nullkuponzinssätzen mit anderer Laufzeit - ändern. Um die prozentuale Kursänderung bei einem sehr kleinen parallel shift zu bestimmen, verwendet man eine Kennzahl, die mit der modified Duration vergleichbar ist. Die so genannte modifizierte effektive Duration wird folgendermaßen berechnet:

$$MED = \frac{ED}{1+r}$$

Der nächste logische Schritt, um das Durationskonzept zu erweitern, besteht darin, eine Duration zu bestimmen, die nicht nur eine parallele Verschiebung der Zinsstrukturkurve erlaubt, sondern auch eine Risikobetrachtung ermöglicht, wenn sich die Form der Zinsstrukturkurve verändert. Also wenn die „yield curve" sich verdreht. Man spricht in diesem Fall von einem so genannten „Twist". Um zu untersuchen, was bei einem Twist geschieht, benötigen wir die so genannte Key Rate Duration. Unter Key Rate versteht man in diesem Kontext den Nullkupon-Zinssatz für eine bestimmte Laufzeit. Das Vorgehen ist bei der Ermittlung der Key Rate Duration das folgende: Als erstes wird jeweils für jede Laufzeit die Kursänderung der Anleihe bei Änderung der auf diese Laufzeit bezogenen Key Rate berechnet. Die Key Rate Duration KRD_t bezogen auf den Zeitpunkt t beschreibt - vergleichbar mit der modifizierten Duration - die prozentuale Kursänderung der Anleihe bei Änderung einer einzelnen Spot-Rate r_t:

$$KRD_t = -\frac{\partial PV_0/\partial r_t}{PV_0} = \frac{1}{1+r_t} \cdot \left[t \cdot \frac{e_t \cdot (1+r_t)^{-t}}{PV_0} \right]$$

$$KRD_t = \frac{1}{1+r_t} \cdot D_t$$

Um die KRD_t bei marginaler Zinsänderung zu approximieren, bestimmt man den Kurs der Anleihe vor und nach der Änderung der jeweiligen Spot-Rate. Wenn der betreffende Zerobondzinssatz steigt, ist die Kursänderung der Anleihen negativ. Deshalb gilt folgender Zusammenhang:

$$\Delta PV_t = -(PV \cdot KRD_t \cdot \Delta r_t)$$

oder

$$KRD_t = -\frac{\Delta PV_t}{PV \cdot \Delta r_t}$$

Wenn sich mehrere Key Rates glecihzeitig ändern, ergibt sich die gesamte Kursänderung als Produkt des Anleihenkurses mit der Summe der mit der jeweiligen KRD_t gewichteten Zinsänderungen:

$$\Delta PV = -PV \sum_{t=1}^{T} KRD_t \cdot \Delta r_t$$

Um uns das KRD-Konzept zu verdeutlichen, betrachten wir die folgende Beispielanleihe:

Bsp.

Laufzeit:	$T = 3$ Jahre
Nennbetrag:	$N = 100$ Euro
Kuponzinszahlung:	5 Euro

In der Tabelle 5.1 auf Seite 161 ist die aktuelle und die erwartete neue Zinsstrukturkurve sowie die Änderung der jeweiligen Spot-Rate dargestellt.

Laufzeit	1	2	3
Alter Zerobondzinssatz	3 %	4 %	5 %
Neue Spot-Rate	3,5 %	4,8 %	6 %
Änderung Δr_t	0,5 %	0,8 %	1 %

Tabelle 5.1: Änderung der Zinsstrukturkurve

Der alte Kurs unserer Anleihe betrug:

$$PV = \frac{5}{1,03} + \frac{5}{1,04^2} + \frac{105}{1,05^3} = 100,18\ €$$

Nun rechnen wir die Key Rate Duration KRD_t für jede Änderung einer Spot-Rate - also für jeden „Shift" - gesondert aus:

t	Shift 1	Shift 2	Shift 3
1	**3,5 %**	3 %	3 %
2	4 %	**4,8 %**	4 %
3	5 %	5 %	**6 %**
PV	100,16 €	100,11 €	97,64 €
KRD_t	0,04661	0,087604	2,5383

Tabelle 5.2: Änderung der Spot-Rate im Zahlenbeispiel

Selbstverständlich können wir den neuen Kurs der Anleihe, nachdem sich die Zinsstrukturkurve verdreht hat, also mit den drei neuen Zerobond Zinssätzen, bestimmen:

$$PV = \frac{5}{1,035} + \frac{5}{1,048^2} + \frac{105}{1,06^3} = 97,5434\ €$$

Die relative Kursänderung beträgt also:

$$\frac{\Delta PV}{PV_0} = \frac{97,5434 - 100,18}{100,18} = -2,6\%$$

Diese relative Kursänderung können wir auch mithilfe der KRD_t abschätzen:

$$\frac{\Delta PV}{PV} = -\sum_{t=1}^{T} KRD_t \cdot \Delta r_t$$

$$\frac{\Delta PV}{PV} = -(0,04661 \cdot 0,5\ \% + 0,087604 \cdot 0,8\ \% + 2,5383 \cdot 1\ \%) = -2,63\ \%$$

5.6 Die Konvexität

Leider sind normale Barwertfunktionen in der Regel konvex, so dass man bei der Abschätzung der Kursänderung für den Fall relativ großer Zinsänderungen unter Umständen ziemlich daneben liegt. Für kleine Zinsänderungen ist die Abschätzung mithilfe der modifizierten Duration super, aber bei größeren Änderungen brauchen wir etwas Besseres! Um das Problem auch noch einmal grafisch zu veranschaulichen, ist in Abbildung 5.6 eine typische konvexe Barwertfunktion abgebildet.

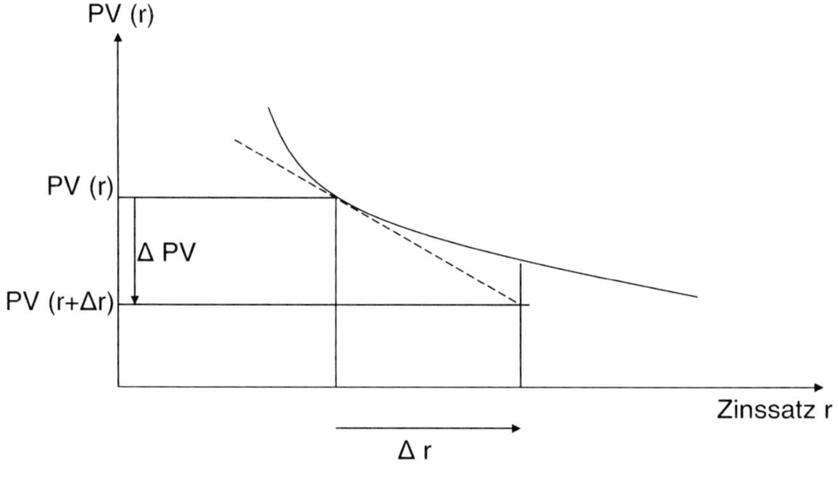

Abbildung 5.6: Abschätzung des Kurseinbruches bei einer Zinssteigerung

Die Barwertfunktion ist konvex, das bedeutet, dass die zweite Ableitung positiv ist. Man erkennt dies in der Grafik 5.6 sehr gut an der Krümmung der Kurve. Die Funktion fällt, aber sie fällt mit steigendem Zins immer weniger stark. Um die Kursänderung ΔPV bei einer nicht-marginal Zinsänderung Δr zu approximieren, bedienen wir uns der beiden ersten Gliedern der Taylor-Reihe:

$$dPV = \frac{\partial PV}{\partial r} \cdot \Delta r + \frac{1}{2} \cdot \frac{\partial^2 PV}{\partial r^2} (\Delta r)^2 + \ldots$$

Da wir uns für die prozentuale Kursveränderung interessieren, teilen wir die letzte Gleichung auf beiden Seiten durch den Kurs *PV* der Anleihe vor der sprungartigen Zinssatzänderung:

$$\frac{dPV}{PV} = \frac{\frac{\partial PV}{\partial r}}{PV} \cdot \Delta r + \frac{1}{2} \cdot \frac{\frac{\partial^2 PV}{\partial r^2}}{PV} (\Delta r)^2 + \ldots$$

Im ersten Summanden erkennen wir sofort die modifizierte Duration wieder. Im zweiten Summanden steckt eine weitere Anleihen-Kennzahl, die für uns neu ist: Die so genannte Konvexität. Sie wird auf unterschiedliche Art und Weise definiert. Entweder definiert man sie einfach als zweite Ableitung des Kurses. In diesem Fall würde sie sich im Zähler des zweiten Summanden wiederfinden. Oder aber - und diese Notation findet man in der Literatur häufiger - man definiert die Konvexität als:

$$C = \frac{PV''}{PV}$$

Im zweiten Fall würde die Konvexität dem ganzen Bruch im zweiten Summanden der Taylor-Entwicklung entsprechen. Sie ließe sich folgendermaßen errechnen:

$$C = \frac{\sum_{t=1}^{T} t \cdot (t+1) e_t \cdot q^{-t-2}}{\sum_{t=1}^{T} e_t \cdot q^{-t}}$$

Alternativ kann die Konvexität auch so geschrieben werden:

$$C = \frac{1}{(1+r)^2} \cdot \frac{\sum_{t=1}^{T} t \cdot (t+1) e_t \cdot q^{-t}}{PV}$$

Mithilfe der modifizierten Duration und der Konvexität ist es möglich, die relative Kursänderung einer Anleihe bei einem mittelgroßen Zinssprung zu approximieren.

$$\frac{dPV}{PV} = -\underbrace{\frac{D}{(1+r)}}_{MD} \Delta r + \frac{1}{2} \cdot C \cdot (\Delta r)^2$$

Der erste Term ist für $\Delta r > 0$ negativ. Da der zweite Term bei konvexer Barwertfunktion positiv ist, wird klar, dass man den relativen Kurseinbruch überschätzt, wenn man bei relativ großen Zinsänderungen nur die modifizierte Duration zur Abschätzung des Kurseinbruches verwendet. Das hat man ja bereits weiter oben in der Abbildung gesehen.

5.7 Duration der ewigen Rente

Bei bestimmten Anleihen wie zum Beispiel so genannten Consol-Bonds wird der Nominalbetrag nie zurückgezahlt. Sie haben eine unendliche Laufzeit und aus diesem Grund kann man ihren Kurs als Barwert einer ewigen Rente auffassen, wenn man das Ausfallrisiko ignoriert. Der Kurs ist dann:

$$PV = \frac{g}{i}$$

g - ewige Rente

Damit ergibt sich für die Duration:

$$D = -\frac{\partial PV_0}{\partial q} \cdot \frac{q}{PV_0} = \frac{g}{i^2} \frac{(1+i)}{\frac{g}{i}} = 1 + \frac{1}{i}$$

Man erkennt an der Formel, dass die Duration nur von der Rendite der ewigen Rente abhängt! Alle ewigen Renten mit gleicher Rendite haben die gleiche Duration!

5.8 Zinsimmunisierung

Die weiter oben kennen gelernten Konzepte Duration und Konvexität sind äußerst hilfreich, wenn es darum geht, einen Zahlungsstrom gegen Zinsänderungsrisiken zu immunisieren. Wenn von Zinsimmunisierung die Rede ist, dann ist damit gemeint, dass sich der Barwert der Zahlungsreihe nach der Immunisierung bei marginalen Zinsänderungen gar nicht und bei nicht-marginalen Zinsänderungen nur geringfügig ändert.

Wenn man sich zum Beispiel eine typische Barwertfunktion eines künftigen Einzahlungsstroms anschaut, dann sieht man, dass bei einer Zinssteigerung der PV fällt und dass er bei einer Zinssenkung steigt (Siehe Abbildung 5.7 auf Seite 165).

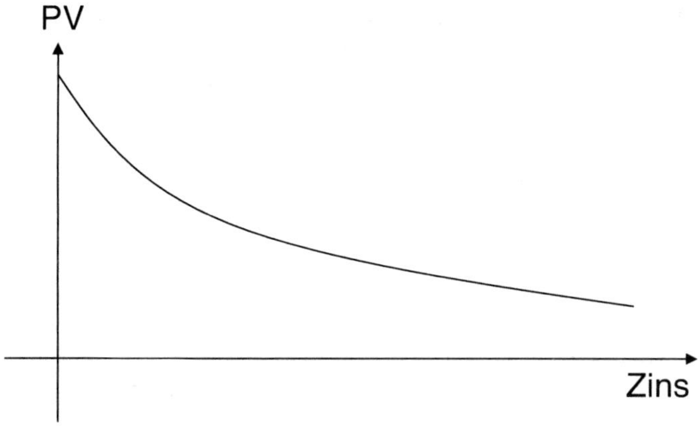

Abbildung 5.7: Barwertfunktion

Um den Zahlungsstrom gegen Zinsänderungen zu immunisieren, fügt man ihm einen barwertneutralen Zahlungsstrom hinzu, so dass die Barwertfunktion nach der Immunisierung in etwa dem Verlauf in Abbildung 5.8 entspricht.

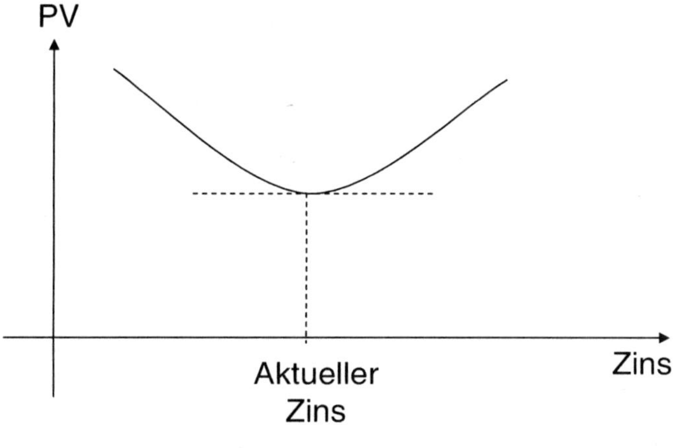

Abbildung 5.8: Immunisierte Position

Da die Ableitung der Barwertfunktion nach der Immunisierung beim aktuellen Zins null ist, verändert sich nach der Immunisierung bei einer marginalen Zinsänderung der Barwert nicht mehr. Das kann man auch anders ausdrücken: Wenn der Zins marginal steigt, verlieren wir weniger als in der Ausgangssituation und, falls der

Zins marginal fällt, profitieren wir im Vergleich zur Situation vor der Immunisierung weniger stark - nämlich gar nicht.

Da die Ableitung der Barwertfunktion null ist, ergibt sich folgerichtig eine Duration von null. Das erkennt man gut an der folgenden Formel:

$$D = -PV'(q) \cdot \frac{q}{PV}$$

Die Konvexität hingegen muss - wie man an der Abbildung 5.8 auf Seite 165 unschwer erkennt - positiv sein. Die immunisierte Barwertfunktion ist schließlich positiv gekrümmt! Anders formuliert: Egal wie sich die Rendite ändert, der Wert unseres Portfolios steigt!

Es wird Zeit, sich das Ganze mithilfe eines Beispiels klar zu machen: Wir beginnen mit einem Zahlungsstrom, dessen Barwert bei steigendem Zins fällt. Das ist zum Beispiel bei einer Normalinvestition der Fall. In drei Jahren (also zum Zeitpunkt $t = 3$) sollen 120 Euro investiert werden, die dann zum Zeitpunkt $t = 4$ einen positiven Cashflow von 140 Euro erbringen werden. Der aktuelle Marktzinssatz für Investitionen mit vergleichbarem Risikoprofil beträgt derzeit 8 %.

t	1	2	3	4
CF	0	0	-120	140 Euro

Der Barwert der Zahlungsreihe beträgt:

$$PV = \frac{-120}{1,08^3} + \frac{140}{1,08^4} = 7,64 \text{ Euro}$$

Die erste Ableitung nach dem Zins beträgt an der Stelle $q = 1,08$:

$$PV' = \frac{3 \cdot 120}{1,08^4} - \frac{4 \cdot 140}{1,08^5} = -116,516$$

Die PV-Funktion hat also - was bei einer Normalinvestition nicht wirklich überrascht - einen fallenden Verlauf. Die Duration des Zahlungsstromes lässt sich anhand der ersten Ableitung einfach bestimmen:

$$D = -PV' \cdot \frac{q}{PV}$$

$$D = 116{,}516 \cdot \frac{1{,}08}{7{,}64} = 16{,}47$$

Nur zur Übung können wir die Duration auch noch einmal „zu Fuß“ ausrechnen:

$$D = 3 \cdot \frac{-120}{1{,}08^3 \cdot 7{,}64} + 4 \cdot \frac{140}{1{,}08^4 \cdot 7{,}64} = 16{,}47$$

Selbstverständlich kommen wir auf diesem Rechenweg zum selben Ergebnis. Man beachte, dass die Duration länger als die eigentliche Laufzeit des Projektes ist. Die Konvexität ist an dieser Stelle, da auch die zweite Ableitung der Barwertfunktion positiv ist, positiv.

Im Weiteren gilt es, einem Zahlungsstrom $(\Delta CF_1, ..., \Delta CF_T)$ mit einem Preis von null Euro zu finden, durch dessen Hereinnahme unser Portfolio gegen Zinsänderung Risiken geschützt wird. Da der hereingenommene Zahlungsstrom Barwert neutral sein soll, lautet die erste Bedingung für den Immunisierungs-Zahlungsstrom:

$$PV(\Delta CF) = 0$$

Denn der Barwert des Portfolios soll auch nach der Immunisierung $PV(\Delta CF + CF)$ weiterhin $7{,}64$ Euro betragen! Außerdem wissen wir, dass die Duration des Gesamtportfolios nach der Immunisierung null betragen soll.

Die einfachste Art und Weise einen solchen Zahlungsstrom zu konstruieren, besteht darin, lediglich zwei Zahlungen zu betrachten, z. B. eine in $t = 2$ und eine in $t = 4$. Wir können dann nämlich aus den beiden Bedingungen, dass sowohl der Barwert des hinzu genommenen Zahlungsstromes als auch die Duration der Gesamtposition gleich null sein sollen, ein Gleichungssystem mit zwei Gleichungen und zwei Unbekannten - nämlich den beiden Cashflows - aufstellen und lösen.

Beginnen wir mit der Gleichung für die Barwertneutralität:

$$PV(\Delta CF_t) = \frac{\Delta CF_2}{1{,}08^2} + \frac{\Delta CF_4}{1{,}08^4} = 0 \quad \Rightarrow \quad CF_4 = -1{,}08^2 \cdot \Delta CF_2$$

Dieses Ergebnis ist nicht besonders überraschend. Denn eine Investition, die nur ihre Kapitalkosten erbringt, hat stets einen Barwert von null.

Die zweite Bedingung lautet, dass die Duration des Gesamtzahlungsstromes nach der Immunisierung gleich null sein soll:

$$D(CF_t + \Delta CF_t) = 0$$

Ausgeschrieben entspricht das:

$$0 = 2 \cdot \frac{\Delta CF_2 \cdot 1,08^{-2}}{7,64} + 3 \cdot \frac{-120 \cdot 1,08^{-3}}{7,64} + 4 \cdot \frac{(\Delta CF_4 + 140)1,08^{-4}}{7,64}$$

Aus den beiden Bedingungen folgt die Lösung:

$$\Delta CF_2 = 73,39 \text{ Euro} \qquad \text{und} \qquad CF_4 = -85,59 \text{ Euro}$$

Die Immunisierung der Zahlungsreihe erfolgt durch Hereinnahme eines Zahlungsstromes, der aus den beiden gerade bestimmten Cashflows besteht. Nach der Immunisierung lautet die Gesamt-Zahlungsreihe:

$$(0; \quad 73,39 \text{ €}; \quad -120 \text{ €}; \quad 54,41 \text{ €})$$

Damit sind wir fast schon am Ziel unserer Träume. Allerdings haben wir bisher einen ganz wichtigen Punkt vergessen: Die Konvexität der immunisierten Zahlungsreihe! Sie muss positiv sein, da andernfalls eine Fehlimmunisierung vorliegt. Bei einer negativen Konvexität bzw. einer negativen zweiten Ableitung führt eine Zinsänderung, egal mit welchem Vorzeichen stets zu einem Wertverlust unseres Portfolios. In unserem Zahlenbeispiel wurde eine solche Fehlimmunisierung vermieden, wie man an der folgenden Tabelle unschwer erkennt:

Zinsänderung	-2 %	-1 %	0 %	+1 %	+2 %
PV	7,66	7,65	7,64	7,65	7,66
Δ PV	+0,02	+0,01	0	+0,01	+0,02

Die Immunisierung führte zu einer Gesamtposition mit positiver Krümmung, die auch bei größeren, nicht-marginalen Zinsschwankungen wertmäßig kaum reagiert. Die positive Krümmung erkennt man an der zweiten Ableitung des Barwertes:

$$PV'' = \frac{440,34}{1,08^4} - \frac{1.440}{1,08^5} + \frac{1.088,2}{1,08^6} = 29,37 > 0$$

6 Maße des Ausfallrisikos

Bei den Risikokennzahlen, die sich mit dem Verlustrisiko beschäftigen, steht, anders als bei Markowitz & Co., nicht die Streuung, sondern lediglich das Down-Side-Risk im Vordergrund. Typische Kennzahlen, die zur Abschätzung des Verlustrisikos entwickelt wurden, sind neben dem Value-at-Risk die so genannten Lower Partial Moments - kurz LPM.

6.1 Value-at-Risk

Lange Zeit spielte der Value-at-Risk (VaR) als Risikomaß in der Praxis des Risikomanagements überhaupt keine Rolle und war lediglich von akademischen Interesse. Dann wurde das Verfahren von JP Morgan und Reuters unter dem Namen Risk Metrics (Trademark) massiv vermarktet und trat in der Folge seinen Siegeszug an. Mittlerweile wird der VaR von fast allen größeren Banken verwendet.

Der Value-at-Risk misst - einfach gesagt - den höchsten Verlust bei normalen Marktbedingungen bezogen auf einen bestimmten Zeitraum und ein Konfidenzniveau. Für das Konfidenzniveau benutzen Unternehmen beim internationalen Währungsrisikomanagement häufig einen Wert von 95 %. Damit ist gemeint, dass ein bestimmter kritischer Vermögenswert mit einer Wahrscheinlichkeit von 95 % nicht unterschritten wird! Wenn es darum geht, bestimmte regulatorische Anforderungen zum Beispiel bei der Eigenkapitalausstattung von Banken zu bestimmen, wird hingegen eher eine relativ hohes Konfidenzniveau wie zum Beispiel 99 % gewählt. Bei „Risk Metrics“ von JP Morgan wird ein Konfidenzniveau von 95 % zugrunde gelegt.

Machen wir uns das Value-at-Risk-Konzept am Beispiel der Anlageentscheidung eines Vermögens-Managers klar: Der Manager möchte gerne Bayer Aktien kaufen und bekommt von seinem Chef die Vorgabe, dass ein VaR von 30.000 Euro nicht überschritten werden darf. Was bedeutet das für sein Anlageverhalten? Zunächst einmal ist die alleinige Angabe des VaR noch nicht sehr aussagekräftig. Damit man mit diesem Risikomaß etwas anfangen kann, wird noch das Zeit- und das Konfidenzintervall benötigt, auf das sich der VaR bezieht. Nehmen wir an, dass das Konfidenzniveau 95 % beträgt und das Zeitfenster gerade einen Tag lang sein soll. Außerdem wird die Annahme getroffen, dass die Tagesrenditen von Bayer im letzten Jahr wie in der Abbildung 6.1 auf Seite 170 verteilt waren und man annimmt, dass die zukünftige Verteilung der historischen Verteilung entspricht.

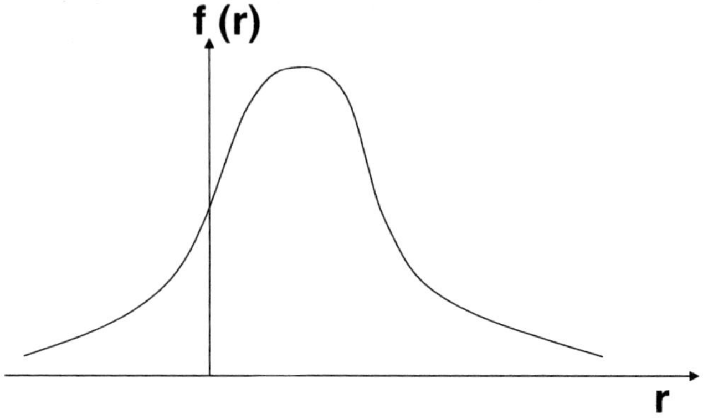

Abbildung 6.1: Dichte der normalverteilten Rendite

Mithilfe dieser auf historischen Werten basierenden Häufigkeitsverteilung schätzen wir die zukünftige Wahrscheinlichkeitsdichte der Aktienrendite von Bayer ab. Durch Integration kann aus der Dichte die Verteilungsfunktion $F(r)$ bestimmt werden.

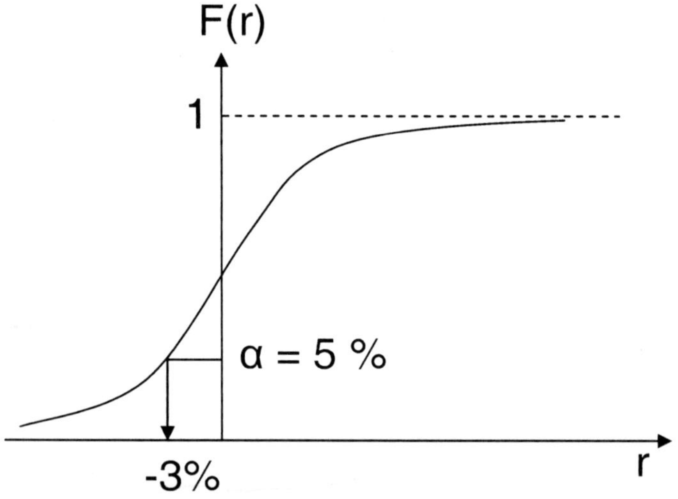

Abbildung 6.2: Verteilungsfunktion der Rendite

Bei der Verteilungsfunktion befinden sich auf der Ordinate, damit ist die senkrechte Achse gemeint, die Quantile. Sie geben die Wahrscheinlichkeit an, mit der die jeweilige Rendite unterschritten wird. Da wir ein Konfidenzniveau von 95 % betrachten, muss nun die Tagesrendite bestimmt werden, die mit einer Wahrscheinlichkeit $\alpha = 5$ % unterschritten wird. Hier im Beispiel ist es gerade -3 %.

Dem Vermögens-Manager, den man heute neudeutsch wahrscheinlich eher „Asset-Manager" nennen würde, wurde als Zielwert ein „maximaler" Verlust von 30.000 Euro vorgegeben, den er am Tag mit einer Wahrscheinlichkeit von 95 % nicht überschreiten darf. Das bedeutet, dass er maximal eine Million Euro in Bayer Aktien investieren darf:

$$x = \frac{30.000}{0,03} = 1 \text{ Mio. Euro}$$

Unter Umständen hätte unser Manager mehr als eine Million Euro investieren können, ohne den VaR auf einem Konfidenzniveau von $1 - \alpha = 95$ % zu reißen. Schließlich hätte er - statt nur in eine Aktie zu investieren - auch in mehrere Aktien investieren können. Wir hatten ja bereits weiter oben gesehen, dass durch Diversifikation die Streubreite der Rendite reduziert werden kann. Denn Ausreißer einer Aktie werden normalerweise von der Entwicklung der anderen Aktien gedämpft.

Nehmen wir zum Beispiel den Fall, dass unser Vermögens-Manager in zwei statt wie bisher nur in eine Aktie investieren möchte. Die erwartete Tagesrendite bei beiden Aktien A und B ist null. Die Streuung der Aktie A - ausgedrückt durch die Standardabweichung - beträgt 0,08 und die der Aktie B 0,12. Der Korrelationskoeffizient zwischen den Aktienrenditen der beiden Aktien wird auf 0,2 geschätzt. In Aktie A hat der Manager 485.000 Euro investiert. Außerdem hat er für 515.000 Euro Aktien der Firma B gekauft.

Wir nehmen an, dass die einfachen Renditen beider Aktien normalverteilt sind. Um den VaR der beiden Teilinvestments auf einem Konfidenzniveau von z. B. 100 % $-$ 2,28 % $=$ 97,72 % zu bestimmen, müssen wir als erstes unsere Zufallsvariable standardisieren:

$$z = \frac{r_{min} - \mu}{\sigma}$$

Bei der Standardnormalverteilung liegt die Zufallszahl mit einer Wahrscheinlichkeit von 95,44 % in dem Intervall [-2,+2].[1] Anders formuliert, beträgt die Wahrscheinlichkeit, dass der Wert -2 unterschritten wird, lediglich 2,28 %. Diesen Prozentsatz

1 Vgl. Kapitel 3.6.1.

verwenden wir bei der Berechnung des VaR. Es gilt also, die Rendite zu bestimmen, die einem z-Wert von -2 entspricht. Für Aktie A ergibt sich:

$$r_{min} = -2 \cdot 0,08 = -0,16$$

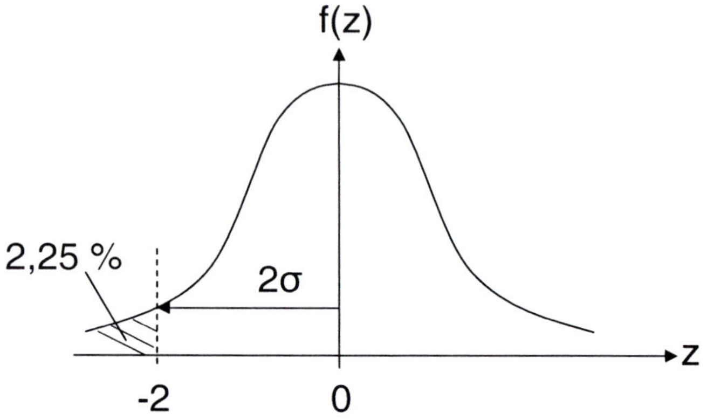

Abbildung 6.3: Zusammenhang zwischen dem z-Wert und der Wahrscheinlichkeit eines Unterschreitens der geforderten Minimalrendite

Das entspricht einem VaR von:

$$VaR_A = 485.000 \cdot 2 \cdot \sigma_A = 77.600 \text{ Euro}$$

Für Aktie B ergibt sich ein VaR_B in Höhe von:

$$VaR_B = 515.000 \cdot 2 \cdot \sigma_B = 123.000 \text{ Euro}$$

Um den VaR_{PF} des Portfolios zu bestimmen, müssen wir die Standardabweichung der Rendite des Portfolios bestimmen:

$$\sigma_{PF} = \sqrt{x_A^2\sigma_A^2 + x_B^2\sigma_B^2 + 2x_A x_B \rho \sigma_A \sigma_B} = 0,07927$$

Für das Portfolio ergibt sich ein VaR_{PF} in Höhe von:

$$VaR_{PF} = 1.000.000 \cdot 2 \cdot 0,07929 = 158.541 \text{ Euro}$$

Der VaR des Portfolios ist kleiner als die Summe der einzelnen VaRs. Zu dem gleichen Ergebnis hätten wir auch mithilfe eines anderen Rechenweges kommen können. Denn man kann den VaR eines Portfolios auch direkt aus den VaRs der in dem Portfolio enthaltenen Aktien bestimmen. Dazu verwendet man die folgende Formel:

Korrelationsmatrix

Direkter Weg

$$VaR_{PF} = \sqrt{\begin{pmatrix} VaR_A & VaR_B \end{pmatrix} \begin{pmatrix} 1 & \rho \\ \rho & 1 \end{pmatrix} \begin{pmatrix} VaR_A \\ VaR_B \end{pmatrix}} = 158.541 \text{ Euro}$$

Es ergibt sich für den einfachen Fall mit nur zwei Aktien das gleiche Ergebnis, das wir weiter oben zu Fuß ausgerechnet haben. Der Rechen-Vorteil der letzten Formel kommt dann zum Tragen, sobald die Anzahl der im Portfolio enthaltenen Aktien steigt! Von der Struktur ähnelt die Formel der weiter oben kennen gelernten Formel für die Varianz eines Aktienportfolios. Nur wird hier nicht mit der Kovarianzmatrix sondern mit der Korrelationsmatrix gearbeitet.

Sobald man logarithmierte Renditen verwendet, muss man den *VaR* folgendermaßen bestimmen:

$$VaR = -\text{Volumen} \cdot e^{(\mu + z\sigma) - 1}$$

Will man bei logarithmierten Renditen den VaR bezogen auf einen Zeitraum von 0 bis t betrachten, so gilt die folgende Formel:

$$Var = -\ \text{Volumen} \cdot e^{(\mu t + z\sigma\sqrt{t}) - 1}$$

Dabei ist σ die Momentan-Standardabweichung und μ die Momentanrendite.

6.2 Conditional Value-at-Risk

Der Conditional Value-at-Risk zum Konfidenzniveau α ist definiert als:

$$CVaR_\alpha(X) = E\left[X | X \leq VaR_\alpha\right]$$

Es handelt sich also um den bedingten Erwartungswert der Zielgröße unter der Bedingung, dass die Zielgröße so niedrig ist, dass der VaR_α überschritten und damit ein höherer Verlust realisiert wird. Der Conditional Value-at-Risk liefert eine zusätzliche Information über die Verteilung der Zielgröße unterhalb des α-Quantils.

6.3 Semivarianz

Im Gegensatz zur Varianz werden bei der Semivarianz SV nur die N Ausprägungen x^- der Zufallsvariable x betrachtet, die unterhalb des Erwartungswertes μ liegen:

$$SV = E\left((x^- - \mu)^2\right) \text{ mit } x^- < \mu$$

Sie lässt sich empirisch mit Hilfe des folgenden Ausdruckes schätzen:

$$SV = \frac{1}{N-1}\sum_{i=1}^{N}(x_i^- - \overline{x})^2$$

Es wird durch $N-1$ und nicht durch N geteilt, da man bei der Schätzung der Semivarianz bereits auf den Mittelwert der Stichprobe als Schätzer für den Erwartungswert zurück greift. Auf diesem Wege geht ein Freiheitsgrad verloren, mit der Konsequenz, dass der obige Ausdruck mit $N-1$ den besten Schätzer für die tatsächliche Semivarianz darstellt.

6.4 Lower Partial Moments

Die allgemeine Formel für das LPM n-ter Ordnung lautet:

$$LPM_n = \int_{-\infty}^{z}(z-\tilde{x})^n \cdot f(\tilde{x})dx$$

Der Parameter z steht für einen kritischen Schwellenwert, dessen Unterschreitung unangenehm für uns ist, weil wir dann beispielsweise einen Verlust erleiden. In diesem Fall wäre z gerade die Schranke für einen Gewinn von null. Die Zufallszahl x könnte beispielsweise der Deckungsbeitrag sein und z die fixen Kosten. Alternativ könnte z die von uns benötigte minimale Rendite sein. Die Zufallszahl x wäre dann die tatsächliche Rendite und $f(x)$ ihre Dichte. Das LPM 0-ter Ordnung ist nichts anderes als die Wahrscheinlichkeit dafür, dass die tatsächliche Rendite x unterhalb der geforderten Mindestrendite z liegt.

$$LPM_0 = \int_{-\infty}^{z} f(\tilde{x})dx = F(x)$$

Wenn wir uns an unser Beispiel von weiter oben erinnern, stellen wir fest, dass das LPM_0 vergleichbar dem Signifikanzniveau beim VaR ist, wenn $z = -VaR$ gilt. Folgerichtig führen diese beiden Kriterien an der Stelle $z = -VaR$ zum selben kritischen Wert und damit zur gleichen Entscheidung.

Das LPM 1-ter Ordnung ist definiert als:

$$LPM_1 = \int_{-\infty}^{z} (z - \tilde{x}) \cdot f(\tilde{x}) dx$$

Es gibt die Höhe des „erwarteten Verlustes" an, also den unter der Bedingung, dass der Verlustfall eintritt, erwarteten Verlust multipliziert mit der Verlustwahrscheinlichkeit. Das erkennt man, wenn man das LPM_1 etwas anders schreibt:

$$\begin{aligned}
LPM_1 &= z \int_{-\infty}^{z} f(\tilde{x}) dx - \int_{-\infty}^{z} \tilde{x} f(\tilde{x}) dx \\
&= z \cdot F(z) - F(z) \cdot \underbrace{\int_{-\infty}^{z} \tilde{x} \cdot \frac{f(\tilde{x})}{F(z)} dx}_{E(\tilde{x}|\tilde{x} \leq z)} \\
&= F(z) \cdot (z - E(\tilde{x}|\tilde{x} \leq z)) = \underbrace{F(z)}_{\text{Verlustwkt.}} \cdot \underbrace{E(z - \tilde{x}|\tilde{x} \leq z)}_{\text{erw. Verlust im Verlustfall}}
\end{aligned}$$

Hier muss man einem Missverständnis vorbeugen. Denn wenn das LPM_1 positiv ist, bedeutet dies noch lange nicht, dass wir insgesamt einen Verlust erwarten. Aus diesem Grunde wurde der „erwarteten Verlust" in Anführungszeichen gesetzt! Dazu ein Beispiel: Den erwarteten Nettogewinn $E[x - z]$ erhalten wir, indem wir vom „erwarteten Positivgewinn" den „erwarteten Verlust" subtrahieren:

$$E[x - z] = \int_{z}^{\infty} (\tilde{x} - z) \cdot f(\tilde{x}) dx - \int_{-\infty}^{z} (z - \tilde{x}) \cdot f(\tilde{x}) dx$$

Eine sehr einfache stetige Verteilung für x ist die Gleichverteilung. Nehmen wir an, dass x im Intervall von 0 bis 10 gleichverteilt ist. Die Verlustschranke liegt bei $z = 3$ und der Erwartungswert von $E(x)$ ist 5, so dass der erwartete Nettogewinn $E[x - z] = 2$ beträgt. Mit diesen Werten ergibt sich ein LPM erster Ordnung von:

$$LPM_1 = \int_{0}^{3} (3 - x) \frac{1}{10} dx = \left[\frac{3x}{10} - \frac{x^2}{20} \right]_0^3 = 0,45$$

Der erwartete Nettogewinn beträgt:

$$\int_0^{10} (x-3)\frac{1}{10}dx = \left[\frac{x^2}{20} - \frac{3x}{10}\right]_0^{10} = 2$$

Der „erwartete Positivgewinn“ ist:

$$\int_3^{10} (x-3)\frac{1}{10}dx = \left[\frac{x^2}{20} - \frac{3x}{10}\right]_0^{10} = 2,45$$

Wenn wir nun vom „erwarteten Positivgewinn“ das LPM erster Ordnung subtrahieren, erhalten wir für den erwarteten Nettogewinn: $E[x-z] = 2,45 - 0,45 = 2$. Eine alternative Möglichkeit, den erwarteten Nettogewinn in unserem Beispiel zu bestimmen, ist die folgende:

$$E(\text{Nettogewinn}) = E(\text{Positivgewinn}) - \underbrace{LPM_1}_{\text{erw. Verlust}}$$

Die Wahrscheinlichkeit eines Verlustes beträgt:

$$F(x=z) = \frac{3}{10}$$

Hierbei handelt es sich um das LPM 0-ter Ordnung. Der bedingte Erwartungswert im Verlustfall ist:

$$E(x-3|x<3) = 1,5-3 = -1,5$$

Die Gewinnwahrscheinlichkeit beträgt:

$$1-F(z) = \frac{7}{10}$$

Im Fall des Gewinnes ergibt sich ein bedingter Erwartungswert von:

$$E(x-3|x<3) = 6,5-3 = 3,5$$

Damit haben wir jetzt alles zusammen, was wir benötigen, um den erwarteten Nettogewinn mithilfe des LPM erster Ordnung zu berechnen:

$$E[x-z] = \underbrace{\frac{3}{10}\cdot(-1,5)}_{-LPM_1} + \underbrace{\frac{7}{10}\cdot(3,5)}_{\text{erw. Positivgewinn}} = 2$$

Das LPM zweiter Ordnung wird auch Ausfallvarianz genannt.

$$LPM_2 = \int_{-\infty}^{z} (z - \tilde{x})^2 \cdot f(\tilde{x}) dx$$

Falls der kritische Wert z gleich dem Erwartungswert der Verteilung ist ($z = \mu$), entspricht das LPM_2 der Semivarianz.

6.5 Stochastische Dominanz

6.5.1 Der Dominanzbegriff

Eine Position dominiert eine andere, wenn die erstere in mindestens einem Umweltzustand einen höheren Rückfluss und in den übrigen Zuständen mindestens die gleichen Rückflüsse erbringt. Schließlich ist mehr Geld besser als weniger Geld. Dieser einfache Zusammenhang spiegelt sich in streng monoton steigenden Nutzenfunktionen wider.

Eines der sechs Axiome vernünftigen Verhaltens, das wir im ersten Kapitel kennen gelernt hatten, ist das Dominanzprinzip. Es wird in Tabelle 6.1 verdeutlicht: Alternative A ist jedem Zustand entweder gleichwertig oder besser als Alternative B. Folgerichtig sollte ein „vernünftiger" Investor bereit sein, für Alternative A einen höheren Preis zu zahlen. Aufgrund der Zustandsdominanz von A stellt die Auswahlentscheidung kein Problem dar.

Eintrittswahrscheinlichkeit	10 %	20 %	70 %
Rückfluss A	100 Euro	200 Euro	300 Euro
Rückfluss B	100 Euro	200 Euro	150 Euro

Tabelle 6.1: Alternative A dominiert Alternative B.

Schwierig wird die Entscheidung zwischen zwei Alternativen erst, wenn in einigen Zuständen die eine und in anderen Zuständen die andere Alternative besser ist. Hier benötigen wir einen neuen Dominanzbegriff! So ist bei der in Tabelle 6.2 aufgeführten Verbundverteilung der beiden Alternativen A und B zunächst nicht klar, welche Alternative die andere dominiert.

Eintrittswahrscheinlichkeit	10 %	20 %	70 %
Rückfluss A	100 Euro	200 Euro	300 Euro
Rückfluss B	200 Euro	100 Euro	150 Euro

Tabelle 6.2: Verbundverteilung der Alternativen A und B

Wenn man die Nutzenfunktion der Entscheider kennt, dann ließe sich für beide Alternative der erwartete Nutzen bestimmen und die Entscheidung zwischen den beiden Alternativen könnte anhand des Erwartungsnutzens getroffen werden. Da die Nutzenfunktionen in der Regel unbekannt sind, wäre es schön, wenn es gelänge, einen Dominanzbegriff zu definieren, der nur auf der Verteilungsfunktion basiert.

6.5.2 Die stochastische Dominanz erster Ordnung

Die stochastische Dominanz erster Ordnung ist wie folgt definiert: Alternative A dominiert Alternative B, wenn die Wahrscheinlichkeit bei A, einen bestimmten Zielwert zu überschreiten, bei keinem Zielwert niedriger als bei B ist und für mindestens einen Zielwert bei A höher als bei B ist. Diese Definition können wir auch formal mithilfe der Verteilungsfunktion von A und B ausdrücken:

$$F_B(x) \geq F_A(x)$$

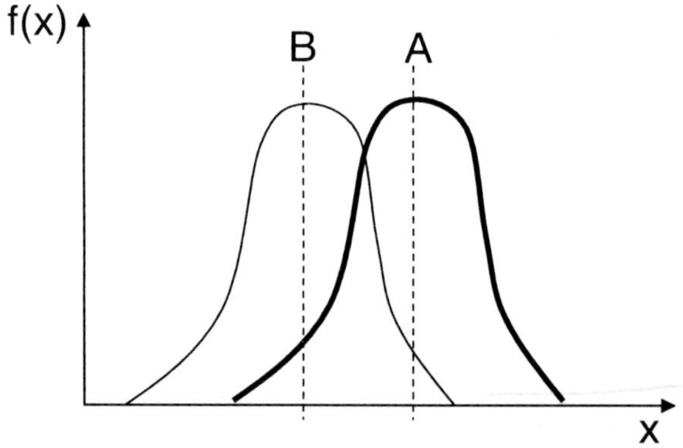

Abbildung 6.4: Dichten der Alternativen A und B

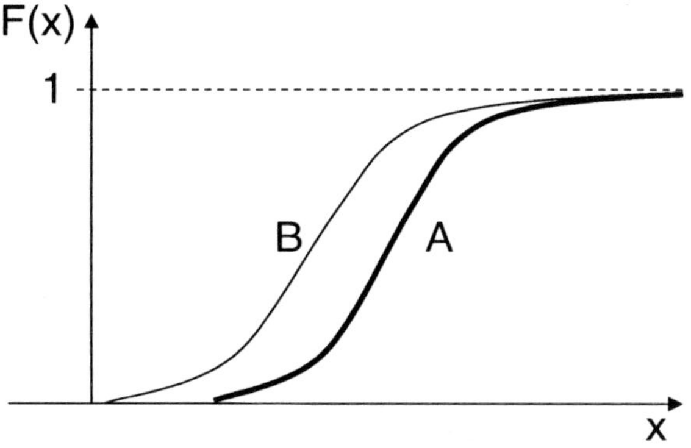

Abbildung 6.5: Verteilungsfunktionen der Alternativen A und B

Das Konzept der stochastischen Dominanz erster Ordnung macht man sich am besten anhand einer Abbildung klar. Die beiden Alternativen A und B sollen die in der Abbildung 6.4 auf Seite 178 eingezeichneten Dichten aufweisen. Es liegt offensichtlich stochastische Dominanz erster Ordnung vor: A ist besser als B. Die dazugehörigen Verteilungsfunktionen sind in Abbildung 6.5 dargestellt.

Wie ist nun der Zusammenhang zwischen der stochastischen Dominanz erster Ordnung und der Zustandsdominanz? Leider bedingt nur die Zustandsdominanz die stochastische Dominanz erster Ordnung und nicht anders herum. Denn es sind Beispiele konstruierbar, in denen zwar stochastische Dominanz erster Ordnung jedoch keine Zustandsdominanz vorliegt. Das wäre bei dem Zahlenbeispiel in Tabelle 6.3 der Fall: Alternative A dominiert Alternative B hinsichtlich der Stochastischen Dominanz erster Ordnung. Es liegt jedoch keine Zustandsdominanz vor, da Alternative B im Zustand 2 besser als Alternativ A ist.

Zustand Eintrittswahrscheinlichkeit	1 10 %	2 10 %	3 80 %
Rückfluss A	10 Euro	0 Euro	20 Euro
Rückfluss B	0 Euro	10 Euro	15 Euro

Tabelle 6.3: SD1 geht nicht zwangsläufig mit Zustandsdominanz einher.

Das Zahlenbeispiel in der Tabelle lässt uns bereits vermuten, dass die stochastische Dominanz erster Ordnung mit dem Bernoulli-Prinzip vereinbar ist, solange die

Nutzenfunktion mit dem Endvermögen steigt, was sehr plausibel erscheint. Nehmen wir beispielsweise die Wurzelfunktion als Nutzenfunktion, dann ergeben sich die im Folgenden dargestellten Erwartungsnutzen.

Zustand	1	2	3	$E(U(x))$
Eintrittswkt.	10 %	10 %	80 %	
Nutzen A	$\sqrt{10}$	$\sqrt{0}$	$\sqrt{20}$	$0,1 \cdot \sqrt{10} + 0,8 \cdot \sqrt{20} = 3,9$
Nutzen B	$\sqrt{0}$	$\sqrt{10}$	$\sqrt{15}$	$0,1 \cdot \sqrt{10} + 0,8 \cdot \sqrt{15} = 3,4$

Tabelle 6.4: SD1 führt bei konkaver Nutzenfunktion zu einem höheren Erwartungsnutzen.

Der Erwartungsnutzen bei Alternative A ist höher als bei Alternative B und folglich erbringen Entscheidungen anhand der stochastischen Dominanz erster Ordnung die selben Resultate wie Entscheidungen anhand des Bernoulli-Prinzips. Ein Erwartungsnutzenmaximierer wählt Alternative A.

Die Vereinbarkeit des Bernoulli-Prinzips und der stochastischen Dominanz erster Ordnung, die wir im Weiteren mit SD1 abkürzen werden, kann allgemein bewiesen werden. Dazu beginnen wir mit dem Bernoulli-Prinzip. Alternative A dominiert Alternative B, falls gilt:

$$E(U_A) > E(U_B)$$

Die Zielgröße x soll nur Werte innerhalb des Intervalls $x \in [u, g]$ annehmen können, so dass man für kontinuierliche Verteilungen schreiben kann:

$$\int_u^g U(x) \cdot f_A(x)dx > \int_u^g U(x) \cdot f_B(x)dx$$

Wir bringen alles auf die linke Seite und fassen die beiden Integrale zusammen:

$$\int_u^g U(x) \cdot \Big(f_A(x) - f_B(x)\Big)dx > 0$$

Die linke Seite der Ungleichung lässt sich mit Hilfe der folgenden Rechenregel zur partiellen Integration vereinfachen:

$$\int_u^g a \cdot b' dx = \Big[a \cdot b\Big]_u^g - \int_u^g a' \cdot b dx$$

Wir setzen $a = U(x)$ und $b' = f_A(x) - f_B(x)$. Dann ergibt sich:

$$\Big[U(x) \cdot (F_A(x) - F_B(x))\Big]_u^g - \int_u^g U'(x) \cdot (F_A(x) - F_B(x))dx > 0$$

Mit $F_A(g) = F_B(g) = 1$ und $F_A(u) = F_B(u) = 0$ ist der erste Term auf der linken Seite gleich null. Damit ist die Vereinbarkeit von SD1 und dem Bernoulli-Prinzip fast bewiesen. Es verbleibt:

$$-\int_u^g U'(x)\Big(F_A(x) - F_B(x)\Big)dx > 0 \qquad (6.1)$$

Wenn sich die Nutzenfunktion durch einen positiven Grenznutzen auszeichnet und somit $U' \geq 0$ gilt, folgt offensichtlich aus der stochastischen Dominanz erster Ordnung der Alternative A gegenüber der Alternative B

$$F_A(x) \leq F_B(x)$$

auch eine Dominanz der Alternative A gegenüber der Alternative B in Hinblick auf den Erwartungsnutzen und damit hinsichtlich des Bernoulli-Prinzips:

$$E(U_A) > E(U_B)$$

6.5.3 Stochastische Dominanz zweiter Ordnung

Bei stochastischer Dominanz zweiter Ordnung dominiert A die Alternative B, falls die Fläche unter ihrer Verteilungsfunktion von $-\infty$ bis zu jeder Stelle y kleiner als die korrespondierende Fläche unter der Verteilungsfunktion von Alternative B ist:

$$\int_{-\infty}^{y} F_A(x)dx < \int_{-\infty}^{y} F_B(x)dx$$

Man erkennt in Abbildung 6.6 auf Seite 182, dass stochastische Dominanz erster Ordnung stets stochastische Dominanz zweiter Ordnung impliziert.

Stochastische Dominanz zweiter Ordnung ist offensichtlich das „weichere“ Entscheidungskriterium. Denn stochastische Dominanz zweiter Ordnung führt nicht zwangsläufig zur stochastischer Dominanz erster Ordnung.

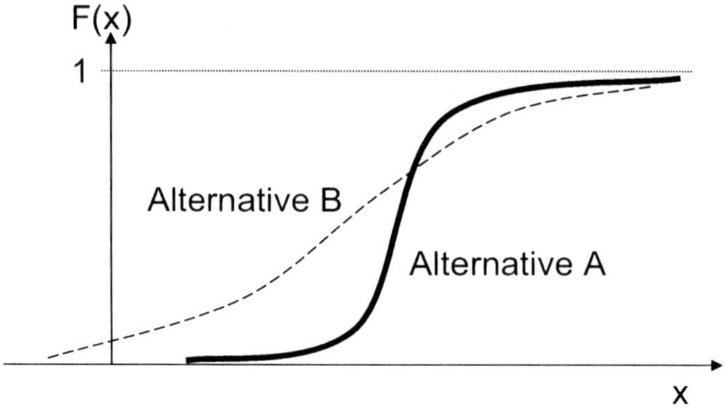

Abbildung 6.6: Alternative A dominiert nach dem SD2-Kriterium Alternative B

Die stochastische Dominanz zweiter Ordnung, die wir im Weiteren mit SD2 abkürzen werden, ist bei abnehmendem positiven Grenznutzen (also $U' \geq 0$ und $U'' \leq 0$) mit dem Bernoulli-Prinzip vereinbar. Entscheidungen anhand SD2 sind folglich entscheidungstheoretisch gut fundiert. Der Beweis erfolgt ganz analog zum Beweis bei SD1. Bereits in der Gleichung 6.1 auf Seite 181 hatten wir herausgefunden, dass der Erwartungsnutzen der Alternative A höher als der der Alternative B ist, falls gilt:

$$-\int_u^g U'(x) \cdot \Big(F_A(x) - F_B(x) \Big) dx > 0$$

Um den Zusammenhang zur SD2 her zu stellen, ist erneut eine partielle Integration hilfreich. Nur dieses Mal wird $a = U'$ und $b' = F_A - F_B$ gesetzt.

$$-\left\{ \left[U'(y) \int_u^y (F_A(x) - F_B(x)) dx \right]_{y=u}^{y=g} - \int_u^g U''(y) \cdot \left(\int_u^y (F_A(x) - F_B(x)) dx \right) dy \right\} > 0$$

Einsetzen der Intervallgrenzen des linken Terms führt zu:

$$-\Big\{ U'(g) \cdot \int_u^g (F_A(x) - F_B(x)) dx - \underbrace{U'(u) \cdot \int_u^u (F_A(x) - F_B(x)) dx}_{\text{Fällt weg.}}$$
$$- \int_u^g U''(y) \cdot \left(\int_u^y (F_A(x) - F_B(x)) dx \right) dy \Big\} \quad > \quad 0$$

$$-\left\{U'(g)\int_u^g (F_A(x)-F_B(x))dx - \int_u^g U''(y)\cdot\left(\int_u^y (F_A(x)-F_B(x))dx\right)dy\right\} > 0$$

Wenn eine Nutzenfunktion einen abnehmenden Grenznutzen mit $U' \geq 0$ und $U'' \leq 0$ aufweist, dann führt SD2

$$\int_u^y F_A(x)dx < \int_u^y F_B(x)dx \qquad \text{für alle} \quad y \in [u; g]$$

auch zur Dominanz hinsichtlich des Bernoulli-Prinzips:

$$E(U_A) > E(U_B)$$

Wir fassen zusammen: Falls eine Alternative eine andere hinsichtlich SD2 dominiert, dann zeichnet sich diese Alternative bei konkaven Nutzenfunktionen auch durch einen höheren Erwartungsnutzen aus.

6.6 Entscheidungen auf Basis der stochastischen Dominanz, der Lower Partial Moments und des Value-at-Risk

Wir hatten bereits erwähnt, dass bei geeigneter Wahl des Satisfizierungsziels kein Unterschied zwischen Entscheidungen anhand des LPM_0 und des VaR besteht. Außerdem kann man, wenn SD1 vorliegt, ebenso gut auf Basis des Value-at-Risk entscheiden und dabei ist das Konfidenzniveau sogar egal. Wie wir im Weiteren sehen werden, ist das bei SD2 anders.

Wir betrachten zunächst den Zusammenhang zwischen Entscheidung anhand LPM_0 und dem VaR. Das LPM_0 ist definiert als:

$$LPM_0 = \int_{-\infty}^{z} f(x)dx = F(z)$$

Wenn man nun $z = VaR$ setzt, also das Satisfizierungsziel gleich dem kritischen Vermögensverlust, der mit der Wahrscheinlichkeit α überschritten wird, dann gilt:

$$LPM_0 = \alpha$$

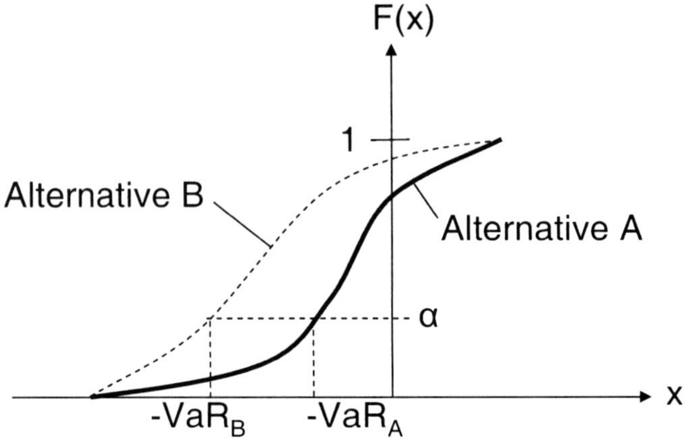

Abbildung 6.7: Bei SD1 führen Entscheidungen anhand das VaR zur gleichen Entscheidung.

und die beiden Kriterien LPM_0 und Value-at-Risk führen zur gleichen Aussage. Wird beispielsweise ein Konfidenzniveau von $\alpha = 4\ \%$ gewählt, dann kann man entweder die Aussage treffen, dass mit einer Wahrscheinlichkeit von 96 % ein Verlust in Höhe des VaR nicht überschritten wird. Alternativ wird das Satisfizierungsziel z mit $LPM_0 = 4\ \%$ nicht erreicht.

Liegt SD1 der Alternative A im Vergleich zur Alternative B vor, dann ist der Value-at-Risk VaR_A für jedes Konfidenzniveau α stets kleiner als der korrespondierende VaR_B. Bei stochastischer Dominanz erster Ordnung führen Entscheidungen anhand des Value-at-Risk und anhand des SD1-Kriteriums zum gleichen Ergebnis.

Sollte nur die „weichere" stochastische Dominanz zweiter Ordnung statt der SD1 vorliegen, dann ist die Entscheidung anhand des Value-at-Risk zwischen den beiden Alternativen abhängig vom gewählten Konfidenzniveau α, wie man in Abbildung 6.8 auf Seite 185 erkennt.

Alternative A dominiert B in Hinblick auf SD2. Bei dem Quantil α_1 ist der VaR_B größer als der VaR_A. Bei dem etwas höheren Konfidenzniveau α_2 dreht sich die Vorteilhaftigkeit anhand des VaR um: Der Value-at-Risk von A ist nun größer als der von B. Offensichtlich führt der VaR zu unterschiedlichen Entscheidungen in Abhängigkeit von α. Da SD2 bei Risikoaversion und der mit ihr verbundenen konkaven Nutzenfunktion zur „richtigen" Entscheidung führt, scheint die Entscheidung

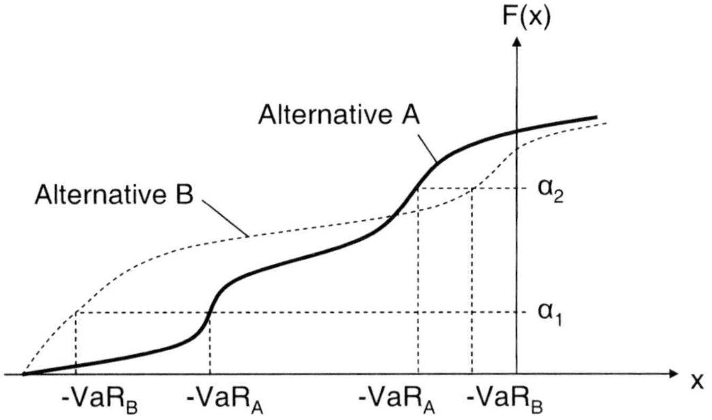

Abbildung 6.8: Bei SD2 können Entscheidungen anhand das VaR zu abweichenden Entscheidungen führen.

anhand des Value-at-Risk unter Umständen dem SD2 Kriterium unterlegen zu sein und widerspricht damit dem Bernoulli-Prinzip.

6.7 Performance-Maße auf Basis von Ausfallrisikomaßen

Die hier vorgestellten Maße des Ausfallrisikos quantifizieren das Risiko in einer Art und Weise, die den alltäglichen Risikobegriff besser widerspiegelt als beispielsweise die Standardabweichung bzw. die Varianz. Vor diesem Hintergrund bietet es sich an, bei der Fondsauswahl nicht nur das Risiko-Rendite Verhältnis in Hinblick auf die gesamte Streuung, sondern auch in Bezug auf das Ausfallrisiko zu berücksichtigen. Statt die Standardabweichung der Rendite zu verwenden, die sowohl negative als auch positive Abweichungen vom Mittelwert beschreibt, könnte man beispielsweise auf die Lower Partial Moments zurückgreifen, die nur negative Abweichungen von dem Satisfizierungsziel z betrachten. Verwendet man z. B. die LPMs der ersten, zweiten und dritten Ordnung gelangt man zu Performance-Maßen mit so beeindruckenden Namen wie Omega, Sortino Ratio und Kappa 3.

Die Tabelle 6.5 auf Seite 186 systematisiert Performance-Maße, die als Risikomaß ein Maß des Ausfallrisikos gewählt haben. Als Erfolgsgröße wird im Zähler neben der Überrendite über den sicheren Zins r_f alternativ eine Überrendite über dem Satisfizierungsziel bzw. über der „kleinsten akzeptierbaren Rendite" z verwendet.

Risikomaß	Performance-Maß	Formel
Standardabweichung	Sharpe-Maß	$(r - r_f)/\sigma_i$
LPM der Ordnung 1	Omega	$(r - z)/LPM_1(z) + 1$
LPM der Ordnung 2	Sortino Ratio	$(r - z)/\sqrt[2]{LPM_2(z)}$
LPM der Ordnung 3	Kappa 3	$(r - z)/\sqrt[3]{LPM_3(z)}$
Max. Draw Down	Calmar Ratio	$(r - r_f)/(-D_1)$
Mittlerer Draw Down	Sterling Ratio	$(r - r_f)/\left[(1/K)\sum_{k=1}^{K} -D_k\right]$
Varianz Draw Down	Burke Ratio	$(r - r_f)/\sqrt[2]{\sum_{k=1}^{K} D_k^2}$
Value-at-Risk	Excess Return on VaR	$(r - r_f)/VaR$
Conditional VaR	Conditional Sharpe Ratio	$(r - r_f)/CVaR$

Tabelle 6.5: Systematisierung der Performance-Maße, (Eling (2008), S. 55).

Das Symbol K steht für die Anzahl der Draw Downs ($K = 1$ größter Draw Down, $K = 2$ zweitgrößter Draw Down etc.). Der Draw Down D misst den Verlust eines Fonds im Laufe eines bestimmten Anlagezeitraumes. Wie man in der Tabelle 6.5 erkennt, wird das Risikomaß „Draw Down" von den Performance-Maßen Calmar, Sterling und Burke Ratio verwendet. Wobei entweder der maximale Draw Down, ein Durchschnitt einer bestimmten Anzahl von Draw Downs oder eine Art Standardabweichung der K größten Draw Downs verwendet wird.

Obwohl die in der Tabelle aufgeführten Risikomaße einen anderen Risikobegriff verwenden, als wir es im Kapitel 2 getan haben, scheint das empirische Ranking von Fonds ziemlich unabhängig davon zu sein, ob man für das Ranking das klassische Sharpe-Maß oder auf Ausfallrisikomaßen beruhende Performance-Maße verwendet. Diesen interessanten Befund publizierte Martin Elling (2008) im Financial Analysts Journal. Offensichtlich leistet das Sharpe-Maß bessere Dienste bei der Evaluierung des Risiko-Rendite-Profils von Fonds als zunächst gedacht.

7 Aufgaben

7.1 Das Portfolio aus 2 Wertpapieren

1. Aufgabe

Für die Aktienrenditen der beiden Wertpapiere A und B sind die folgenden Verteilungsparameter bekannt: $\sigma_A = 12\ \%$, $\sigma_B = 20\ \%$, $\mu_A = 7\ \%$, $\mu_B = 15\ \%$. Die beiden Aktienrenditen sind perfekt negativ korreliert, so dass $\rho_{AB} = -1$ gilt. Der sicher Zins beträgt 11 %.

a) Ist der Markt hinsichtlich der risikofreien Geldanlage arbitragefrei und gilt entsprechend das „Law of one price“?

Um zu überprüfen, ob das Gesetz des Einheitspreises gilt, konstruiert man zunächst aus den Wertpapieren A und B ein sicheres Wertpapier. Das ist möglich, da die Aktienrenditen perfekt negativ miteinander korreliert sind (Siehe Seite 44):

$$x_A = \frac{\sigma_2}{\sigma_1 + \sigma_2} = \frac{0,2}{0,12+0,2} = 0,625$$

$$x_B = 0,375$$

Das Ergebnis wird durch die Probe bestätigt:

$$\sigma_{PF} = \sqrt{0,625^2 \cdot 0,12^2 + 0,375^2 \cdot 0,2^2 - 2 \cdot 0,625 \cdot 0,375 \cdot 0,2 \cdot 0,12} = 0$$

Die erwartete Rendite des sicheren Portfolios aus A und B ergibt sich zu:

$$\mu = 0,625 \cdot 0,07 + 0,375 \cdot 0,15 = 0,1 = 10\ \% < 11\ \% = i$$

Offensichtlich gilt das „Law of one price“ nicht. Denn das sichere Portfolio aus A und B erbringt nur eine Rendite von 10 %, die kleiner als der sichere Zins in Höhe von 11 % ist.

b) Kann es für einen risikoaversen Investor sinnvoll sein, einen Teil seines Vermögens in die Aktie A zu investieren?

Nein! Die Aktie A ist nicht μ-σ-effizient, da ihre Rendite kleiner als die sichere Rendite in Höhe von 11 % ist und zudem ihre Aktienrendite nicht sicher ($\sigma_A =$

12 %) ist. Der Effiziente Rand ist eine Gerade, die beim sicheren Zins die μ-Achse schneidet und durch die Risiko-Rendite-Kombination des Wertpapiers 2 verläuft.

c) Verändert sich das Ergebnis unter b), wenn Sie von einem Korrelationskoeffizienten im Intervall $0 < \rho_{AB} < 1$ ausgehen?

Ja, denn nun ist ein optimales Portfolio vorhanden, das man mit dem risikolosen Zins kombinieren kann. (→ Linie effizienter Gesamtportfolios.)

2. Aufgabe

Die beiden Aktienrenditen der Aktien A und B sind positiv, jedoch nicht perfekt korreliert. Es gilt: $\sigma_1 = 0,1\ \%$ und $\sigma_2 = 0,2\ \%$. Für die erwarteten Renditen gilt: $\mu_1 = 10\ \%$ und $\mu_2 = 20\ \%$. Sie sind sehr ängstlich und möchten aus diesem Grunde aus den beiden Aktien ein Portfolio konstruieren, dessen Streubreite der Aktienrendite möglichst niedrig ist.

a) Bestimmen Sie den kritischen Korrelationskoeffizienten, ab dem Sie auf Leerverkäufe zurückgreifen müssen, um das varianzminimale Portfolio zu konstruieren!

Man erhält die Formel für das varianzminimale Portfolio, indem man die Formel für die Varianz nach x ableitet, gleich null setzt und nach x auflöst. Die Formel für den Anteil x der Aktie A im varianzminimalen Portfolio ist (Siehe Seite 46):

$$x = \frac{\sigma_2^2 - \rho\sigma_1\sigma_2}{\sigma_1^2 + \sigma_2^2 - 2\rho\sigma_1\sigma_2}$$

Man erkennt: Auf Leerverkäufe müssen wir zurückgreifen, sobald $x > 1$ gilt. Wir können für x in die Ungleichung einsetzen und dann nach dem gesuchten Korrelationskoeffizienten ρ auflösen:

$$1 < \frac{\sigma_2^2 - \rho\sigma_1\sigma_2}{\sigma_1^2 + \sigma_2^2 - 2\rho\sigma_1\sigma_2} = \frac{0,04 - \rho \cdot 0,02}{0,01 + 0,04 - 0,04 \cdot \rho}$$

Auflösen ergibt:

$$\rho > 0,5$$

Ab einem Korrelationskoeffizient größer 0,5 müssen wir auf Leerverkäufe zurückgreifen, um das varianzminimale Portfolio zu konstruieren.

b) Führt ein Über- oder ein Unterschreiten des unter a) ermittelten kritischen Korrelationskoeffizienten zu einem Leerverkauf?

Ein Überschreiten des Korrelationskoeffizienten von 0,5 führt zu Leerverkäufen von Aktie B. Denn Aktie A hat dann einen prozentualen Anteil am Gesamtportfolio von über 100 %.

c) Welche der beiden Aktien würden sie in dem unter a) ermittelten Fall leerverkaufen?

Die Aktie B.

7.2 Tobin-Separation und Portfoliooptimierung

Sie erhalten ein Aktiendepot, in dem drei Aktien enthalten sind, geschenkt. Es setzt sich zusammen aus 10 % Aktie A, 35 % Aktie B und 55 % Aktie C. Sie gehen davon aus, dass das Portfolio insgesamt μ-σ-effizient ist. Ihre Renditeerwartungen sind:

$$\mu_A = 18\ \%,\ \mu_B = 13\ \%,\ \mu_C = 20\ \%$$

Außerdem gehen Sie von der folgenden Kovarianzmatrix aus:

	Aktie A	Aktie B	Aktie C
Aktie A	0,151	0,022	0,105
Aktie B	0,022	0,058	0,024
Aktie C	0,105	0,024	0,130

a) Beurteilen Sie die Effizienz der 3 Wertpapiere anhand des μ-σ-Prinzips! Betrachten Sie dabei die drei Wertpapiere jeweils einzeln und vernachlässigen Sie möglichen Kombinationen der Wertpapiere!

Aktie A ist nicht effizient, da sie von C dominiert wird. Die Wertpapiere B und C sind hingegen μ-σ-effizient.

b) Berechnen Sie den Erwartungswert μ_D und die Standardabweichung σ_D der Rendite des Depots!

$$\begin{aligned}
\mu_D &= 0,1 \cdot 0,18 + 0,35 \cdot 0,13 + 0,55 \cdot 0,2 = 17,35\ \% \\
\sigma_D &= (0,1^2 \cdot 0,389^2 + 0,35^2 \cdot 0,058 + 0,55^2 \cdot 0,130 + 2 \cdot 0,1 \cdot 0,35 \cdot 0,022 \\
&\quad +2 \cdot 0,1 \cdot 0,55 \cdot 0,105 + 2 \cdot 0,35 \cdot 0,55 \cdot 0,024)^{0,5} \\
&= 26,51\ \%
\end{aligned}$$

c) Das geerbte Depot hat einen Gesamtwert in Höhe von 2.500 Euro. Sie selbst verfügen noch über ein Sparguthaben in Höhe von 500 Euro, das Sie zum sicheren Zins von 4 %, zu dem Sie auch Kapital aufnehmen können, angelegt haben. Wie hoch sind der Erwartungswert μ_G und die Standardabweichung σ_G der Renditen Ihres Gesamtdepots?

$$\mu_G = \frac{500}{3.000} \cdot 0,04 + \frac{2.500}{3.000} \cdot 0,1735 = 15,125\ \%$$

$$\sigma_G = \frac{2.500}{3.000} \cdot 0,2651 = 0,2209 = 22,09\ \%$$

d) Sie kommen zu dem Entschluss, dass ein Gesamtportfolio mit der Standardabweichung $\sigma_{G^*} = 0,35$ Ihrer Risikopräferenz entspricht. Wie müssen Sie Ihr Gesamtdepot umstrukturieren und welche Transaktion müssen Sie vornehmen, wenn die Struktur Ihres Aktienbesitzes unverändert bleiben soll?

$$\sigma_{G^*} \stackrel{!}{=} 0,35 \quad \Rightarrow \quad 26,51\ \% \cdot x_D = 0,35$$

$$x_D \stackrel{!}{=} \frac{0,35}{0,2651} = 1,3203 = 132,03\ \%$$

Offensichtlich müssen Sie mehr als den Wert Ihrer Gesamtposition $2.500 + 500 = 3.000$ € *in Aktien investieren:*

$$D = 3.000 \cdot 1,3203 = 3.960,9\ €$$

Die notwendige Kreditaufnahme zum sicheren Zins ergibt sich damit zu:

$$S = 3.000 - 3960 = -960,9\ €$$

Der zusätzlich in das Depot zu investierende Betrag ist also:

$$3.960 - 2.500 = 1.460 \text{ €}$$

Damit sind insgesamt die folgenden Transaktionen notwendig:

1) Kreditaufnahme 960,9 € *zum Zins i=4 %*

2) Kauf Aktie A für 146,09 €

3) Kauf Aktie B für 511,315 €

4) Kauf Aktie C für 803,495 €

7.3 CAPM

1. Aufgabe

Die beiden Aktien A und B bilden zusammen das effiziente riskante Marktportfolio. Die Annahmen, auf denen das CAPM basiert, sind erfüllt. Die Renditen der beiden Wertpapiere sind riskant. Ihre Verteilung ist bekannt: Es sind vier Zustände möglich, die in der Tabelle 7.1 aufgeführt sind.

Zustand	1	2	3	4
Aktie A	12 %	18 %	13 %	17 %
Aktie B	16 %	24 %	22 %	18 %

Tabelle 7.1: Verteilung der Renditen

Jeder Umweltzustand tritt mit der gleichen Wahrscheinlichkeit ein. Das sichere Wertpapier ist mit 2 % verzinst.

a) Wie hoch sind die erwarteten Renditen der beiden Wertpapiere?

$$\mu_A = \frac{1}{4} \cdot (0,12 + 0,18 + 0,13 + 0,17) = 15\%$$

$$\mu_B = \frac{1}{4} \cdot (0,16 + 0,24 + 0,22 + 0,18) = 20\%$$

b) Wie hoch sind die Standardabweichungen der Aktienrenditen?

$$\begin{aligned}
\sigma_A &= \Big(0,25\cdot(0,12-0,15)^2+0,25\cdot(0,18-0,15)^2 \\
&\quad +0,25\cdot(0,13-0,15)^2+0,25\cdot(0,17-0,15)^2\Big)^{0,5} \\
&= 0,0255 \\
\sigma_B &= \sqrt{0,001}=0,0316
\end{aligned}$$

c) Wie hoch sind der Korrelationskoeffizient und die Kovarianz der Aktienrenditen?

$$\rho = \frac{\sigma_{AB}}{\sigma_A\cdot\sigma_B}$$

$$\sigma_{AB} = E\Big[(r_A-\mu_A)(r_B-\mu_B)\Big]$$

$$\begin{aligned}
\sigma_{AB} &= \frac{1}{4}\cdot[(0,12-0,15)\cdot(0,16-0,2)+(0,18-0,15)\cdot(0,24-0,2) \\
&\quad +(0,13-0,15)\cdot(0,22-0,2)+(0,17-0,15)\cdot(0,18-0,2)] \\
&= 0,0004
\end{aligned}$$

$$\Rightarrow \rho = \frac{\sigma_{AB}}{\sigma_A\sigma_B} = \frac{0,0004}{0,0255\cdot 0,0316} = 0,49614$$

d) Wie ist die prozentuale Zusammensetzung des effizienten riskanten Marktportfolios? (Hinweis: Hier gibt es verschiedenen alternative Lösungswege. Eine Möglichkeit besteht darin, zunächst das optimale Portfolio für einen risikoaversen Investor mit der folgenden Präferenzfunktion:

$$\Phi = \mu - 0,5\cdot\alpha\cdot\sigma^2$$

zu bestimmen, um dann in einem zweiten Schritt das effiziente riskante Marktportfolio zu ermitteln. Alternativ könnte auch direkt das Marktportfolio mit dem maximalen Sharpe Ratio bestimmt werden. Dieser Weg ist allerdings komplizierter!)

$$\begin{aligned}
\mu &= x_0 \cdot r_0 + x_A \cdot \mu_A + x_B \cdot \mu_B \\
&= (1 - x_A - x_B) \cdot r_0 + x_A \cdot \mu_A + a_B \cdot \mu_B \\
&= r_0 + x_A \cdot (\mu_A - r_0) + x_B \cdot (\mu_B - r_0) \\
&= r_0 + x_A \cdot RP_A + x_B \cdot RP_B \\
&= r_0 + x_A \cdot 0,13 + x_B \cdot 0,18
\end{aligned}$$

Hinweis: RP_i ist die Risikoprämie der Aktie i.

$$\begin{aligned}
\sigma^2 &= x_A^2 \sigma_A^2 + x_B^2 \sigma_B^2 + 2 \cdot x_A \cdot x_B \cdot \sigma_{AB} \\
&= (0,0255)^2 \cdot x_A^2 + (0,0316)^2 \cdot x_B^2 + x_A \cdot x_B \cdot 0,0008
\end{aligned}$$

$$\begin{aligned}
\frac{\partial \Phi}{\partial x_A} \overset{!}{=} 0 &= \frac{\partial \mu}{\partial x_A} - \frac{1}{2} \cdot \alpha \cdot \frac{\partial \sigma^2}{\partial x_A} \\
0 &= 0,13 - 0,5 \cdot \alpha \cdot (2 \cdot (0,0255)^2 \cdot x_A + 0,0008 \cdot x_B) \\
0 &= 0,13 - 0,00065025 \cdot \alpha \cdot x_A - 0,0004 \cdot \alpha \cdot x_B
\end{aligned}$$

$$\begin{aligned}
x_B &= \frac{0,13 - 0,00065025 \cdot \alpha \cdot x_A}{0,0004 \cdot \alpha} \\
&= \frac{325}{\alpha} - 1,625625 \cdot x_A
\end{aligned}$$

$$\begin{aligned}
\frac{\partial \Phi}{\partial x_B} \overset{!}{=} 0 &= \frac{\partial \mu}{\partial x_B} - \frac{1}{2} \cdot \alpha \cdot \frac{\partial \sigma^2}{\partial x_B} \\
0 &= 0,18 - 0,5 \cdot \alpha \cdot (2 \cdot (0,0316)^2 \cdot x_B + 0,0008 \cdot x_A) \\
0 &= 0,18 - 0,5 \cdot \alpha \cdot (0,00199712 \cdot (\frac{325}{\alpha} - 1,625625 \cdot x_A) + 0,0008 \cdot x_A) \\
0 &= 0,18 - 0,5 \cdot \alpha \cdot (\frac{0,649064}{\alpha} - 0,003246568 \cdot x_A + 0,0008 \cdot x_A)
\end{aligned}$$

$$
\begin{aligned}
x_A &= \frac{\frac{0,36}{\alpha} - \frac{0,649064}{\alpha}}{-0,002446568} \\
x_A &= \frac{-0,289064}{-0,002446568 \cdot \alpha} = \frac{118,1508}{\alpha} \\
\rightarrow x_B &= \frac{132,0311}{\alpha} \\
\rightarrow x_0 &= 1 - x_A - x_B = 1 - \frac{251,0819}{\alpha} \\
\frac{x_A}{x_B} &= \frac{118,1508}{132,9311} = 0,8888 \\
x_A + x_B &= 1 \Leftrightarrow 0,8888 \cdot x_B + x_B = 1 \Leftrightarrow x_B = 0,5294 \\
\rightarrow x_A &= 1 - 0,5394 = 0,4706 \\
\rightarrow & \quad x_A = 47,06\% \\
& \quad x_B = 52.94
\end{aligned}
$$

e) Bestimmen Sie die Betafaktoren von A und B!

$$\beta_A = \frac{\sigma_{A,M}}{\sigma_M^2}$$

$$\sigma_M^2 = x_A^2 \cdot \sigma_A^2 + x_B^2 \sigma_B^2 + 2x_A x_B \sigma_{AB}$$

$$\sigma_M^2 = 6,23176 \cdot 10^{-4}$$

$$\sigma_M = 0,02496$$

$$
\begin{aligned}
\sigma_{A,M} &= Cov(r_A, r_B) \\
&= Cov(r_A, x_A \cdot r_A + x_B \cdot r_B) \\
&= Cov(r_A, x_A r_A) + Cov(r_A, x_B r_B) \\
&= x_A \sigma_A^2 + x_B \cdot \sigma_{AB} \\
&= 0,000517767
\end{aligned}
$$

$$\beta_A = 0,83$$

$$\beta_B = \frac{\sigma_{B,M}}{\sigma_M^2} = 1,15$$

f) Wie lässt sich aus den beiden unter e) bestimmen Betafaktoren direkt der Betafaktor des effizienten riskanten Marktportfolios bestimmen?

Da bekannt ist, dass sich das effiziente Marktportfolio aus einem Anteil x_A der Aktie A und dem Anteil x_B der Aktie B zusammensetzt, kann der Betafaktor des Marktportfolios als gewichteter Durchschnitt der Betafaktoren der beiden Wertpapiere bestimmt werden:

$$\beta_{PF} = x_A \cdot \beta_A + x_B \cdot \beta_B = 0,47068 \cdot 0,83 + 0,52932 \cdot 1,15 = 1$$

Es ist natürlich keine Überraschung, dass der Betafaktor des Marktportfolios gerade 1 beträgt.

g) Entsprechen die erwarteten Aktienrenditen den vom CAPM im Marktgleichgewicht vorhergesagten erwarteten Renditen? (Hinweis: Lassen Sie sich an dieser Stelle nicht von Rundungsfehlern verunsichern. Ihre Ergebnisse können aufgrund der Rundung von Zwischenergebnissen bis zu 0,7 % neben den tatsächlichen Renditen liegen!)

CAPM Gleichung für die erwartete Rendite eines Wertpapiers:

$$\mu_A = r_0 + (\mu_M - r_0) \cdot \beta_A = 0,02 + 0,156425 \cdot 0,83 \approx 15\ \%$$

$$\mu_B = r_0 + (\mu_M - r_0) \cdot \beta_B \approx 20\ \%$$

Die erwarteten Renditen entsprechen den vom CAPM vorhergesagten!

h) Wie ist die Steigung des SML und wie ist die Steigung der CML?

Die Steigung der Kapitalmarktlinie (CML) beträgt:

$$m_{CML} = \frac{\mu_M - r_0}{\sigma_M} = 6,267$$

Die Steigung der Wertpapiermarktlinie (SML) ist:

$$m_{SML} = \frac{\mu_M - r_0}{\beta_M = 1} = 0,1565$$

i) Ein Fonds setzt sich zu 20 % aus Aktie A und zu 80 % aus Aktie B zusammen. Bestimmen Sie die Performance-Maße nach Treynor, Sharpe und Jensen!

$$\mu_F = 0,2 \cdot \mu_A + 0,8 \cdot \mu_B = 0,19$$

$$\sigma_F^2 = 0,2^2 \cdot \sigma_A^2 + 0,8^2 \cdot \sigma_B^2 + 2 \cdot 0,2 \cdot 0,8 \cdot 0,0004 = 7,93088 \cdot 10^{-4}$$

$$\sigma_F = 0,02816$$

$$J_F = \mu_F - (r_0 + (\mu_M - r_0)\beta_F)$$

$$\beta_F = \frac{Cov(r_F, r_M)}{\sigma_M^2} = \frac{1}{\sigma_M^2} \cdot Cov(0,2 \cdot r_A + 0,8 \cdot r_B; 0,4706 \cdot r_A + 0,5294 \cdot r_B)$$

$$= \frac{1}{\sigma_M^2}\left(0,09412\sigma_A^2 + 0,10588\sigma_{A,B} + 0,37648\sigma_{AB} + 0,42352\sigma_B^2\right)$$

$$\beta_F = 1,08646$$

$$\rightarrow J_F = 0,19 - (0,02 + (0,176425 - 0,02) \cdot 1,08646) \approx 0$$

$$T_F = \frac{\mu_F - r_0}{\beta_F} = 0,1565 = \mu_M - r_0 = T_M$$

$$S_F = \frac{\mu_F - r_0}{\sigma_F} = 6,03 < 6,267 = \frac{\mu_M - r_0}{\sigma_M} = S_M$$

j) Wie setzt sich das Portfolio mit minimaler Streuung aus A und B zusammen?

$$x_A = \frac{\sigma_B^2 - \rho\sigma_A\sigma_B}{\sigma_A^2 + \sigma_B^2 - 2\rho\sigma_A\sigma_B} = 70,518\%$$

$\rightarrow x_B = 29,482\%$

k) Vergleichen sie das Portfolio P mit der minimalen Streuung mit dem Fonds unter i mit Hilfe der 3 Performance-Maße (Sharpe-Maß S, Jensen J und Treynor T). Für welches der beiden Portfolios würden Sie sich entscheiden?

$J_P = 0 = J_{Fonds}$;

$T_P = 0,156588 > 0,1565378 = T_{Fonds}$;

$S_P = 6,5144 > 6,03307 = S_{Fonds}$

Sie entscheiden sich für das Portfolio mit minimaler Streuung!

2. Aufgabe

Aus der Tagespresse entnehmen Sie für die beiden Aktien 1 und 2 die folgenden Betafaktoren und Volatilitäten: $\beta_1 = 0,8$, $\beta_2 = 1$, $\sigma_1 = 9\%$ und $\sigma_2 = 10\%$. Die Varianz der Marktrendite beträgt $\sigma_M^2 = 0,01$.

a) Wie kann man mit Hilfe eines Single-Index-Modells die Kovarianz zweier beliebiger Wertpapiere schätzen ?

$$Cov(r_1, r_2) = \sigma_{12} = \beta_2 \cdot \beta_2 \sigma_M^2$$

Siehe Seite 62.

b) Wie hoch ist der Korrelationskoeffizient ρ_{12}? Welche Merkwürdigkeit tritt hier auf?

$$\rho_{12} = \frac{\sigma_{12}}{\sigma_1 \sigma_2}$$

$$\sigma_{12} = \beta_1 \cdot \beta_2 \cdot \sigma_M^2 = 0,008$$

$$\rho_{12} = 0,8888$$

Der Korrelationskoeffizient beträgt 0,88888 und das Wertpapier 2 entspricht dem Marktportfolio.

c) Welche Annahmen werden bei Single-Index-Modellen getroffen?

Die Renditen aller Wertpapiere j hängen von einem gemeinsamen Einflussfaktor F ab, der jeweils mit β_j gewichtet wird. Außer F gibt es nur den unabhängigen Störterm ε_j mit $Cov(\varepsilon_j, \varepsilon_k) = E(\varepsilon_j) = 0$ für alle j,k.

3. Aufgabe

Der Kapitalmarkt befindet sich im Gleichgewicht. Wertpapier 1 besitzt ein β von 1,5 und eine erwartete Rendite von 13 %. Wertpapier 2 zeichnet sich durch ein geschätztes β von 0,75 und eine erwartete Rendite von 7 % aus. Wie hoch sind die sichere Verzinsung und die Risikoprämie des Marktes?

Die Wertpapiermarktlinie scheidet die Ordinate beim sicheren Zins. Da in der Aufgabenstellung zwei Punkte auf der SML gegeben sind, ergibt sich eine sichere Verzinsung von 1 %. Zudem beträgt die geforderte Marktrendite im Gleichgewicht 9 %, so dass sich eine Risikoprämie des Marktes in Höhe von 8 % ergibt.

1. Aufgabe

a) Wie lautet die Formel für die Preisuntergrenze europäischer Verkaufsoptionen?

$$p_t \geq Max[0, E/q^{T-t} - S_t]$$

b) Zeigen Sie, dass sich ein sicherer Arbitragegewinn realisieren läßt, falls der Preis eines europäischen Puts während der Laufzeit unterhalb der bei a) bestimmten Untergrenze liegt.

Wir nehmen an, dass gilt:

$$p_t^e < E/q^{T-t} - S_t$$

Eine solche Situation hätte auf arbitragefreien Märkten nicht lange Bestand, da sich durch die folgenden Transaktionen ein Arbitragegewinn realisieren ließe:

- *Kreditaufnahme in Höhe von E/q^{T-t}*
- *Kauf des Underlying*
- *Kauf des Puts*

Zeitpunkt	t	T	
		$S_T \leq E$	$S_T > E$
Kredit	$E/q^{(T-t)}$	-E	-E
Kauf Aktie	$-S_t$	S_T	S_T
Kauf Put	$-p_t$	$E - S_T$	0
Portfolio	$E/q^{T-t} - S_t - p_t$	0	$S_T - E$
Vorzeichen	>0	=0	>0

2. Aufgabe

Die Aktie der Bayer AG hat momentan einen Kurs von 65 Euro. In einem Monat wird sie mit 95 %-iger Wahrscheinlichkeit bei 85 Euro gehandelt. Mit der Gegenwahrscheinlichkeit von 5 % wird der Aktienkurs 50 Euro betragen. Die Kapitalmärkte funktionieren sehr gut und es herrscht Arbitragefreiheit. Außerdem ist es möglich, Aktien anteilig zu handeln. Der risikolose Bruttozins für einen Monat beträgt 1,04.

a) Bestimmen Sie den heutigen Wert eines europäischen Puts mit einem Ausübungspreis von E = 70 Euro!

Für den Putpreis in $t = 0$ gilt:

$$p_0 = \frac{1}{q}\left(\pi \cdot p_u + (1-\pi) \cdot p_d\right)$$

Mit:

$$\pi = \frac{q-d}{u-d} = \frac{1{,}04 - 0{,}769}{1{,}308 - 0{,}769} = 0{,}503$$

ergibt sich:

$$p = \frac{1}{1{,}04}(1 - 0{,}503) \cdot 20 = 9{,}56 \text{ €}$$

b) Bestimmen Sie mit Hilfe der Put-Call-Parität den heutigen fairen Preis für einen europäischen Call, der die gleichen Ausstattungsmerkmale wie der Put bei a) aufweist.

Die Put-Call-Parität lautet:

$$c_t - p_t = S_t - \frac{E}{q^{T-t}}$$

Damit ergibt sich ein Call-Preis in Höhe von:

$$c_t = S_t - \frac{E}{q^{T-t}} + p_t$$

$$c_0 = 65 - \frac{70}{1{,}04} + 9{,}56 = 7{,}25 \text{ €}$$

3. Aufgabe

Bewerten Sie mit Hilfe der Binomialformel den in folgenden beschriebenen Call: $n = 10$, $S_0 = 20$ Euro, $u = 1{,}3$ und $d = 0{,}4$. Die risikolose Bruttoverzinsung für eine Subperiode ist $r = 1{,}01$. Der Strike entspricht dem aktuellen Kurs. Mit anderen Worten: Der Call ist am-Geld bzw. at-the-money in $t = 0$.

Die Binomialformel für den fairen Preis des Calls lautet:

$$c_0 = S_0 \cdot B(a|n, \pi') - \frac{E}{q^n} \cdot B(a|n, \pi)$$

Wir bestimmen die risikolose und die Pseudowahrscheinlichkeit:

$$\pi = \frac{q-d}{u-d} = \frac{1,01-0,4}{1,3-0,4} = 0,67$$

$$\pi' = \pi \cdot \frac{u}{q} = 0,67 \cdot \frac{1,3}{1,01} = 0,8724$$

Der Call ist im Geld, falls mindestens a Aufwärtsbewegungen erfolgt sind:

$$u^a \cdot d^{10-a} \cdot S_0 \geq E$$

Damit ergibt sich a zu:

$$a \geq \frac{ln\left(\frac{E}{S_0 \cdot d^1 0}\right)}{ln\left(\frac{u}{d}\right)} = 7,77$$

Offensichtlich muss $a = 8$ gelten, da nur ganzzahlige Aufwärtsbewegungen möglich sind. Zunächst bestimmen wir die Binominalwahrscheinlichkeit, mit der der Ausübungspreis gewichtet ist:

$$\begin{aligned} B(a|n;\pi) &= \sum_{k=a}^{10} \binom{10}{k} \cdot \pi^k \cdot (1-\pi)^{10-k} \\ &= \binom{10}{8}(0,67)^8 \cdot (1-0,67)^2 + \binom{10}{9} \cdot (0,67)^9 \cdot (1-0,67)^1 \\ &\quad + \binom{10}{10} \cdot (0,67)^{10} \cdot 1 = 45 \cdot 0,67^8 + 10 \cdot 0,67^9 \cdot 0,32 + 1 \cdot 0,67^{10} \\ &= 0,325796123 \end{aligned}$$

Dann berechnen wir das Gewicht des Aktienkurses:

$$B(a|n,\pi') = \sum_{k=8}^{10} \binom{10}{k} \cdot (\pi')^k \cdot (1-\pi')^{10-k} = 0,874695416$$

Damit haben wir alles zusammen, um den Callpreis zu bestimmen:

$$c_0 = 20 \cdot 0,874695416 - \frac{20}{1,01^{10}} \cdot 0,325796123 = 11,595 \text{ €}$$

Sie haben zwei Aktien A und B jeweils zum aktuelllen Kurs in Höhe von 50 Euro gekauft. Die Standardabweichung der Rendite der Aktie A beträgt 20 % und die der Aktie B ist 40 %. Der Korrelationskoeffizient ist $\rho = 0,5$. Betrachtet wird ein Zeitraum von einem Jahr. Der sichere diskrete Jahreszins beträgt $r = 3\%$. Der Aktienkurs der beiden Aktien A und B beträgt zurzeit jeweils $S_A = S_B = 50$ €.

a) Bestimmen Sie den Wert eines Calls auf A und eines Calls auf B mit jeweils einem Strike von $E_A = E_B = 60$ €.

Die Formel von Black und Scholes lautet:

$$c_0 = S_0 \cdot N(d_1) - e^{-rT} E \cdot N(d_2)$$

Der diskrete Jahreszins entspricht einer logarithmischen Rendite in Höhe von:

$$r = ln(1,03) = 0,02956 \approx 3\ \%$$

Die für die Rechnung benötigten Werte der Standardnormalverteilung $N(d_1) = \Delta = 0,51782$ *und* $N(d_2)$ *entnimmt man entweder Excel oder dem Internet oder man verwendet* *Tabelle 7.1 auf Seite 203.*

Damit ergeben sich die folgenden Optionswerte:

$$c_{0,A} = 1,373\ € \quad \text{und} \quad c_{0,B} = 9,029\ €$$

b) Bestimmen Sie den Wert eines Calls auf einen Aktienkorb, in dem sich eine Aktie A und eine Aktie B befindet. Der Strike ist $E_{A+B} = 120$ €. Vergleichen Sie Ihr Ergebnis mit dem Ergebnis unter a).

Zunächst muss die Standardabweichung $\sigma_{A,B}$ *der Rendite des Aktienkorbes mit einer Aktie A und einer Aktie B bestimmt werden.*

$$\sigma_{A,B} = \sqrt{0,25 \cdot 0,2^2 + 0,25 \cdot 0,4^2 + 2 \cdot 0,25 \cdot 0,5 \cdot 0,4 \cdot 0,2} = 26,46\ \%$$

Damit ergibt sich ein Wert des Calls auf den Aktienkorb in Höhe von:

$$c_{0,A+B} = 4,9615\ €$$

x	0	1	2	3	4	5	6	7	8	9
0.00	.5000	.5040	.5080	.5120	.5160	.5199	.5239	.5279	.5319	.5359
0.10	.5398	.5438	.5478	.5517	.5557	.5596	.5636	.5675	.5714	.5753
0.20	.5793	.5832	.5871	.5910	.5948	.5987	.6026	.6064	.6103	.6141
0.30	.6179	.6217	.6255	.6293	.6331	.6368	.6406	.6443	.6480	.6517
0.40	.6554	.6591	.6628	.6664	.6700	.6736	.6772	.6808	.6844	.6879
0.50	.6915	.6950	.6985	.7019	.7054	.7088	.7123	.7157	.7190	.7224
0.60	.7257	.7291	.7324	.7357	.7389	.7422	.7454	.7486	.7517	.7549
0.70	.7580	.7611	.7642	.7673	.7704	.7734	.7764	.7794	.7823	.7852
0.80	.7881	.7910	.7939	.7967	.7995	.8023	.8051	.8079	.8106	.8133
0.90	.8159	.8186	.8212	.8238	.8264	.8289	.8315	.8340	.8365	.8389
1.00	.8413	.8438	.8461	.8485	.8508	.8531	.8554	.8577	.8599	.8621
1.10	.8643	.8665	.8686	.8708	.8729	.8749	.8770	.8790	.8810	.8830
1.20	.8849	.8869	.8888	.8907	.8925	.8944	.8962	.8980	.8997	.9015
1.30	.9032	.9049	.9066	.9082	.9099	.9115	.9131	.9147	.9162	.9177
1.40	.9192	.9207	.9222	.9236	.9251	.9265	.9279	.9292	.9306	.9319
1.50	.9332	.9345	.9357	.9370	.9382	.9394	.9406	.9418	.9429	.9441
1.60	.9452	.9463	.9474	.9485	.9495	.9505	.9515	.9525	.9535	.9545
1.70	.9554	.9564	.9573	.9582	.9591	.9599	.9608	.9616	.9625	.9633
1.80	.9641	.9649	.9656	.9664	.9671	.9678	.9686	.9693	.9699	.9706
1.90	.9713	.9719	.9726	.9732	.9738	.9744	.9750	.9756	.9762	.9767
2.00	.9773	.9778	.9783	.9788	.9793	.9798	.9803	.9808	.9812	.9817
2.10	.9821	.9826	.9830	.9834	.9838	.9842	.9846	.9850	.9854	.9857
2.20	.9861	.9865	.9868	.9871	.9875	.9878	.9881	.9884	.9887	.9890
2.30	.9893	.9896	.9898	.9901	.9904	.9906	.9909	.9911	.9913	.9916
2.40	.9918	.9920	.9922	.9925	.9927	.9929	.9931	.9932	.9934	.9936
2.50	.9938	.9940	.9941	.9943	.9945	.9946	.9948	.9949	.9951	.9952
2.60	.9953	.9955	.9956	.9957	.9959	.9960	.9961	.9962	.9963	.9964
2.70	.9965	.9966	.9967	.9968	.9969	.9970	.9971	.9972	.9973	.9974
2.80	.9974	.9975	.9976	.9977	.9977	.9978	.9979	.9980	.9980	.9981
2.90	.9981	.9982	.9983	.9983	.9984	.9984	.9985	.9985	.9986	.9986

Abbildung 7.1: Tabellierte Werte der Standardnormalverteilung

Der Preis ist niedriger als die Summe der Preise der einzelnen Calls unter a) $c_{0,A} + c_{0,B} = 10,402$ *€. Denn als Stillhalter ist man in weniger Umweltzuständen zu einer Zahlung verpflichtet.*

c) Machen Sie den gleichen Vergleich für Puts. Dabei soll der Strike der einzelnen Puts $E_A = E_B = 40$ € und der für den Aktienkorb $E_{A+B} = 80$ € sein.

Die Formel von Black und Scholes lautet:

$$p_0 = e^{-rT} E \cdot N(-d_2) - S_0 N(-d_1)$$

Es ergeben sich die folgenden Put-Preise:

$$p_{A+B} = 2,11 \text{ €} \quad p_{0,A} = 0,43 \text{ €} \quad p_{0,B} = 2,79 \text{ €}$$

d) Ist es sinnvoll, einzelne Calls auf A und B zu schreiben und einen Put auf den Aktienkorb $A+B$ zu kaufen?

Das Portfolio aus den beiden Aktien lässt sich insgesamt günstiger als jede Aktie einzeln absichern. Dies ließe sich durch das Schreiben einzelner Calls finanzieren. Allerdings verliert man bei Kauf von p_{A+B} und Verkauf von $c_{0,A}$ und $c_{0,B}$ im schlechtesten Fall ca. 32 % des eingesetzten Kapitals (+20 % + 8 % − 50 %). In $t=0$ bliebe ein Saldo in Höhe von $-p_{0,A+B} + c_{0,A} + c_{0,B} = 8,29$ € übrig. Würde man den Verlust in $t=1$ auf ca. 13 % (= −20 % + 7 %) des eingesetzten Kapitals begrenzen wollen, indem man beide Puts kauft, ergibt sich ein Saldo in $t=0$ in Höhe von $-p_{0,A} - p_{0,B} + c_{0,A} + c_{0,B} = 7,18$ €. Falls sich die Aktienkurse von A und B nicht bewegen, realisieren wir in $t=1$ eine Rendite in Höhe von ca. 7 %. Die Maximalrendite beträgt ca. 27 %. Aufgrund des Smile-Effekts sind die zu kaufenden Puts mit dem niedrigeren Strike in der Praxis teurer als die Black-und-Scholes-Formel suggeriert.

7.6 Sensitivitätskennzahlen

Ein Put mit einem Strike von 35 Euro und einer Restlaufzeit von 6 Monaten, soll von Ihnen mit Hilfe der Formel von Black und Scholes bewertet werden. Der aktuelle diskrete sichere Jahreszins beträgt 5 %. Der Aktienkurs beträgt 36 Euro. Die Option ist also aus-dem-Geld. Die Standardabweichung der Aktienrendite beträgt 12 %. (Hinweis: Für die folgende Berechnung benötigen Sie eine Tabelle, in der die Verteilungsfunktion der Standardnormalverteilung tabelliert ist! Alternativ können Sie natürlich auch auf die entsprechende Funktion in Excel zurückgreifen!)

a) Wie hoch ist der faire Optionspreis?

Die Black-Scholes-Formel lautet:

$$p = e^{-rT} \cdot E \cdot \Big(1 - N(d_2)\Big) - S\Big(1 - N(d_1)\Big)$$

Mit $d_1 = 0,6619$ *ergibt sich* $N(d_1) = 0,7454$. *Mit* $d_2 = 0,5771$ *ergibt sich* $N(d_2) = 0,7190$.

Einsetzen ergibt:

$$p = e^{-0,5r} \cdot 35(1-0,7157) - 36 \cdot (1-0,7454) = 0,5451 \text{ €}$$

b) Bestimmen Sie Delta Δ. Warum wird Delta „Hedge-Ratio“ genannt? Wie groß ist Omega? Wie kann man Omega interpretieren?

$\Delta = -0,2546$; *Delta wird Hedge-Ratio genannt, da es die Anzahl der Aktien angibt, die gekauft werden müssten, um die Wertänderung der Option zu duplizieren.*

$\Omega = \Delta \cdot \frac{S}{p} = -16,8145$; *Omega ist die Kurselastizität des Optionswertes.*

c) Bestimmen Sie mit Hilfe der Put-Call-Parität den Wert des korrespondierenden Calls!

Die Put-Call-Parität lautet: $c - p = S - \frac{E}{e^{rT}}$ *bzw.* $c = p + S - \frac{E}{e^{rT}}$. *Einsetzen ergibt für den fairen Callpreis* $c = 2,3886$ *€.*

Hier könnten wir mit Hilfe der Black-Scholes-Formel die Probe machen:

$$c_0 = S \cdot N(d_1) - \frac{E}{e^{rT}} \cdot N(d_2) = \cdots$$

d) Wie hoch ist Delta (Δ) beim Call? Wie unterscheidet es sich zum Delta des Puts?

Beim Call ist das Hedge-Ratio gerade $\Delta = N(d_1) = 0,7454$ *während beim Put* $\Delta(Put) = 1 - \Delta(Call)$ *gilt.*

e) Wie hoch ist Rho (ρ) beim Put und beim Call? Worauf ist der Unterschied zurückzuführen?

$$\rho(\text{Call}) = c'(r) = T \cdot e^{-rT} \cdot E \cdot N(d_2) = 0,5 \cdot e^{-0,5r} \cdot 35 \cdot 0,719 = 12,2229$$

$$\rho(\text{Put}) = p'(r) = -Te^{-rT} \cdot E \cdot (1 - N(d_2)) = -4,8553$$

f) Was versteht man unter der impliziten Volatilität und wie wird sie berechnet?

Bei bekannten Optionspreisen kann mit Hilfe der Black-Scholes-Formel die vom Markt bei der Bepreisung verwendete Volatiltiät der Aktienrendite bestimmt werden. Dies geschieht mit Hilfe einer nummerischen Näherung.

g) Bestimmen Sie das Gamma des Puts und des Calls.

$$\gamma = \Delta'(S) = c''(S) = \frac{N'(d_1)}{S\rho\sqrt{T}} = 0,0989$$

1. Aufgabe

Nach dem Kauf einer mit dem EURIBOR variabel verzinsten Anleihe mit 1-jähriger Laufzeit möchten Sie sich mit Zinsoptionen gegen das Zinsänderungsrisiko absichern. Welche Zinsoptionen müssen gekauft bzw. verkauft werden, wenn nur eine Schwankung des EURIBORS im Bereich zwischen 4 % und 6 % zugelassen werden soll?

Man würde einen Floor kaufen und einen Cap verkaufen. Die Einzelpositionen sind also: Long Floor mit Strike 4 % und Short Cap mit Strike 6 %.

2. Aufgabe

	festverzinstes FK	var. verzinstes FK Präferenz
Unternehmen A	7 %	Libor + 3 % fest
Unternehmen B	8,5 %	Libor + 5 % var.

a) Wo liegen die absoluten und komparativen Kostenvorteile von A und B?

Ein absoluter Kostenvorteil liegt für das Unternehmen A bei festverzinstem FK und bei var. verzinstem FK vor. Der komparative Kostenvorteil von A ist bei variabel verzinsten und von B bei festverzinsten FK.

b) A geht mit B einen Zins-Swap ein und verschuldet sich durch Emission einer FRN zu Libor+3 %. Unternehmen B hingegen verschuldet sich zu 8,5 %. Gehen Sie davon aus, dass 20 % des gesamten Zinsvorteils auf B entfällt! Wie hoch ist der Swapsatz, den Unternehmen A an Unternehmen B für die Lieferung des Libor zahlt?

	A	B
Zahlung an Markt	L+3 %	8,5 %
Inflow Swap	L	r
Outflow Swap	r	L
Effektivbelastung	r+3 %	L+8,5 %-r
ohne Swap	7 %	L+5 %
Ersparnis	4 %-r	r-3,5 %

20 % der Gesamtersparnis entfällt auf B:

$$r - 4\ \% \stackrel{!}{=} (3,5\ \% - r) \cdot 4$$

$$r = 3,6\ \%$$

Es ergibt sich ein Swapsatz in Höhe von $r = 3,6\ \%$.

3. Aufgabe

Es sind die folgenden Terminzinsen gegeben:

Zeitraum	Terminzinssatz
0-1	3,0 %
1-2	3,8 %
2-3	4,2 %
3-4	4,0 %

a) Bestimmen Sie die impliziten Zerobondzinssätze bis $t = 4$ bei Arbitragefreiheit!

Bei Arbitragefreiheit muss gelten:

$$(1 + z_{02})^2 \stackrel{!}{=} (1 + z_{01})(1 + z_{12})$$

$$z_{02} = \sqrt{(1 + z_{01})(1 + z_{12})} - 1 = 3,399\ \%$$

$$(1 + z_{03})^3 \stackrel{!}{=} (1 + z_{02})^2(1 + z_{23})$$

$$z_{03} = \sqrt{(1 + z_{02})^2(1 + z_{23})} - 1 = 3,665\ \%$$

$$(1 + z_{04})^4 \stackrel{!}{=} (1 + z_{03})(1 + z_{34})$$

$$z_{04} = \sqrt{(1 + z_{03})^3(1 + z_{34})} - 1 = 3,749\ \%$$

Offensichtlich gilt: $z_{01} = 3\ \%; z_{02} = 3,399\ \%; z_{03} = 3,665\ \%; z_{04} = 3,749\ \%$. Es liegt eine normale Zinsstrukturkurve vor, da die Zerobondzinssätze mit steigender Laufzeit zunehmen.

b) Gehen Sie von einem Zinsswap aus, bei dem variable Zinsen gegen einen festen zinssatz, den sogenannten Swapsatz, getauscht werden. Wie hoch müsste der Swapsatz sein, falls Sie unterstellen, dass die Terminzinsen die beste Approximation der zukünftig herrschenden variablen Zinsen sind und dass der Swap aus Sicht beider Swappartner einen Barwert von 0 aufweist?

Bei gleichwertigen Vertragspartnern mit gleicher Handelsmacht sollte gelten:

$$V_A = V_B = 0$$

Daraus ergibt sich für den Swapsatz:

$$r = \frac{z_{01} \cdot (1 + z_{01})^{-1} + z_{12} \cdot (1 + z_{02})^{-2} + z_{23} \cdot (1 + z_{03})^{-3} + z_{34} \cdot (1 + z_{04})^{-4}}{(1 - z_{01})^{-1} + (1 - z_{02})^{-2} + (1 - z_{03})^{-3} + (1 - z_{04})^{-4}}$$

$$r = \frac{0,136894206}{3,666958236} = 3,733\ \%$$

7.8 Duration und Zinsänderungsrisiken

1. Aufgabe

Ein Portfolio besteht aus einem Zerobond, einer Kuponanleihe und einem Consol Bond (ewige Rente). Die Umlaufrendite auf dem Markt beträgt zurzeit für alle drei Anleiheformen 6 %. Der Zerobond hat eine Verzinsung in Höhe von 5 % und eine Restlaufzeit von 8 Jahren. Der Kuponzins entspricht der Umlaufrendite. Die Restlaufzeit der Kuponanleihe beträgt 5 Jahre. Die ewige Rente verbrieft eine jährliche nachschüssige Zahlung in Höhe von 3 %. Der Nennbetrag der drei fest verzinslichen Wertpapiere beträgt 100 Pfund Sterling.

a) Bestimmen Sie jeweils die Duration der drei Anleihen!

Die Duration des Zerobonds entspricht seiner Laufzeit: $D_z = 8$

Für die Kuponanleihe ergibt sich die folgende Duration:

$$D = \frac{q^T - 1}{q^{T-1} \cdot i} = \frac{1,06^5 - 1}{1,06^4 \cdot 0,06} = 4,4651$$

Die Duration der ewige Rente ist:

$$D = 1 + \frac{1}{0,06} = 17,67$$

b) Gehen Sie davon aus, dass Sie 20.000 Pfund in die drei genannten Anleihen investieren: Davon 12.000 Pfund in die Nullkuponanleihe, 6.000 Pfund in den Consol Bond und 2.000 Pfund in Kuponanleihe. Bestimmen Sie die Duration diese Portfolios!

Die Duration eines Portfolios ergibt sich als ein mit dem jeweiligen Barwertanteil gewichteter Durchschnitt der im Portfolio enthaltenen Wertpapiere:

$$D_{PF} = \frac{2}{20} \cdot 4,4651 + \frac{12}{20} \cdot 8 + \frac{6}{20} \cdot 17,6 = 10,54651$$

c) Die Umlaufrendite steigt nun auf 7 %. Schätzen sie die relative Kursänderung des unter b) bestimmten Portfolios mit Hilfe der modifizierten Duration ab! Vergleichen Sie diesen Wert mit dem exakt bestimmten prozentualen Kurseinbruch. Wie groß ist der Fehler?

Die relative Kursänderung kann bei kleinen Zinsänderungen gut mit Hilfe der modifizierten Duration abgeschätzt werden. Sie ergibt sich hier zu:

$$MD_{PF} = \frac{10,54651}{1,06} = 9,9495\ \%$$

Der mit Hilfe der modifizierten Duration abgeschätzte Kurseinbruch in Höhe von -9,95 % ist bei größeren Zinssprüngen relativ ungenau. Deshalb bestimmen wir im Weiteren die exakte relative Kursänderung: Beim Ausgangszins in Höhe von $i = 6\%$ ergeben sich die folgenden Kurse:

$$B_0^Z = 11.123,69 \text{ Pfund}$$

$$B_0^K = 2.000 \text{ Pfund}$$

$$B_0^{CB} = 3.000 \text{ Pfund}$$

$$\sum B_0 = 16.123,69 \text{ Pfund}$$

Nach der Renditensteigerung brechen die Kurse der Anleihen ein:

$$B_0^Z = 10.318,71 \text{ Pfund}$$

$$B_0^K = 120 \cdot RBF(i = 7\%, T = 5) + \frac{2.000}{1,07^5} = 1.917,994 \text{ Pfund}$$

$$B_0^{CB} = \frac{180}{0,07} = 2.571,429 \text{ Pfund}$$

$$\sum B_0 = 14.808,135 \text{ Pfund}$$

Damit ergibt sich die folgende exakte Barwertänderung:

$$\Delta B_0 = \frac{14.808,135 - 16.123,69}{16.123,69} = -8,159 \,\%$$

Offensichtlich beträgt der Fehler=1,791 % bei der Abschätzung mit Hilfe der modifizierten Duration gegenüber dem exakten relativen Kurseinbruch.

d) Bestimmen Sie die Konvexität der drei im Portfolio enthaltenen Anleihen für eine Umlaufrendite von 6 %.

Die Konvexität soll hier als die zweite Ableitung des Barwertes nach dem Zins verstanden werden. Wir bestimmen sie zunächst allgemein:

$$B_0 = \sum_{t=1}^{T} e_t \cdot q^{-t}$$

$$B_0' = \sum_{t=1}^{T} -t \cdot e_t \cdot q^{-(t+1)}$$

$$B_0'' = C = \sum_{t=1}^{T} t \cdot (t+1) \cdot e_t \cdot q^{-(t+2)}$$

Zerobond:

$$C_{Zerobond} = B_0'' = 8 \cdot 9 \cdot 147,746 \cdot 1,06^{-10} = 5.940,02$$

Kuponanleihe:

$$\begin{aligned} C_{Kuponanleihe} &= B_0'' \\ &= 1 \cdot 2 \cdot 6(1,06)^{-3} + 2 \cdot 3 \cdot 6 \cdot 1,06^{-4} + 3 \cdot 4 \cdot 61,06^{-5} \\ &\quad +4 \cdot 5 \cdot 6 \cdot 1,06^{-6} + 5 \cdot 6 \cdot 1,06 \cdot 1,06^{-7} \\ &= 2.291,87 \end{aligned}$$

Ewige Rente:

$$B_0 = \frac{g}{i}$$

$$B_0' = -\frac{g}{i^2}$$

$$B_0'' = C = \frac{2g}{i^3} = \frac{2 \cdot 3}{0{,}06^3} = 27.777{,}78$$

2. Aufgabe

Die modifizierte Duration einer Anleihe beträgt 5,6 und die Konvexität (definiert als 2. Ableitung des Barwertes nach dem Zins) ist 12.000. Das aktuelle Zinsniveau beträgt i=10 %. Der aktuelle Kurs der Anleihe ist 50 Euro. Nachdem Sie die Anleihe mit den genannten Kennzahlen gekauft haben, steigt der Zins auf 12 %.

a) Wie kann man grundsätzlich den absoluten Kurseinbruch mit Hilfe der modifizierten Duration und der Konvexität approximieren?

Wenn man den Kurseinbruch mit Hilfe der Modifizierten Duration abschätzt, ergibt sich:

$$\Delta B_0 = \Delta q \cdot (-MD) \cdot B_0$$

Verwendet man die Konvexität, ergibt sich für die Abschätzung des Kurseinbruches:

$$\Delta B_0 = -D \cdot \frac{B_0}{q} \Delta q + \frac{1}{2} \cdot C \cdot (\Delta q)^2$$

Abschätzung mit Konvexität und modifizierter Duration:

$$\Delta B_0 = B_0 \cdot (-MD) \cdot \Delta q + \frac{1}{2} \cdot C \cdot (\Delta q)^2$$

b) Wie hoch ist der absolute Kurseinbruch ΔB_0 hier im Beispiel?

$$\Delta B_0 = 50 \cdot (-5{,}6) \cdot 0{,}02 + \frac{1}{2} \cdot 12.000 \cdot (0{,}02)^2 = -3{,}2 \text{ €}$$

c) Wie kann man grundsätzlich mit Hilfe der Duration und der Konvexität den prozentualen Kurseinbruch abschätzen? Wie ist die Konvexität in diesem Zusammenhang häufig alternativ definiert?

Den prozentualen Kurseinbruch kann man mit Hilfe der folgenden Formel abschätzen:

$$\frac{\Delta B_0}{B_0} = -MD \cdot \Delta q + \frac{1}{2} \underbrace{\frac{C}{B_0}}_{\text{altern. Def.}} \cdot (\Delta q)^2$$

Alternativ wird in diesem Zusammenhang die Konvexität gerne folgendermaßen definiert:

$$C = \frac{B_0''}{B_0}$$

d) Approximieren Sie den prozentualen Kurseinbruch!

$$\frac{\Delta B_0}{B_0} = -MD \cdot \Delta q + \frac{1}{2} \cdot \underbrace{\frac{C}{B_0}}_{\text{altern. Def.}} \cdot (\Delta q)^2 = -6,4\%$$

3. Aufgabe

Sie haben auf einem Seminar erfahren, dass man die Duration als (negative) Bruttozinselastizität des Barwertes interpretieren kann.

a) Wie ist die Formel für die Duration, wenn man dieser Interpretation folgt?

Die Duration als Bruttozinselastizität des Barwertes:

$$D = -\frac{\frac{\partial B_0}{B_0}}{\frac{\partial q}{q}}$$

b) Zeigen Sie, dass man die Duration auch als Unterstützungpunkt der Barwertschaukel interpretieren kann, bei dem die Barwertschaukel im Gleichgewicht ist und die folgende Gleichung gilt:

$$\sum_{t=1}^{T} \frac{(D-t) \cdot e_t}{q^{-t}} = 0$$

Wir beginnen den Beweis mit der Definitionsgleichung der Duration:

$$D = \sum_{t=1}^{T} t \cdot \frac{e_t \cdot q^{-t}}{B_0}$$

$$D \cdot B_0 = \sum_{t=1}^{T} t \cdot e_t \cdot q^{-t}$$

$$D \cdot \sum_{t=1}^{T} e_t \cdot q^{-t} - \sum_{t=1}^{T} t \cdot e_t \cdot q^{-t} = 0$$

$$\sum_{t=1}^{T} \frac{(D-t) \cdot e_t}{q^{-t}} = 0$$

Was zu beweisen war.

c) Nenn Sie alternative Interpretations-Möglichkeiten der Duration!

1. *Bruttozinselastizität des Barwertes*
2. *Zeitpunkt, zu dem das Portfolio gegen eine marginale Zinsänderung zum Zeitpunkt $t = 0$ bei flacher Zinsstrukturkurve immun ist. Wenn man seine Vermögensposition bis zum Zeitpunkt D hält, ist man dann keinem marginalen Zinsänderungsrisiko ausgesetzt.*
3. *Zeitpunkt, zu dem sich Barwert- und Marktwerteffekt gerade ausgleichen.*
4. *Summe der mit dem Barwertanteil gewichteten Zahlungszeitpunkte*

d) Wie beeinflußt die Höhe des Rückzahlungsbetrages bzw. Nennbetrages der Kuponanleihe die Höhe der Duration?

Bei unveränderten Kuponzinszahlungen wird die Duration mit kleinerem Rückzahlungsbetrag bzw. Nennbetrag und sonst gleichen Ausstattungsmerkmalen niedriger, da die durchschnittliche Kapitalbindungsdauer kürzer wird.

4. Aufgabe

In ihrem Portfolio befinden sich eine ewige Rente und eine Zerobondanleihe mit 2-jähriger Laufzeit. Der Kalkulationszinssatz beträgt zurzeit 10 %. Die Zinsstrukturkurve ist flach. Der aktuelle Marktwert Ihres Anleihenportfolios ist 1.000 Euro. Die ewige Rente hat einen aktuellen Kurs von 200 Euro und der Zerobond einen Wert von 800 Euro.

a) Wie hoch ist die Duration der ewigen Rente und des Zerobonds?

Die Duration des Zerobonds entspricht einfach seiner Laufzeit:

$$D_Z = T = 2$$

$$D_{\text{ewige Rente}} = 1 + \frac{1}{0,1} = 11$$

$$D_{PF} = \frac{1}{5} \cdot 11 + \frac{4}{5} \cdot 2 = 3,8$$

b) Ein Jahr später kommt es zu einem nicht marginalen Zinssprung der Marktrendite von 10 % auf 20 % und einem damit verbundenen Kurseinbruch der beiden Wertpapiere. Wie hoch ist nun die Duration Ihres Anleihenportfolios? (Anmerkung: Bitte den genauen Wert berechnen und keine Approximation!)

Ein Jahr später befinden wir uns im Zeitpunkt $t = 1$. Folglich hat der Zerobond eine Restlaufzeit von nur noch einem Jahr:

$$D_Z = T = 1$$

Die Duration der ewigen Rente hat sich geändert, da sich die Umslaufrendite verändert hat:

$$D_{\text{ewige Rente}} = 1 + \frac{1}{0,2} = 6$$

Die Rentenzahlung der ewigen Rente beträgt:

$$g = 0,1 \cdot 200 = 20 \text{ €}$$

Der Rückzahlungsbetrag des Zerobonds ist:

$$N(1 + z_{02})^2 = 800 \cdot 1,1^2 = 968 \text{ €}$$

Damit ergeben sich die folgenden neuen Kurse der ewigen Rente und des Zerobonds:

Ewige Rente: $B_0 = \frac{20}{0,2} = 100$ €

Zerobond: $B_0 = \frac{968}{1,2} = 806,6$ €

Das Portfolio hat damit nach dem Zinsanstieg einen Wert von:

$$B_0^{PF} = 906,6 \text{ €}$$

Die neue Duration des Portfolios in $t = 1$ bei einem Zinssatz von 20 % ergibt sich als mit dem Barwertanteil gewichteter Durchschnitt der Einzeldurationen:

$$D_{PF} = \frac{100}{906,6} \cdot 6 + \frac{806,6}{906,6} \cdot 1 = 1,55$$

1. Aufgabe

Ein Unternehmen erwartet für das kommende Jahr, dass seine Umsatzerlöse im Intervall zwischen 100.000 und 700.000 Euro gleichverteilt sind. Da keine variablen Kosten anfallen, interessiert sich die Geschäftsleitung für das Risiko, dass der Fixkostenblock in Höhe von 250.000 Euro durch die Umsatzerlöse nicht gedeckt werden kann.

a) Bestimmen Sie Erwartungswert und Varianz des Gewinns.

$$E(G) = \int_{-\infty}^{+\infty} Gf(G)dG = \int_{-\infty}^{+\infty} (x-250)\frac{1}{600.000}dx = 150.000 \text{ €}$$

$$\begin{aligned} Var(G) &= E\left((G-E(G))^2\right) \\ &= E\left((x-250.000-150.000)^2\right) \\ &= \int_{100.000}^{700.000} (x-400.000)^2 \frac{1}{600.000}dx \\ &= 30.000 \end{aligned}$$

$$\sigma = 173,21$$

b) Bestimmen Sie die Lower Partial Moments 0-ter, erster und zweiter Ordnung.

$$\begin{aligned} LPM_0 &= F(z) \\ &= \int_{100.000}^{250.000} f(x)dx \\ &= \left[\frac{x}{600.000}\right]_{100.000}^{250.000} \\ &= 25\% \end{aligned}$$

$$\int (z - x) \cdot f(x)\, dx$$

$$\begin{aligned} LPM_1 &= \int_{100.000}^{250.000} (250.000 - x) \frac{1}{600.000} dx \\ &= 18,75 \end{aligned}$$

$$\begin{aligned} LPM_2 &= \int_{100.000}^{250.000} (250.000 - x)^2 \frac{1}{600.000} dx \\ &= \left[-\frac{1}{3}(250 - x)^3 \frac{1}{600.000} \right]_{100.000}^{250.000} \\ &= 1.875 \end{aligned}$$

Die Ausfallstandardabweichung ergibt sich zu:

$$\sqrt{1.875} = 43,3$$

2. Aufgabe

Die Tagesrenditen zweier Aktien folgen einer Normalverteilung. Die erwartete Tagesrendite beträgt bei beiden Aktien 0 %. Die Standardabweichung der Rendite ist bei Aktie A 2 % und bei Aktie B 3 %. Der Korrelationskoeffizient zwischen den beiden Renditen beträgt 0,6.

a) Wie sind Aktie A und Aktie B im Portfolio mit der minimalen Streuung gewichtet?

$$\begin{aligned} x_A &= \frac{\sigma_B^2 - \sigma_{A,B}}{\sigma_A^2 + \sigma_B^2 - 2\sigma_{A,B}} \\ &= \frac{0,03^2 - 0,6 \cdot 0,02 \cdot 0,03}{0,02^2 - 0,03^2 - 1,2 \cdot 0,02 \cdot 0,03} \\ &= 93,1\% \end{aligned}$$

b) Welchen Betrag dürfen Sie maximal in das unter a) bestimmte Portfolio investieren, damit sie mit einer Wahrscheinlichkeit von 97,72 % einen Tagesverlust von 3.000 Euro nicht überschreiten? Wie hoch ist in diesem Zusammenhang der Value-at-Risk (VaR)?

Der Value-at-Risk ist ja bereits in der Aufgabenstellung gegeben. Er beträgt 3.000 €. Der Wert -2 wird bei einer standardnormalverteilten Zufallsvariable mit einer Wahrscheinlichkeit von 97,72 % überschritten. Um von der normalverteilten Rendite auf die Standardnormalverteilung zu kommen, muss man die Rendite standardisieren. Wir rechnen hier jedoch rückwärts, da wir die standardisierte Rendite $-z = -2$ bereits kennen:

$$-z = \frac{r_{min} - \mu}{\sigma}$$

$$r_{min} = -z \cdot \sigma = -2\sigma_{PF}$$

Die Streuung des Portfolios mit der minimalen Varianz ergibt sich zu:

$$\sigma_{PF} = \sqrt{0,931^2 \cdot 0,02^2 + 0,069^2 \cdot 0,03^2 + 2 \cdot 0,931 \cdot 0,069 \cdot 0,6 \cdot 0,02 \cdot 0,03}$$

$$\sigma_{PF} = 0,01993$$

Der VaR hängt vom investierten Betrag B ab:

$$Var \stackrel{!}{=} -B \cdot r_{min} = -B \cdot (-2)\sigma_{PF}$$

$$B = \frac{VaR}{2\sigma_{PF}} = \frac{3.000}{2 \cdot 0,01993} \approx 75.260 \text{ €}$$

Adelmeyer, Moritz und Elke Warmuth (2003): Finanzmathematik für Einsteiger. Eine Einführung für Studierende, Schüler und Lehrer, Braunschweig/Wiesbaden.

Alexander, G. J. und N. L. Chervany (1980): On the Estimation and Stability of Beta, in: Journal of Financial and Quantitative Analysis, 15, S. 123-137.

Allais, Maurice (1953): Le Comportement de l'Homme Rationnel devant le Risque: Critique des Postulats et Axiomes de l'Ecole Americaine, in: Econometrica, 21, S. 503-546.

Arrow, Kenneth J. (1951): Alternative Approaches to the Theory of Choice in Risk-Taking Situations, in: Econometrica, 19, S. 404 ff.

Arrow, Kenneth J. (1964): The role of securities in the optimal allocation of risk-bearing, in: Review of Economic Studie, 31, S. 91-96.

Arrow, Kenneth J. (1971): The theory of risk aversion, in: Kenneth J. Arrow (Hrsg.), Essays in the Theory of Risk-Bearing, S. 90-120, North-Holland, Amsterdam, London.

Bachelier, Louis (1900): Theorie de la speculation, in: Annales de l'Ecole Normale Superieur, 17, S. 21-86.

Barberis, Nicholas und Ming Huang (2008): Stocks as Lotteries: The Implications of Probability Weighting for Security Prices, in: American Economic Review, 98, S. 2066-2100.

Bawa, Vijay S. (1975): Stochastic dominance: a research bibliography, in: Management Science, 28, S. 698-712.

Beike, Rolf und Johannes Schlütz (2005): Finanznachrichten lesen - verstehen - nutzen: Ein Wegweiser durch Kursnotierungen und Marktberichte, Stuttgart.

Bekaert, Geert (2001): Editor's foreword to the special issue: On the predictability of asset returns, in: Journal of Empirical Finance, 8, S. 451-457.

Benninga, Simon (2005): Principles of Finance with Excel, Oxford.

Bernoulli, Daniel (1738, 1954): Exposition of a new theory on the measurement of risk, in: Econometrica, 22, S. 23-36.

Black, Fischer und Myron S. Scholes (1972): The Valuation of Option Contracts and a Test of Market Efficiency, in: Journal of Finance, 27, S. 349-417.

Black, Fischer und Myron S. Scholes (1973): The Pricing of Options and Corporate Liabilities, in: Journal of Political Economy, 81, S. 637-654.

Blume, Marshall E. (1971): On the Assessment of Risk, in: Journal of Finance, 26, S. 1-10.

Brealey, Richard A. und Stewart C. Myers (2002): Principles of Corporate Finance, 7. Ausgabe, New York.

Brennan, Michael J. (1970): Taxes, Market Valuation and Corporate Financial Policy, in: National Tax Journal, S. 417-427.

Breuer, Wolfgang, Marc Gürtler und Frank Schuhmacher (2006): Portfoliomanagement II, Wiesbaden.

Bruns, Christoph und Frieder Meyer-Bullerdiek (2003): Professionelles Portfoliomanagement, 3. Auflage, Stuttgart.

Cochrane, John H. (1999): New facts in finance, in: Economic Perspectives, Federal Reserve Bank of Chicago, 23, S. 36-58.

Cohen, Randolph B, Christopher Polk und Tuomo Vuolteenaho (2003): The Value Spread, in: The Journal of Finance, 58, S. 609-641.

Cox, Ross und Rubinstein (1979): Options pricing: a simplified approach, in: Journal of Financial Economics, 7, Seite 229-263.

Eling, Martin (2008): Does the Measure Matter in the Mutual Fund Industry?, in: Financial Analysts Journal, 64, 3, S. 54-66.

Fama, Eugene F. und French, Kenneth R. (1992): The Cross-Section of Expected Stock Returns, in: Journal of Finance, 47, S. 427-465.

Fama, Eugene F. und French, Kenneth R. (1993): Common Risk Factors in the Returns on Stock and Bonds, in: Journal of Financial Economics, 33, S. 3-56.

Fama, Eugene F. und French, Kenneth R. (1996): Multifactor Explanations of Asset Pricing Anomalies, in: The Journal of Finance, 49, S. 1541-1578.

Grinold, Richard C. und Kahn, Ronald N. (2007): Active Portfolio Management: A Quantitative Approach for Producing Superior Returns and Selecting Superior Money Managers.

Hering, Thomas (2008): Investitionstheorie, München.

Heston, Steven L. (1993): A Closed-Form Solution for Options with Stochastic Volatility with Applications to Bond and Currency Options, in: The Review of Financial Studies, 6, 2, S. 327-343.

Hicks, J. R. (1946, 1. Ausgabe: 1939): Value and Capital, 2. Auflage, Oxford.

Hirth, Hans (2008): Grundzüge der Finanzierung und Investition, München.

Hillebrand, Dietmar (2007): Erklärung der Varianz fundamentaler Kennzahlen und Renditeprognosen deutscher Aktien, Baden-Baden.

HSBC Trinkaus (2007): Zertifikate und Optionsscheine.

Hull, John C. (2006): Options, Futures, and Other Derivatives, 6. Auflage, NJ.

Jensen, M. C. (1968): The Performance of Mutual Funds in the Period 1945-1964, in: The Journal of Finance, 23, 389-416.

Kahneman, D. und A. Tversky (1979): Prospect theory: An analysis of decision under risk, Econometrica, 47, 2, S. 263-291.

Kruschwitz, Lutz (2007): Finanzierung und Investition, München.

Kruschwitz, Lutz (2005): Investitionsrechnung, München.

Lintner, John(1965): The Valuation of Risk Assets and the Selection of Risky Investments in Stock Portfolios and Capital, in: The Review of Economics and Statistics, 47, 1, S. 13-37

Lintner, John (1965): Security Prices, Risk, and Maximal Gains From Diversification, in: The Journal of Finance, 20, 4, S. 587-615

Macaulay, F. H. (1938): Some Theoretical Problems Suggested by the Movements of Interest Rates, Bond Yields and Stock Prices in the United States since 1856, New York.

Markowitz, H. M. (1952): Portfolio Selection, in: Journal of Finance, 7, S. 77 ff.

Markowitz, H. M. (1959): Portfolio Selection. Efficient Diversification of Investment, New York.

Merton, Robert C. (1973): Theory of rational option pricing, in: Bell Journal of Economics and Management Science, 4, S. 141-183.

Mossin, Jan (1966): Equilibrium in a Capital Asset Market, in: Econometrica, 34, S. 768-783.

Mossin, Jan (1968): Optimal Multiperiod Portfolio Policies, in: Journal of Business, 41, S. 215-229.

Mossin, Jan (1968): Taxation and Risk Taking, in: Economica, 36, S. 74-82.

von Neumann, John und Oskar Morgenstern (1944): Theory of Games and Economic Behavior, NJ.

Neus, Werner (2007): Einführung in die Betriebswirtschaftslehre, Tübingen.

Perridon, Louis und Manfred Steiner (2007): Finanzwirtschaft der Unternehmung, München.

Pratt, John W. (1964): Risk aversion in the small and in the large, in: Econometrica, 32, S. 122-136.

Roll, Richard (1977): A critique of the asset pricing theory's tests, part I: on past and potential testability of the theory, in: Journal of Financial Economics, 4, S.129-176.

Roll, Richard (1978): Ambiguity When Performance Is Measured By The Securities Market Line, in: The Journal of Finance, 4, S. 1051-1069.

Ross, Stephen A. (1976): The arbitrage theory of capital asset pricing, in: Journal of Economic Theory, 13, S. 341-360.

Ross, Stephen A., Westerfield, Randolph W. und Jeffrey F. Jaffe (2002): Corporate Finance.

Sauer, Andreas (2002): Strukturiertes Portfolio-Management: Mit quantitativen Methoden auf der Suche nach dem Alpha, Erschienen im: Handbuch Portfolio Management, Hrsg. Jochen M. Kleeberg und Heinz Rehkugler, Bad Soden.

Scholz, H. und M. Wilkens (2006): Die Marktphasenabhängigkeit der Sharpe Ratio - Eine empirische Untersuchung für deutsche Aktienfonds, in: Zeitschrift für Betriebswirtschaft, 76, Heft 12, S. 1275-1302.

Sharpe, William (1964): Capital Asset Prices: A Theory of Market Equilibrium under Conditions of Risk, in: The Journal of Finance, 19, S. 425-442.

Sharpe, William F. (1966): Mutual Fund Performance, in: The Journal of Business, 39, S. 119-138.

Spitzer, Manfred (2007): Vom Sinn des Lebens: Wege statt Werke, Stuttgart.

Spitzer, Manfred (2003): Selbstbestimmen. Gehirnforschung und die Frage: Was sollen wir tun?, München.

Spremann, Klaus (2007): Finance, München.

Stratman, Meir (1987): How many Stocks Make a Diversified Portfolio?, in: Journal of Financial and Quantitative Analysis, 22, S. 353-363.

Treynor, Jack L. (1965): How to Rate Management of Investment Funds, in: Harvard Business Review, 43, S. 63-75.

Treynor, Jack L. und Mazuy, K. K. (1966): Can Mutual Funds Outguess the Market?, in: Harvard Business Review, S. 131-136.

Tobin, James (1958): Liquidity preference as behavior towards risk, in: Review of Economic Studies, 25, S. 65-68.

Tversky, Amos und Kahneman, Daniel (1981): The framing of decisions and the psychology of choice, in: Science, 211, S. 453-458.

Index